나날이 새롭고 새로워져라

나날이 새롭고 새로워져라

초판 1쇄 발행 2015년 2월 15일

지은이 | 장인수

펴낸이 | 장성수

발행처 | SUNGSU CLUB(성수클럽)

출판등록 | 466-2015-000006호

주소 | 전북 전주시 덕진구 벽제대로 752-1505호

대표전화 | 1544-5611   팩스 | 063-246-5611

문의전화 | 010-3321-9896, 010-3659-5940

전자우편 | ab2801@naver.com

커뮤니티 | jia36@naver.com

ⓒ 장인수, 2015

ISBN 979-11-954684-09   03100

값 15,000원

- 잘못 만들어진 책은 전화주시면 다시 보내드립니다.
- 이 책은 저작권법에 따라 보호받는 저작물이므로 무단 복제를 금합니다.

나날이 새롭고 새로워져라

변하고 또 변해라 새롭고 또 새로워져라.
어제 같은 오늘을 살고 오늘 같은 내일을 살면 죽은 삶이다.

• 장인수 지음 •

SUNGSU CLUB

| 여 는 글 |

청년들에게 장년들에게 노년들에게 소통과 성공, 사랑과 건강, 행복과 위로, 자유 등의 가치를 공유할 수 있는 길잡이가 될 것을 기대하며 글을 세상에 내놓는다. 요즘처럼 바쁜 일상 속에서 책을 읽기란 쉽지 않은 일이기에 하루 한 쪽씩 3분이면 읽을 수 있도록 글 내용을 줄여 단문으로 편집하려고 애를 썼다.

나는 정년 이후의 시간을 대부분 독서와 산행으로 보낸다. 내 몸과 마음을 지켜내야 하고 시시때때로 엄습해오는 삶의 고달픔, 고독, 외로움을 밀쳐내고 세상과 소통하는 데는 산과 책만큼 중요한 게 없기 때문이다. 산행은 주에 2~3회를, 책은 일 년에 100여 권을 읽어낸다. 책을 읽어내는 것도 나이 들어 주변의 눈치를 의식하지 않을 수는 없지만 책을 사는 데는 인색해 본 적이 없다.

기억력이 예전 같지 않아 다시 읽고 싶은 문장에는 밑줄을 긋고, 페이지를 접어놓고, 의문부호로 표시하고, 때로는 내 생각을 더해 포스트잇을 붙여놓고, 좋은 글들은 노트에 필사도 해둔다. 그래서 내가 가진 책들은 깨끗하지 않아 누구에게 빌려줄 수도 그냥 거저 줄 수도 없다. 어쩌다 친구들이 한두 권씩 빌려 가면 되돌려줄 생각도 않겠지만 서운하지도 않다.

책을 구입할 때는 특별한 경우를 빼고는 발품을 팔아 오프라인 구매를 한다. 지인들과 미팅이 있는 날에는 서점 근처에 약속장소를 정해놓고 한 두 시간 전에 서점으로 간다. 어떤 때는 집어 든 책이 대여섯 권이 넘는 날도 있다. 이런 날은 책을 펴낸 저자들과 소통하고 싶어 마음이 바빠진다. 책 속에는 언제나 다정한 멘토가 있다. 책 읽기란 제3자가 결코 틈입할 수 없는, 저자와 독자 간의 아주 은밀한 만남 아닌가. 그것이야말로 독서가 주는 매력이다.

청년들에게 들려주고 싶다.
나는 가끔씩 단군신화의 스토리를 떠올려본다. 곰과 호랑이 모두 쑥과 마늘을 먹고 100일을 기도하면 인간이 될 수 있었다. 곰은 아름다운 여인이 되어 환웅과 결혼해 단군을 낳았는데 호랑이는 왜 중도에 포기하고 말았을까? 만약 쑥과 마늘을 먹을 때마다 하루하루 몸의 일부분이 사람으로 변해 가는 것을 스스로 확인할 수 있었다면 그래도 포기했을까? 눈에 보이는 변화가 있었다면 달랐을 것이다. 오늘 성실히 살다보면 언젠가는 완성되는 때가 온다.

장년들에게 말한다.
주역에 보면 '감지(坎止)'라는 말이 있다. 물이 구덩이를 만나면 멈춘다는 것이다. 기운 좋게 흘러가던 물도 구덩이를 만나면 꼼짝 없이 그 자리에 멈추게 되는 것이다. 그러니 아무리 발버둥을 쳐봐야 소용이 없다. 물이 가득 채워져 넘쳐 흐를 때까지는 참아야 하며 기다릴 수밖에 없지 않은가.
이처럼 한 사람의 그릇도 그 사람이 겪는 시련과 역경 속에서 분명하게 드러난다. 사람이 구덩이에 빠지면 자신을 할퀴고 절망에 빠져 자포자기하는 경우가 있는가 하면, 물이 웅덩이를 메우고 채워질 때까지 왜 웅덩이에 빠질 수밖에 없었는지 그 원인을 찾고 반성하며 마음을 다잡아 때를 기다리는 사람이 있다. 웅덩이에 빠진 것을 남 탓으로 돌리고 원망을 품고 살아서는 아무 것도 성취할 수 없다. 그래서 나는 공부하라고 권하고 싶다. 똑같은 실패를 겪고도 꾸준히 공부한 사람과 그렇지 않은 사람과의 미래는 확연히 다르다.

노년기를 맞는 이들에게 당부한다.
인생에도 춘하추동이 있다. 사람들은 아무리 예쁜 꽃이라 해도 떨어진 꽃은 줍지 않지만 가을에 잘 물든 단풍잎은 책 속에 꽂아 보관한다. 우리도 잘 물든 단풍처럼 늙어가야 한다. 집착을 내려놓고, 늙음을 받아들이고 오늘 살아있음에 감사할 줄 알아야 한다.
새는 새끼를 길러 날려 보내고 그 새끼가 찾아오지 않아도 원망하지 않는다. 사람도 자식이 결혼을 하면 정을 끊어야 한다. 내 품을 떠났으니 기대와 집착을 내려놓아야 한다. 그러면 자식은 효자가 되고 나도 행복해지는 것이다. 재산을 유산으로 남기면 자녀들끼리 원수가 되고 화목이란 찾을 수 없다.
　나이를 먹어가면서 자기관리에 방심하다가 요양원 신세를 지게 되면 사는 게 사는 게 아닌 것이 된다. '생즉비생(生卽非生)' 라 하지 않던가. 어느 누구도 사는 게 사는 게 아닌 시간을 지내야 마침내 인생의 끝자락에 도착하는 것이다.
　마지막 한 걸음은 혼자 간다.
　사람이 정말 두려워하는 것은 죽음 그 자체가 아니라 철저하게 혼자된다는 것이다. 죽음은 개별적이다. 탄생은 어머니의 고통과 함께 하지만 죽음은 홀로 겪는다. 헤르만 헤세는 '혼자' 라는 시에서 세상에는 크고 작은 수많은 길들이 많다. 그러나 도착지는 모두 같다. 말을 타고 가는 사람, 차를 타고 가는 사람, 걸어가는 사람, 둘이서 갈 수도 있고, 셋이서 갈 수도 있다. 그러나 마지막 한 걸음은 혼자서 가야 한다고 적고 있다. 우리는 모두 혼자 죽는다.
　죽은 이후의 우리는 아무것도 보지도 느끼지도 못한다. 죽음 뒤에는 죽은 자의 몫이 아니라 산 자의 몫이다. 에피쿠로스는 2,300여 년 전에 이를 통찰했으며 "삶이 이어지지 않을 죽음 후에는 전혀 무서워할 것이 없다"고 말했다.

　"한 세대가 다음 세대에게 물려줄 수 있는 최고의 선물은 오랜 경험에서 묻어 나오는 지혜일 것이다."

　나는 이 책을 통해 청장년에게는 성공을 위한 자기계발을, 노년에 들어선 세대에게는 위로와 자유를 누리는데 도움이 되고자 한다. 그리고 이 책을 마무리 할 때까지 만남을 기다려 준 친구들과 가족들에게 고맙고 미안하다는 말을 전하고 싶다.

2015년 2월 10일
안성시 양성 대명 산방에서

| 차 례 |

1 소통하라

: 앞만 보지 마세요 · 21
: 내 어머니의 장례 · 22
: 나날이 새로워지리라 · 23
: 꽃들도 저마다 피는 계절이 다르다 · 24
: 100세 시대는 이미 와있다 · 25
: 새로운 시작을 위해 · 26
: 우물쭈물 하다가 · 27
: 새가 스스로 울 때까지 · 28
: 청어를 살리는 방법 · 29
: 강물도 인생도 흘러간다 · 30
: 유대인의 정신교육 · 31
: 개점 첫 날에 · 32
: 특급 명품 에르메스 · 33
: 인간 프란치스코 · 34
: 자식을 어떻게 키울까 · 35
: 교학상장 · 36
: 아리스토텔레스의 수사학 · 37
: 늙은 말의 지혜 · 38
: 방문객 · 39
: 작아도 강한 나라 스위스 · 40
: 역설과 반전 · 41
: 마쓰시타 고노스케 · 42
: 명궁이 되는 길 · 43

: 메멘 토 모리 · 44
: 빙산의 일각 · 45
: 밀물과 썰물 · 46
: 군계일학 · 47
: 세상에서 가장 유명했던 전투 · 48
: 낙상매 · 50
: 결국 다 죽고 만다 · 51
: 최고의 병법서 · 52
: 350알의 달인 · 53
: 만년초 · 54
: 천장화 · 55
: 머피의 법칙 · 56
: 지금 하는 일에만 집중하라 · 57
: 이것을 지켜라 · 58
: 1할~2할 OK. · 59
: 바닥을 치면 다시 오른다 · 60
: 준비된 사냥꾼 · 61
: 세상 참 많이 변했네 · 62
: 하인리히 법칙 · 63
: 리더는 마지막에 먹는다 · 64
: 부자가 되려면 · 65
: 자신에게 더 엄격하세요 · 66
: 보이는 것과 실체는 다르다 · 67

2 성공하고 싶은가

: 한 방의 유혹을 이겨라 · 71
: 기대가 기적을 낳는다 · 72
: 자족하는 사람이 행복한 사람이다 · 73
: 작은 차이가 성패를 가른다 · 74
: 성공하고 싶다면 주인으로 살아라 · 75
: 신이 내리는 고통 · 76
: 기록은 기억을 앞선다 · 77
: 마시멜로 실험 · 78
: 블링크 · 79
: 실패에서 배운다 · 80
: 고수는 멈출 줄 안다. · 81
: 재능은 신이 내린 선물이 아니다 · 82
: 성공한 고수들의 공통점 · 83
: 어떻게 원하는 것을 얻는가 · 84
: 하늘이 무너져도 · 85
: 비결은 남다른 노력뿐이다 · 86
: 도전! 도전! 집념과 오기 · 87
: 낙천적인 성격이 성공한다 · 88
: 영업의 신 · 89
: 실패와 포기의 위대한 힘 · 90
: 툭툭 털고 일어나라 · 91
: 시계보다 나침반을 보라 · 92
: 프로가 되고 싶은가 · 93

: 두 아이의 성장 · 94
: 10—10—10 · 95
: 몰입을 통해 성공한 사람 · 96
: 금세기 최고의 투자자 · 97
: 명궁의 과녁 · 98
: 버핏이 말하는 성공 · 99
: 습관을 바꿔라 · 100
: 싸움의 3가지 법칙 · 101
: 하는 일에 목숨을 걸어라 · 102
: 답은 생각하기 나름이다 · 103
: 성공하는 습관 · 104
: 우선 살아남아라 · 105
: 승리란 일시적인 것 · 106
: 한 가지 일에만 집중해라 · 107
: 개성상인들처럼 해라 · 108
: 감동이 먼저다 · 109

3 사랑을 지켜가는 거리

: 사랑을 지켜가는 거리 · 113
: 사랑에도 생로병사가 있다 · 114
: 순간이 꽃봉오리인 것을 · 115
: 수선화 · 116
: 엄마와 숨바꼭질 · 117
: 사랑한다는 것으로 · 119
: 리어왕의 비극 · 120
: 바람이 강하게 부는 날에 · 121
: 엄마의 지혜와 사랑 · 122
: 8월의 영가 · 123
: 아탕(기다려) · 125
: 외로움과의 동행 · 126
: 비교하면 만족은 없다 · 127
: 삶과 죽음을 결정하는 프레임 · 128
: 솔로몬 왕의 지혜 · 129
: 최경창과 관기 홍랑의 사랑 · 130
: 부부는 조금씩 닮아간다 · 131
: 그 때 왜 그랬지 · 132
: 감옥과 수도원 · 133
: 시크릿을 읽고 나서 · 134
: 혹한에서 따뜻함 · 135
: 순간의 머뭇거림 · 136
: 겨울 꽃 동백 · 137

: 큰 사람 · 138
: 두 마음 · 139
: 고르고 골라도 · 140
: 아버지의 기도 · 141
: 호기심을 잃지 말자 · 142
: 당신은 피해자인가 · 143
: 벽계수의 낙마곡 · 144
: 사육되는 아이들 · 145
: 죽음의 그림자 · 146
: 세상에 악한 부모는 없다 · 147
: 매몰비용 · 148
: 부자의 대열에 서라 · 149
: 외롭고 불안한 시대 · 150
: 스팩보다는 스토리를 만들어라 · 151
: 어머니의 삶 · 152
: 살찐 오리 · 153
: 국화 · 154
: 지금하세요 · 156
: 나의 주례사 · 158

4   건강과 행복을 위해

: 삶과 죽음 · 161
: 내 몸은 내가 지켜낸다 · 162
: 불안은 욕망의 병이다 · 163
: 족함을 모르는 두 도적 · 164
: 한탄조 · 165
: 이룰 수 없는 꿈 · 166
: 차면 덜어내라 · 167
: 아픈만큼 성숙해진다 · 168
: 쾌락 적응 · 169
: 성은 곽씨요 이름은 탁타 · 170
: 인생의 3대 불행 · 171
: 영원한 채무 · 172
: 욕망의 무게를 덜어내자 · 173
: 도대체 행복이 무엇인가 · 174
: 인생 후반전 승자가 되라 · 175
: 얼마큼의 땅이 필요한가 · 176
: 절대로 포기하지 말라 · 177
: 복이 있을 때 지켜라 · 178
: 의지력과 실천력 · 179
: 레이스의 원칙을 지켜라 · 180
: 무엇이 위기를 부르는가 · 181
: 구방심 · 182
: 폭풍 · 183

: 사춘기와 사추기 · 184
: 그 사람을 가졌는가 · 185
: 100세 대비 몸을 만들어라 · 186
: 광교산 팔각정 · 187
: 곡강 · 188
: 내려가는 연습 · 189
: 채찍과 당근 · 190
: 최소저항이란 · 191
: 돌하르방 식당 · 192
: 탯줄을 끊어라 · 193
: 지구력이 문제다 · 194
: 변화의 원리 · 195
: 줄탁동시를 아는가 · 196
: 즐기는 사람이 프로다 · 197

5 공부는 마지막 순간까지다

: 시대를 앞서가는 전략 · 201
: 덜 갖고 더 존재하라 · 202
: 목계의 교훈 · 203
: 나이아가라 폭포 · 204
: 공자의 일생 · 205
: 빈자와 부자의 차이 · 206
: 변하고 싶은가 · 207
: 높이 나는 새가 멀리 본다. · 208
: 뜻이 붓보다 먼저다 · 209
: 주역의 패러다임 · 210
: 미쳐야 길이 보인다 · 211
: 하늘나라 경제논리 · 212
: 낡은 구습에 묶이지 말라 · 213
: 성공의 함정 · 214
: 티핑포인트를 만들자 · 215
: 로마의 길과 중국의 만리장성 · 216
: 교장선생님의 훈화 · 217
: 무엇이 필요했던가 · 218
: 딜레마 · 219
: 뱀에게서 배운다 · 220
: 요약 사서삼경 · 221
: 소림사의 무술 · 222
: 이판사판이다 · 223

: 하늘이 나를 내셨으니 · 224
: 변명 · 225
: 희망은 불확실성을 내포한다 · 226
: 궁즉통이라 · 227
: 기미를 포착해라 · 228
: 오프라 윈프리 · 229
: 후생가외 · 230
: 기회포착 · 231
: 흑묘 백묘 · 232
: 중국의 지도자들 · 233
: 맞불을 놓자 · 234
: 무수한 고비를 넘긴 사람들 · 235
: 기본이 서야 도가 생긴다 · 236
: 직관력을 키워라 · 237
: 기적의 사과 · 238
: 나는 보기 위해 눈을 감는다 · 239
: 감을 익혀라 · 240
: 민희, 윤희 자매에게 · 241
: 유화부인의 아들 주몽 · 242
: 강태공의 기다림 · 243

6 자유를 찾아서

: 죽는 순간까지 변해라 · 247
: 포정해우 · 248
: 삼성의 후계지 이재용 · 249
: 노블레스 오블리주 · 250
: 봉이 김선달 · 251
: 프로세스 · 252
: 인생무상 · 253
: 무인불승 · 254
: 다 안다고 하지 마세요 · 255
: 상선약수 · 256
: 이 사람에게 물어보세요 · 257
: 문제는 선택이다 · 258
: 진짜 자존심 · 259
: 기회를 놓치는 사람들 · 260
: 고수에게는 철칙이 없다 · 261
: 20:80의 법칙 · 262
: 잘못된 관성 고치기 · 263
: 풍도의 설시 · 264
: 희망가 · 265
: 멈춤이 가장 어렵다 · 266
: 모두가 마음에서 일어난다 · 267
: 숫타니파타 · 268
: 초심자의 행운 · 269

: 사막을 건널 때 · 270
: 고양이 '밥' · 271
: 여수동좌 · 272
: 당신이 소심하다면 · 273
: 실패를 굴복시킨 사람들 · 274
: 돌매화 나무 · 275
: 가지 않은 길 · 276
: 300년 부의 비결 · 277
: 낙법을 익혀라 · 278
: 더 견디십시오 · 279
: 달라야 살아남는다 · 280
: 인생에는 공짜는 없다 · 281
: 절망하는 마이더스왕 · 282
: 처음부터 작게 시작해라 · 283
: 가시 없는 장미 없다 · 284
: 천 번을 찍어라 · 285
: 큰 목표와 작은 실천 · 286
: 좋은 일만 생기세요 · 287

7 위로가 필요합니다

: 인생경영의 영원한 화두 · 293
: 탐욕에는 중용이 없는가 · 294
: 혼자 왔다가 혼자 가는 것 · 295
: 노년의 품격 · 296
: 신은 다 주는 법이 없다 · 297
: 좁은 문으로 들어가라 · 298
: 대추 한 알 · 299
: 인간만사 새옹지마 · 300
: 가슴이 설레는 삶 · 301
: 삶의 마지막 후회 · 302
: 서울대 이상묵 교수 · 303
: 절제와 검소 · 304
: 인생은 사바세계 · 305
: 돈 돈 하지마라 · 306
: 나무를 보지 말고 숲을 봐라 · 307
: 인생이란 · 308
: 집착을 버리면 · 309
: 자수성가한 사람들 · 310
: 멀리 가려면 함께 가라 · 311
: 삼성 이건희의 좌우명 · 312
: 가슴에 꿈도 많았지 · 313
: 버킷리스트 · 314
: 모든 사물은 끊임없이 변한다 · 315

: 손가락이 왜 열 개인가 · 316
: 불안의 꽃 앙스트블뤼테 · 317
: 할머니들의 얘기 · 318
: 당황하지 말라 · 319
: 열려라 참깨 · 320
: 홍콩의 성룡 · 321
: 산을 오를 자격 · 322
: 이 세상 소풍 끝내시지 · 323
: 인생은 속도가 아니라 각도다 · 324
: 보이는 것이 전부는 아니다 · 325
: 하늘은 착한 사람 편에 선다 · 326
: 신발 정리만 잘해도 · 327
: 화가 나십니까 · 328
: 연꽃처럼 대나무처럼 · 329
: 세계 최고의 레스토랑 엘 불리 · 330
: 자식을 바꾸어 가르쳤다 · 331
: 곡즉전 · 332
: 유언이 무슨 의미가 있는가 · 333
: 내려올 산을 왜 올라오 · 335

1

소통하라

소통이 되지 않으니 삶이 너무 팍팍해진다. 우리 사회는 소통을 통한 공유가 없다. 그래서 모든 관계가 극심한 대립과 갈등을 겪고 있다. 소통되지 못하는 인간사의 한 단면을 볼 수 있는 이야기이다.
　장자의 지략편을 보면 새를 죽인 노나라 제후 이야기가 나온다. 제후가 마을에 날아든 바닷새를 데려와 진수성찬으로 대접하였으나 바닷새는 어리둥절할 뿐 아무것도 먹지 않고 몇 일만에 죽고 말았다는 우화이다.
　'차이기양양조야 비이조양양조야(此以己養養鳥也 非以鳥養養鳥也)' 자신을 기르는 방법으로 새를 길렀기 때문이고, 새를 기르는 방법으로 새로 기르지 않았기 때문이라는 말로 사물을 본성에 따라 대해야 한다는 의미를 지니고 있다. 이 말은 오늘날 혼재된 문화 속에서 살아가고 있는 우리에게 상대방과의 소통 방식에 대해 알아야 하는 이유를 잘 말해주고 있다.

　조선시대 김만덕이라는 백정이 푸줏간을 운영하고 살았다. 어느 날 두 노인이 고기를 사러 왔다. 한 노인이 "만덕아 고기 한 근 떠달라"고 하고, 또 한 노인은 "김서방 고기 한 근 떠주게나" 하였다. 그런데 두 노인에게 떠준 고기 한 근의 양이 눈에 띄게 달랐다. 적게 받은 노인이 화를 내며 따진다. 백정 김만덕이 대답하기를 "한 근은 만덕이가 썬 것이고, 다른 한 근은 김서방이 썬 것이지요." 사람과 사물의 본성을 따르지 않으면 돌아오는 결과는 이런 것이다.

　얼마 전에 친구들과 선운산 등산을 마치고 세계문화유산에 등재된 고창 고인돌 박물관을 찾았다. 우리나라는 세계 고인돌의 40%에 해당하는 숫자를 가지고 있고 남한에 3만기, 북한에 1,500기가 있는데 고창에만 2,000기라고 설명한다. 그 고인돌의 제작과정이 궁금했다. 쇠로 된 정조차 없던 시절에 엄청난 돌을 깨뜨려 고인돌을 만드는 비결을 알고 싶었다. 그 비결은 대추나무 몇 토막과 물 한 바가지가 전부였다. 먼저 자르고 싶은 바위의 틈새를 찾아내거나 바위에 작은 구멍을 내고 거기에 바싹 마른 대추나무 한 토막을 집어넣은 후 나무 끝에 똑똑 물을 떨어뜨리면서 느긋하게 기다린다. 한 방울씩 떨어지는 물을 머금은 대추나무는 부풀어 오르고 결국 어느 순간에 꿈쩍할 것 같지 않았던 집채만한 바위가 쪼개진다. 옛 선조들의 지혜와 인내와 꾸준함이 참으로 놀랍다.

옛말에 '수적천석(水滴穿石)'이란 말이 있다. 한 방울씩 떨어지는 낙수가 바위에 구멍을 내는 것처럼 참고 기다리는 꾸준함이 우리 모두의 소중한 꿈을 이루게 만들 것이다. 개인이든 집단이든 모두가 자신들의 이해득실에만 매달려 선조들의 소중한 문화적 가치를 이해하고 공유하지 못하고 소통을 거부한다면 삶이 고되고 팍팍해 질 수 밖에 없는 것이다.

앞만 보지 마세요

〈그 꽃〉
내려 갈 때 보았네
올라 갈 때 못 본
그 꽃
- 시인 고은 -

    오를 땐 앞만 보고 서둘러 올랐기에 소중한 것들을 놓치게 된다.
    내려갈 때라도 볼 수 있으면 다행이련만 끝내 보지 못하고 생을 마치는 사람도 허다하다. 올라갈 때는 한 계단이라도 뒤질세라 남을 밀어젖히며 올랐지만, 그 정상이란 오래 머무는 자리가 아니다. 잠깐이고 내려와야 한다.

    '회오리바람이 심할수록 옆을 둘러보라' 는 말이 있다.
    남을 먼저 생각하고 남을 이해하려는 노력이 곧 내 꿈을 실현시킬 수 있는 나의 무기가 될 수 있기 때문이다. 그러기에 앞만 보고 내달리는 속도전은 최후의 승자가 될 수 없는 것이다. 당신의 미래 설계는 앞만 보지 말고 옆을 살펴보면서 차근차근 세워가야 한다.

    애플의 스티브 잡스는 그저 소비자 입장에서 어떻게 만들어야 남들의 눈길을 끌고, 남들이 쉽게 사용할 수 있을지를 고민한 사람이다.
    그 남 생각이 결국 그의 힘이 되었다.

    '밤에 편히 잘 수 있을 만큼만 걸으라' 는 미국 속담도 있다.
    늘 지나치지 말아야 꽃을 보게 된다는 말이다.
    주변을 살피고 이것저것 챙기면 더디 간다고 느낄 수 있지만 나중에 가서는 그 누구보다 멀리 와있음을 알게 될 것이다.
    지나치게 서두르지 마라.

내 어머니의 장례

✶

　중국의 정치지도자 작은 거인 등소평이 1997년 93세로 세상을 떠나기 나흘 전 부인에게 마지막 부탁이라며 유언을 남긴다. 고별의식 같은 행사를 치르지 말 것이며 빈소도 차리지 말라. 시신을 의학연구 해부용으로 제공하고 각막은 필요한 사람에게 제공하라. 시신을 화장한 뼛가루는 바다에 뿌려라. 중국은 전통적으로 매장 문화이나 그의 유언에 따라 화장해 비행기에 실려 동 중국해에 뿌려졌으며, 10년 뒤 부인의 시신도 화장해 같은 장소에 뿌려졌다.

　2000년 3월 내 어머님은 87세로 세상을 떠났다. 생전 어머니는 자신이 죽거든 어선을 타고 나가 고기를 잡아오실 아버지를 기다리던 그 고향집 앞바다에 화장을 해 뿌려주기를 여러 차례 유언으로 남기셨다. 아내와 나는 일가 형제 친족들의 합의를 따르다가는 장례를 치르기 힘들 것으로 생각하고 화장장으로 절차를 진행하여 전북 부안군 변산 작당마을 앞바다에 배를 타고 나가 뼛가루를 뿌리는 해양 장을 치렀다. 이 같은 장례절차에 입장을 달리하는 친족들끼리 장례식장에서 다투는 일까지 벌어지기도 했었다. 장례를 치른 후에 들은 얘기지만 고향 친구들까지도 나를 상대하지 말아야 할 불효자식이라고 했다는 말을 들었다. 그 이후로 우리나라는 화장 문화가 급속도로 증가해 현재 화장률이 85%를 넘어서고 있다고 한다. 그렇게 나를 몹쓸 친구라고 비난하던 친구들마저도 지금은 화장 문화를 필연적으로 받아들여야 한다고 한다.

　인도 사람들은 땅, 물, 불, 바람 이 네 가지 요소로 만들어진 인간의 육신이 죽으면 다시 원래 자리로 돌려보낸다는 의미로 화장을 한다고 한다. 죽어서 뿌려진 뼛가루가 나무 한 그루를 싹 틔울 수 있는 거름이 되고, 본디 자연의 품으로 돌아가는 것이다.

나날이 새로워지리라

고대 중국 은나라 탕왕의 세숫대야에 새겨진 글이 '탕지반명(湯之盤銘)'이다. 날마다 그대 자신을 새롭게 하라. 날이면 날마다 새롭게 하고, 영원히 새롭게 하라는 뜻이다.

이는 곧 몸을 씻어서 때를 없애듯 마음의 더러움도 날로 씻어 새로워져야 한다고 스스로를 경계한 말이다. 스스로에게 묻고 답하고 고치고 다시 행하는 것이다.

조류 중 하늘의 제왕인 독수리는 삶의 벽 앞에서 문을 여는 존재로 그려진다. 독수리는 30년쯤 살게 되면 무뎌진 부리가 자라서 목을 찌르고, 날개의 깃털이 무거워져 날지 못하며, 날카롭게 자란 발톱마저 살 속을 파고들어 죽을 수밖에 없는 위기에 직면하게 된다.

이때 독수리는 본능적으로 이대로 죽을 것인가 아니면 뼈를 깎는 고통의 과정을 밟아 새롭게 태어날 것인가 선택하게 된다.

높은 산정에 둥지를 틀고 암벽에 수 없이 부리를 쳐 깨뜨리는 아픔의 시간을 보내고, 다시 새 부리가 날 때까지 기다려야 하는 인내의 시간을 보내야 한다. 그리고 새로운 부리로 발톱을 모두 뽑아내고 새 발톱이 자랄 때까지 또 기다려야 한다. 그러고 또 그 새로운 부리로 낡은 날개의 깃털을 모두 뽑아내고 새 깃털이 자라 날갯짓을 할 수 있을 때까지 기다려야 새 삶을 살 수 있다.

우리는 삶의 벽 앞에서 새로운 삶을 위해 독수리처럼 선택과 결단의 문을 열어야 할 때가 있다. 가능한 일을 불가능하다고 생각하면 벽이 보이는 것이고, 불가능한 일을 가능하다고 보면 결국 문이 보이는 것이다. 높디높은 성벽이라도 문은 있다. 벽은 문을 만들기 위해 존재한다. 벽이 없는 문은 없다.

꽃들도 저마다 피는 계절이 다르다

※

아직 차가운데 매화가 핀다.
얼마 지나지 않아 개나리, 진달래, 목련이 핀다.
잠깐 사이 벚꽃이 만개 하더니 장미가 피고 이어 카네이션이 핀다.
여름의 시작 나팔꽃 해바라기가 피더니 금세 코스모스 피는 가을,
국화 향기가 가득해진다.
이윽고 저 남쪽에서 동백이 피었다는 소식이 온다.

꽃은 저마다 훌륭하다.
나름의 이유가 있어 제가 피어날 철에만 만개한다.
우리 인간은 왜 하나같이 초봄에 피어나지 못해 안달인지 모른다.
그대의 꽃은 아직 시기가 되지 않았을 뿐, 때가 오면 화려하게 활짝 필 것이다.
자기 꽃을 피울 때까지 서두르지 말고 준비하라. 큰 나무를 벨 시간이 3시간 걸린다면 그 중 2시간은 톱날을 갈아야 한다.

'소년등과(少年登科)' 라는 말이 있다.
어린 나이에 과거에 급제하여 높은 자리에 오른다는 뜻인데 인생의 삼대불행 중 그 첫째가 일찍 출세하는 것이라고 한다.
소년등과한 사람치고 좋게 죽는 사람 없다는 말이 있어왔다.
너무 일찍 출세하면 나태해지고 교만과 오만해지기 쉬워 종국에는 이른 출세가 불행의 근원이 된다고 한다.
'대기만성(大器晩成)' 이라 했다.
큰 그릇은 늦게 이루어진다. 소걸음으로도 천리 간다 하지 않던가.

천리마는 하루에 천리를 갈 수 있다. 조랑말도 열흘이면 천리를 갈 수 있다.
문제는 어디를 향해 가느냐에 있다.
뚜렷한 목적지가 없을 때는 천리마의 날쌤도 아무런 의미가 없다.

100세 시대는 이미 와있다

※

현재의 평균수명이 83세다. 평균이라는 말에 속으면 안 된다.
80만 살면 다 살았다고 생각해서는 안 된다. 40대에 건강상 큰 문제가 없다면 100세까지 산다. 재수 없으면 120까지 살지도 모른다. 100세, 남의 이야기가 아니고 우리들 이야기다. 현재 50세라면 나머지 50년의 인생을 준비해 나갈 수 있는 내공을 쌓아야 한다. 이제는 판을 새로 짜야 한다.

80세 안팎의 장수 1세대는 불행하게도 자신들이 이처럼 오래 살 줄 몰랐다. 그랬기에 전혀 장수를 대비하지 못했다.
무거운 리어카를 끌고 폐지를 모아 생계를 유지하고 있는 노인들이 부지기수고, 파고다 공원에는 무료급식으로 점심을 때우고 장기를 두며 하루를 보내는 노인들이 즐비하다. 그들 중에는 명문고를 나오고 전 기업인이나 전직 관료 출신도 허다하다.

장수가 축복이 되느냐, 재앙이 되느냐는 준비하기에 달렸다. 준비되지 않은 장수는 재앙이다. 서러운 노인이 되지 않으려면 죽을 때까지 현역으로 살아가야 한다.
100세까지 내 발로 걸어야 하고, 치매에 걸리지 않도록 뇌 활동에 힘써야 하고, 그 나이까지 현역으로 뛸 수 있는 일을 찾아야 한다.
현재에 눈높이에 맞추면 소소한 일거리를 찾을 수 있을 것이다.
과거의 나를 내려놓아야 한다. 탐욕을 줄이고 조급함을 버릴 줄 알면 우아하고 멋지고 섹시하게 늙어갈 수 있을 것이다.

인생은 전반전의 승자보다 후반전의 승자가 최후의 승자다.
아직도 기회는 있다. 멋진 황혼의 시간을 채워갈 기회 말이다.
지나간 일에 너무 아파하지 마라.
끝이 좋으면 모든 게 다 좋은 것 아닌가.

새로운 시작을 위해

※

스티브 잡스가 2005년 스탠퍼드 대학 졸업식에서 한 연설이다.
"Stay hungry! Stay foolish!"
배부름 보다는 배고픔에 머물러라! 그 고통이 나를 깨어 있게 하리라. 늘 나 자신을 모자라다고 생각하라. 그 비움이 나를 채워줄 것이다.
노자는 '당무유용(當無有用)' 이라 했다.
진흙을 이겨서 그릇을 만드는 경우 그릇으로써 쓰임새는 그릇 가운데를 비움으로써 생긴다. 비움(없음, 배고픔)이 곧 쓰임이라는 말이다.
맹자는 '생어우환 사어안락(生於憂患 死於安樂)' 이라고 했다.
지금 어렵고 근심스러운 것이 나를 살리는 길로 인도할 것이요, 지금 편안하고 즐거운 것이 나를 죽음의 길로 인도할 것이다.
이 모두가 우리에게 인생을 어떻게 살아야 하는지를 명확히 제시하고 있다. 안락한 삶이 나를 달콤하게 하지만 그로 인해 성장은 멈출 수밖에 없고, 우환과 고통이 나를 힘들게 하지만 그로 인해 새로운 성공을 찾아내는 계기가 될 수 있다. 편안함이 도리어 나를 교만하게 하여 나를 정체시킨다는 생각을 놓지 말아야 한다.

시그모이드 곡선을 S자 곡선이라고 한다. 이 곡선이 처음에 밑에서 시작되듯 우리의 인생도 마찬가지다. 모든 일이 처음은 미미하지만 어느 시점을 지나면 급속히 속도를 내며 올라가 정상을 찍고, 정체기에 머물다가 결국 다시 곡선을 타고 내리막길을 간다. 제국의 영광도, 기업의 번성도, 상품의 주기도, 인간관계도 모두 그렇다.
계속 성장하고 싶다면 내리막으로 치닫기 전에 새로운 곡선을 만들어야 하고, 다음 정상을 정복하기 위해서는 익숙한 영역(과거의 방식)에서 벗어나야 한다. 변화를 수용하는 지속적인 학습만이 끊임없이 성장할 수 있는 성과로 돌아올 것이다. 과거의 영광과 성공의 경험을 단호히 잊고 혁신에 혁신을 거듭해야 살아남는다.

우물쭈물 하다가

※

'우물쭈물 하다가 내 끝내 이렇게 될 줄 알았네.'
유명한 희곡작가 조지 버나드쇼의 묘비문에 적힌 글이다. 노벨 문학상과 아카데미 각본상을 받은 이 세계적인 작가는 위트 넘치는 묘비문을 통해서 후대 사람들에게 무슨 말을 하고 싶었을까?
그것은 아무리 치열하게 살아도 인생은 끝이 있다는 것이다. 시간은 무한한 것 같아도 분명한 사실은 누구에게나 인생의 끝은 있다.

서양에서는 사람이 죽으면 그의 일생을 집약한 묘비명을 남긴다.
헤밍웨이는 '일어나지 못해 미안하다' 고 했다.
걸레 스님으로 잘 알려진 중광 스님의 묘비명은 '괜히 왔다 간다' 이다. 가슴이 멍하고 짠해지는 느낌이다. 내가 죽게 되어 묘비명을 남긴다면 이렇다. '우왕좌왕, 어영부영하다 이리 되었네.'

흔들리지 않고 피는 꽃이 어디 있으랴
흔들리지 않고 가는 사랑이 어디 있으랴
젖지 않고 피는 꽃이 어디 있으랴
바람과 비에 젖으며 꽃잎 따듯하게 피웠나니
젖지 않고 가는 삶이 어디 있으랴

시인 도종환은 '흔들리며 피는 꽃' 이라는 시에서 이렇게 읊는다.
흔들리면서 피는 꽃 아프면서 크는 나무 상처 딛고 일어서는 사람 모두는 특별한 향기가 난다. 세상에서 가장 아름다운 꽃도 흔들리면서 줄기를 곧게 세우고, 가장 애틋한 사랑도 위태롭게 흔들리면서 깊어졌으니 우리 역시 비바람 속에서 더 따뜻한 잎을 피워 올릴 수 있다. 천 번을 흔들려야 비로소 어른이 된다.

생선과 손님은 삼일을 넘기면 냄새가 난다고 하지 않던가.
귀하고 좋은 관계를 위해 마음에 간직해야 할 교훈이다.

새가 스스로 울 때까지

※

　일본의 야마오카 소하치가 쓴 대하소설 '대망'은 일본 전국시대를 배경으로 한 책이다. 오다 노부나가, 도요토미 히데요시, 도쿠가와 이에야스 라는 세 인물이 등장한다.

　노부나가는 새가 울지 않으면 그 자리에서 목을 쳐버리는 성급한 다혈질로 일본을 통일시키지 못하고, 부하의 반역으로 불길 속으로 들어가 자결한다.
　그 후 패권을 잡은 도요토미 히데요시는 온갖 수단과 방법을 가리지 않고 새를 울게 만드는 지략가였으며, 살아남기 위해 한 겨울 윗사람의 신발을 가슴에 품어 데워서 내놓을 정도로 충직한 사람이었지만 때를 기다리지 못하고 만다.
　전국시대를 통일하고 264년 동안 지속된 에도 막부시대를 연 역사적 인물은 바로 도쿠가와 이에야스, 그는 몸을 낮추고 새가 울 때까지 기다린 사람이었다.

　새가 울 때까지 버티고 기다려야 한다.
　인생을 한방에 역전시킬 수 있는 기회가 나에게만 오지 않는다고 한탄하지 말아야 한다. 기회란 준비와 동의어다. 준비 없는 상태로 맞는 기회는 허망하게 날아가 버리기 십상이다. 왔는지조차 모른 채 그냥 흘려보내지 않으려면 철저히 준비하고 기다려야 한다.

　도쿠가와 이에야스가 남긴 유훈이다.
　"사람의 일생은 무거운 짐을 지고 가는 먼 길과 같다. 그러니 서두르지 마라. 무슨 일이든지 마음대로 되는 일이 없음을 알면 오히려 불만 가질 이유도 없다. 마음에 욕심이 차오를 때는 빈궁했던 시절을 떠올려라. 인내는 무사장구의 근본이요, 분노는 적이라고 생각하라. 이기는 것만 알고 정녕 지는 것을 모르면 반드시 해가 미친다."

청어를 살리는 방법

☀

영국 북해에서는 청어가 많이 잡히지만 제값을 받기가 쉽지 않다. 성질이 급한 청어를 산채로 런던까지 가져가는 게 어려운 탓이다. 그러나 유독 한 어부의 청어만은 싱싱하게 살아 있었다. 신기하게 여긴 동료들의 부탁에 마침내 그 어부는 입을 열었다.
"나는 청어를 잡은 통에 메기 한 마리씩을 집어넣습니다."
그럼 메기가 청어를 잡아먹지 않느냐고 동료들이 되물었다.
"물론이지요. 그러나 놈이 잡아먹는 청어는 고작 몇 마리입니다. 남은 수 백 마리의 청어들은 메기에게 잡아먹히지 않으려고 런던에 도착하는 그 순간까지도 발버둥을 치며 도망처 다니지요."
메기는 청어의 생명을 위협하는 존재였지만 결국 그로부터 도망치기 위한 몸부림이 청어를 살아남게 한 것이다.
우리네 인생살이도 따지고 보면 청어와 같지 않을까싶다. 우리를 죽일 것만 같은 고난과 고통이 첩첩으로 다가오지만 결국 우리는 그 고난 때문에 지금도 숨 쉬고 있는 것은 아닐까?

예수는 우리를 연단하기 위해 오는 시험을 이상히 여기지 말라고 한다. 고난은 잘못된 길에서 우리를 돌이켜보게 해주며 허황된 뜻과 마음으로 교만해진 나를 겸허하게 만든다.
존 번연은 감옥에서 '천로역정'을 썼고, 밀턴은 눈이 멀고 나서야 '실락원'을 저술했다. 베토벤 역시 청력을 상실하고 난 후에 '교향곡 9번 합창'이란 명곡을 만들었다.

당신의 인생에 어쩌면 이미 여러 번 등장해 왔고 앞으로도 사라지지 않을 그 메기를 통해 더욱 성숙하고 견고한 청어로 살아가게 될 것이다. 혹시 어려움 중에 있는가? 그 어려움으로 인해 당신은 숨 쉬게 될 것이다. 고난은 분명 꽃으로 피어날 것이니까.

강물도 인생도 흘러간다

※

 강물이 굽이쳐 흐르듯 인생도 굽이치며 흘러간다. 우리의 삶이 한을 품게 만드는 것은 아픔이나 시련이 아니라, 오히려 황홀한 성공과 주변의 찬사다. 아픈 상처와 쓰라린 기억을 움켜쥐고 있어 봐야 소용없고 부질없듯 성공과 성취마저도 흘려보낼 수 있어야 진정한 삶의 고수인 것이다.
 치악산 비로봉에서 향로봉을 거쳐 상원사 쪽으로 하산하는 길, 계곡 물이 끝없이 굽이쳐 흐르며 내게 이렇게 말하는 것 같다.
 "이처럼 흘러가리라. 아름다운 것이든 추한 것이든, 기쁜 일이든 슬픈 일이든, 그 무엇이든 이 또한 지나가리라!"

 어느 날 다윗 왕이 궁중의 세공인을 불러 아름다운 반지를 하나 만들되 거기에 "내가 전쟁에서 큰 승리를 거두어 환호할 때 교만하지 않게 하고, 내가 큰 절망에 빠져 낙심할 때 결코 좌절하지 않고 스스로에게 용기와 희망을 줄 수 있는 글귀를 새겨 넣으라"고 말했다. 세공인은 아름다운 반지를 만들었으나 정작 거기에 새길 글귀가 떠오르지 않아 고민 끝에 지혜롭기로 소문난 솔로몬 왕자를 찾아갔고, 이때 솔로몬이 일러준 글귀가 바로 '이 또한 지나가리라' 이다.

 실패에 좌절하지 않고 승리에 오만하지 않기 위해 다윗 왕이 반지에 새겨 넣고 몸에 지녔다는 '이 또한 지나가리라' 는 이 말은 결국 흐르는 강물의 가르침이었다. 권력도 명예도 부도 사랑도 실패와 치욕과 가난과 증오도 모두 지나가리라는 것을 강물은 말해주고 있다.

 상원사를 지나 강물이 흐르는 계곡 길을 나는 천천히 걷는다. 서둘러 가야할 길이 아닌 것 같다. 물소리, 새소리, 바람소리 들으며 굽이치는 물길 따라 느리게 느리게 걷는다. 움켜쥐고 있어봐야 소용없고 부질없다. 잊어야 할 것들을 잊지 못하면 그 또한 불행이다.

유대인의 정신교육

※

　전 세계에 흩어져 사는 유대인을 모두 합쳐도 세계인구의 0.2%인 1400만 명 정도에 불과하다. 그런데 놀랍게도 유대인은 전체 노벨상 수상자의 22.3%를 차지하며 매년 노벨 수상자 명단에 유대인이 포함되지 않는 해는 없다고 한다.

　최근에 TV로 방영한 '청년, 후츠파로 일어서라'는 프로그램에 의하면 현재 이스라엘 인구는 750만 명인데 1년에 만들어지는 기업 수는 유럽 전체보다 많고, 미국 나스닥에 상장한 기업 수가 유럽 전체의 2배에 달한다고 한다. 세계적인 경기 침체 속에서도 단 한 개의 은행도 망하지 않은 유일한 나라이며, 경제 거품이 끼어 있지 않은 나라이다.

　이스라엘은 정말 볼품없는 나라다. 주위에 기름이 펑펑 쏟아지는 아랍 국가들과는 달리 기름 한 방울 나지 않는다. 풀 한 포기 나지 않는 광야 지역이다. 물도 많지 않다. 자원조차 부족하다.

　이런 척박한 땅에서 이룬 경제발전의 기적을 어떻게 설명할 것인가?

　이러한 눈부신 발전은 유대인의 교육방식에서 나온다. 그들 교육의 중요한 특징은 어린 시절에 철저한 고통의 역사를 사실 그대로 가르친다는 것이다. 초·중·고 시절에 히틀러가 유대인을 학살한 아우슈비츠 수용소를 의무적으로 방문케 한다. 그 당시 사용했던 고문도구들을 직접 보게 하고, 나치에 의해서 발가벗겨진 채 가스실에서 고통스럽게 죽어가던 처참한 현장을 있는 그대로 보게 한다.

　인솔자는 "다시는 이런 불행한 일이 반복되어서는 안 된다"고 말한다. 그들은 조상이 겪은 수난을 잊고 역사를 망각하는 민족에게는 내일이 없다고 가르친다. 고통의 역사를 생생하게 가르치는 목적이 정신교육을 위한 것이기 때문에 가해한 국민에 대해 '용서는 하되 잊지는 말자'라고 강조한다.

개점 첫 날에

※

창업을 하려면 자금이 필요하고, 창업 후 번창하려면 고객이 필요하다. 그리고 고객에게 감동을 줄 수 있는 고객마케팅이 있어야 한다.

조선 후기 남대문 안쪽에 한 주막이 열렸다. 개점 첫날 새벽에 상주로 보이는 남자가 들어와 해장국 한 그릇과 술 한 잔을 시켜 조용히 먹고 마신 후 일어서더니 "내 오늘은 돈이 없으니 내일 갚으리다." 담담하게 말한다. 주인이 대답한다. "그렇게 하슈."
일 년이 지났다. 그 주막은 장사가 잘 되어 큰돈을 벌었다.
장사가 잘 된다는 소문을 듣고는 이 주막을 눈여겨보던 한 사람이 많은 웃돈을 주고 주막을 인수했다. 큰돈을 벌리라 부푼 꿈을 안고 개점한 첫날 새벽에 한 상주가 들어와 해장국과 술 한 잔을 시켜 먹고 마시고는 말한다. "내 돈이 없으니 내일 갚으리다."
"뭐야? 이놈아, 새 가게에 외상술이 어디 있어. 빨리 돈 내놔."
이 주막 주인의 심보가 고약하다는 소문이 나면서 고객의 발길이 뚝 끊겼고, 결국 그 가게는 문을 닫고 말았다.

식당에 가서 음식을 주문할 때 "아무거나 주세요", "간단하게 줘요", "알아서 주세요"라고 말할 때가 흔히 있다.
대구 팔공산에 다녀오는 길, 한 식당에 들렀는데 메뉴판에 이렇게 적혀있다. 『간단하게 주세요 하면 일 만원, 아무거나 주세요 하면 2만원, 알아서 주세요 하면 3만원』 참 독특한 발상 아닌가.
내가 "아주머니, 이 집에서 제일 안 팔리는 걸로 주세요." 했더니 아주머니 하는 말이 "그런 비싼 음식 먹으려는 사람이 우리 집에 왜 옵니까?" 한다.
돈을 따라가면 재미가 없고, 재미를 따라가면 돈도 따라온다.
옛말에 돈과 여자는 다가가면 더 멀리 도망친다고 했다.

특급 명품 에르메스

에르메스는 오직 여자가 예뻐지는 방법만을 연구하는 프랑스 명품 브랜드다. 에르메스는 이른바 '명품중의 명품' 이라 불린다.

그런 명성을 얻게 된 비결은 무엇인가? 극소량만 생산하면서 최상의 품질을 유지하는데 있다. 보통의 명품 브랜드들은 철 지난 재고상품을 할인 판매하거나 아울렛에 보내 싼 값에 처리한다. 그러나 '재고' 라는 개념을 아예 없애버렸다.

에르메스 한국지사에서 실제 있었던 일을 살펴보기로 하자.

2007년 5월 경기도 안산에 있는 부경산업 소각장에 개당 수백만 원짜리 핸드백, 원피스 등이 불 속으로 던져졌다. 소각장 불 속에 넣기 전 금속제품은 망치로 무참히 부순다. 섬유제품엔 가차 없이 가위질이 가해졌다. 에르메스가 1997년 한국지사를 낸 이래 다섯 번째 벌인 '재고 파괴' 행사였다.

수억 원어치 상품을 소각하는 만큼 소각 며칠 전에 관할 세무서인 강남 세무서에 입회를 요청하는 공문도 보낸다. 소각 전 과정을 공인회계사 입회 아래 영상으로 담는다. 재고 상품 소각은 아무리 안 팔려도 에르메스는 절대 세일을 하지 않는다는 원칙을 잠재 고객들에게 강하게 각인시키는 효과가 있는 것이다. 이것이 의심할 수 없는 '노세일 특급명품 에르메스' 의 이미지를 굳히게 만든 방법이다.

장사건 사업이건 게임이건 진짜 성공하려면 열 번 가운데 한 번만 성공해도 된다는 생각으로 시도하고 또 시도해야 한다. 최후의 승자가 되려면 몇 번의 실패만으로 끝이라고 생각하지 마라. 실패하고 그 실패가 치명적인 실패로 남게 하지 않기 위해 다시 시도하고 도전할 때 원하는 삶을 살 수 있게 된다. 행운은 끊임없이 시도하며 정도를 지켜가는 자의 것이다.

인간 프란치스코

※

　지난해 3월 제226대 교황으로 즉위한 이래 그가 보인 파격행보는 일일이 열거할 수 없을 만큼 다양했다. '성녀 마르타'에 들려 병자들의 발을 씻기고 입을 맞추는가 하면 교황이 된 후 처음 맞는 생일에는 주변의 노숙자들을 초대해 식사를 같이 하기도 했다.

　언젠가는 바티칸 광장에서 강론을 하고 있을 때 갑자기 꼬마가 강단으로 올라와 교황을 뻔히 쳐다보기도 하고, 교황의 의자에 앉기도 하고, 심지어는 교황의 다리를 껴안기도 했다. 엄숙해야 할 상황에서도 교황은 아이를 물리치기는커녕 한 손으로 아이의 머리를 쓰다듬으며 말씀을 계속했다. "어린 아이를 용납하고 내게 오는 것을 금하지 말라. 천국은 이런 자의 것이니라"고 했다.

　그는 또 다른 강론에서 "남을 개종시키려 드는 것은 실로 허황된 짓이다. 그런 건 아무 의미도 없다. 서로를 알고, 서로의 말에 귀 기울이고, 생각의 반경을 넓히는 것, 우리에게 바로 그런 태도가 필요하다"라고 말씀했다.

　부잣집에서 태어난 프란치스코는 결혼을 권했던 친구들에게 항상 "나는 가난이라는 여인과 결혼할 것이다"라고 했다. 그런데 막상 수도사가 되자 성욕에 괴로워했다. 하나님께 자신의 음욕을 없애달라고 기도하며 맨몸으로 장미가시 덤불에서 뒹굴었다. 온 몸이 피투성이가 된 그를 가엾이 여긴 하나님은 유혹을 이길 수 있는 은총을 주시고 가시를 모두 없애주셨다. 호기심이 많은 사람들이 그 기적을 보기 위해 성당 뒤쪽 장미정원까지 찾아가 가시 없는 장미를 직접 확인까지 했다고 한다. 그런데 놀랍게도 이 장미는 다른 곳으로 옮겨 심으면 도로 가시가 난다고 한다.

자식을 어떻게 키울까

'세계적 인물은 어떻게 키워지는가?'라는 책을 읽었다. 세계적 인물 600명을 대상으로 궁금증을 정리한 책이다.

그들은 한결같이 유복하고 행복한 집안에서 자랐을까? 아니면 어떤 시련이 그들을 강하게 만들었을까?

이 책의 결론은 탁월한 방법은 사실상 존재하지 않더라는 것이다. 아주 특별한 코스도 없고, 결정적인 묘수도 없다는 것이다.

우리나라 부모들은 자신의 삶보다 자식의 삶을 먼저 생각한다. 자신이 아무리 성공해도 자식이 잘못되면 잘못 산 인생으로 생각한다. 그래서 자식 교육에 대한 한국인의 열정은 세계 최고다. 하지만 부모가 자식의 삶을 대신 살아줄 순 없다. 자식에 대한 집착을 버려야 자식이 크게 자란다.

유복함이 성공의 필수적 조건은 아니다. 세계적 인물 중 15%만이 비교적 문제가 없는 가정출신이고 4분의 3은 어린 시절 정신적, 물질적, 관계적으로 고난과 시련을 겪었다. 이 부분이 세계적 인물로 성장하는 데는 도전을 어떻게 이겨내는지가 가장 중요하다는 점을 보여주는 대목이다.

좋은 부모 밑에서 자랐다고 해서 잘 된다는 보장도, 나쁜 부모 밑에서 자랐다고 잘 안 된다는 보장도 없다. 아니 진짜 좋은 부모가 누구인지, 정말 나쁜 부모가 누구인지도 불분명하다. 잘 먹이고, 잘 입히고, 잘 교육시킨다고 모두 좋은 부모인지는 더 두고 볼 일이다.

진짜 좋은 부모는 아이의 인생을 스스로 헤쳐갈 수 있도록 때로는 확고한 신념으로 모른 척 내버려두는 부모가 아닐까? 결국 인생은 주인공인 자기 자신이 어떻게 살아내느냐에 따라 결과가 달라지기 때문이다. 부모는 '도전과 응전의 정신' 그 가치만을 가르치면 될 것 같다.

교학상장(敎學相長)

⚜

　교학상장이란 가르친다는 것은 배우는 것이라는 말이다. 즉 서로를 교육시킨다는 의미로 서로 도와 자기 학업을 증진시킨다는 뜻이다.
　교육의 궁극적 목적은 학생을 가르치는 것이 아니라 위대한 스승을 만드는 것이다. 그 사회에서 스승 노릇을 할 수 있는 인물이 되도록 하는데 있어야 한다. 새로운 국가, 사회, 문명을 위해 교학(敎學)이 가장 우선되어야 한다. 그래서 인간다운 큰 인물이 나와야 한다.

　교학하면 유대인이다. 땅도 절도 없던 그들이 지금은 세계경제의 70%를 움켜쥐고 거대한 권력으로 성공하기까지 교학은 그들이 기댈 수 있었던 유일한 버팀목이었다. 유대인에게 있어서 배움은 인생 그 자체. 돈을 벌어 절반은 교학에 쏟아 붓는다.

　이스라엘에 명석한 두뇌들만 모여 있는 '사이언즈'라는 영재학교가 있다. 이스라엘 정부는 그 학교에 최고의 교육 장비를 지원한다.
　그런데 그곳을 방문해 보면 매우 특이한 점을 발견하게 된다.
　모든 시설이 최첨단인데 기숙사만은 평균 이하로 허름하다.
　이 학교 교장에게 이유를 물었더니 이렇게 답한다.
　"이 학생들은 하나님으로부터 뛰어난 능력을 받았습니다. 즉 특권을 받은 아이들이지요. 그래서 특별히 겸손을 배워야 합니다. 받은 것이 너무 많기 때문에 삶 속에서 조금 덜 누리고 사는 법을 배워야 합니다. 하나를 가졌으면 하나를 버릴 줄 알아야 큰 인물이 되지요."
　배우고 가르치는 교학이 철저한 나라에서 큰 인물이 등장한다.
　우리의 교육 현실은 언제 이들을 따라잡을 것인지……

빅토르 위고가 말했다. 램프를 만들어낸 것은 어둠 때문이었고,
나침반을 만들어낸 것은 안개 때문이었고, 탐험을 하게 만든 것은 배고픔 때문이었다.

아리스토텔레스의 수사학

※

　말이란? 말 하는 자, 말에 담기는 내용, 말이 향하는 대상 이 세 가지로 이루어지는데 말의 목적은 마지막 듣는 사람에 대한 말이다.
　고통스러운 말은 듣는 사람에게 상처를 입힌다. 상스러운 말은 사람을 모욕한다. 거짓말은 듣는 사람을 기만한다.

　말을 줄여야 할 때가 아닌가 싶어 몇 자 적는다.
　아뿔사! 나이를 먹을수록 입은 닫고, 지갑은 열라는 인생 선배님들의 조언을 누누이 들었음에도 잘 지켜내지 못하고 살아간다.
　생리적인 노화와 별개로 마음이 늙으면 말도 늙는다고 한다.
　새로운 생각이 줄어들면 중언부언 했던 말을 하고 또 해 공감이 퇴화하고, 결국 자기 자랑으로 끝나는 말들을 끊임없이 늘어놓게 된다.

　논어에서 공자가 한 말이 떠오른다.
　"함께 말할만한 사람과 더불어 말하지 않으면 사람을 잃고, 함께 말할만하지 않은 사람과 더불어 말하면 말을 잃는다" 고 했는데 사람을 잃고 말까지 잃는 어리석음 속에 뒤엉켜 살아가기가 괴롭다.
　무엇을 말할까 궁리하기보다 무엇을 말하지 않을지를 먼저 고민하면 절로 입이 무거워지지 않을까 싶기도 하다. 영영 반벙어리로 살 수는 없을 터, 어떻게 하면 사람도 잃지 않고 말 역시 잃지 않는 지혜를 배울 수 있을지.

　앞에서 할 수 없는 말은 뒤에서도 하지 말라. 뒷말이 가장 나쁘다.
　입술의 30초가 마음의 30년이 될 수 있다.
　말을 적게 하고 남의 말을 들을수록 내편이 많아진다.
　차라리 사색과 독서를 많이 하는 사람을 만나라.
　그 사람에게서는 배울게 많을 것이다.

늙은 말의 지혜(老馬之知)

✦

　한비자에 나오는 이야기다.
　춘추시대 환공이 재상 관중을 데리고 고죽국을 징벌하러 길을 떠났다. 떠날 때는 봄이었으나 전쟁이 길어지는 바람에 겨울에야 끝이 났다. 귀국을 서두르느라 지름길을 택했지만 그만 길을 잃고 말았다. 낙심하고 있는 차에 관중이 이럴 때는 늙은 말의 지혜가 도움이 된다 하며 늙은 말을 골라 고삐를 풀어 놓으니, 그 말이 본능적인 후각과 경험을 살려 길을 찾았다.
　옛날에는 이처럼 늙은 말을 스승으로 삼아 지혜를 배움에 있어 부끄러움이 없었으나, 요즈음 젊은이들은 자신들의 어리석음에도 불구하고 성현들의 지혜를 배우려 하지 않으니 안타깝기 그지없다.

　물론 그 어느 때보다도 지식과 정보가 넘쳐나는 시대가 됐다.
　스마트폰이 언제 어디서나 알고자 하는 지식이며 정보를 자세하게도 제공해 준다. 그러다 보니 아이들은 부모에게, 젊은이들은 노인들에게 지혜를 구해보려 하지 않는다. 세상 살아가는 데 단순한 지식보다는 경험에서 우러난 지혜가 더 소중한 것을 모른다.

　옛날에 한 가난한 농부가 굶기를 밥 먹듯 하는지라 제대로 봉양 못해 피골이 상접한 노모의 초췌한 몰골을 보기가 민망하여 차라리 죽는 게 낫다 싶어 깊은 산 속에 노모를 업어다 버리게 되었다. 토굴 속에 쑥죽 한 그릇과 물 항아리를 두고 돌아서려는데 "아들아, 내가 오면서 나뭇가지를 꺾어 표시를 해 놓았으니 꺾인 나뭇가지를 따라가면 무사히 집으로 갈 수 있을 것이다"고 아들 걱정을 하신다.
　노모의 지혜와 크신 사랑을 깨달은 농부는 지체하지 않고 다시 노모를 업고 집으로 돌아와 효도를 다하며 잘 살았다는 이야기를 내 어릴 적 어머니로부터 여러 차례 들은 기억이 난다.

방문객

사람이 온다는 건
실은 어마어마한 일이다
그는
그의 과거와
현재와
그리고
그의 미래와 함께 오기 때문이다
한 사람의 일생이 오기 때문이다
- 시인 정현종 -

 그 때 그 사람을 좀 더 귀하게 대접할 걸, 그 인연을 소중히 할 걸 하는 후회가 많다.
 사람은 관계 속에서 성장하고 발전한다.
 기회를 잡기도 하고 기쁨을 느끼기도 한다.
 성공의 기준은 돈이 얼마나 많은가보다 괜찮은 사람들이 내 주변에 얼마나 많은가에 달려있다.
 고수들은 만남을 소중히 한다. 남녀노소 지위고하를 차별하지 않는다. 하수들은 만남을 차별한다. "저 사람 언제 또 보겠어?"라는 식이다. 도움이 될 만한 사람, 높은 사람에게만 굽실거린다.

 그런데 사람 일은 그렇지 않다.
 예상치 못한 사람이 좋은 기회를 가져다주기도 한다.
 어리석은 사람은 인연을 만나도 몰라보고,
 보통사람은 인연인 줄 알면서도 놓치고,
 현명한 사람은 스쳐가는 인연도 살려낸다고 한다.

작아도 강한 나라 스위스

스위스의 국토면적은 한국의 3분의 1, 인구도 799만 명 정도로 서울 인구보다 적다. 그러나 1인당 국민소득은 8만 달러에 육박하는 작아도 강한 나라이다. 청정국가, 알프스의 나라, 영세중립국, 기술혁신이 우수한 나라, 국가신인도, 경제적 자유, 투명성 지수에서 최상위권을 자랑한다. 연방의회에서 4년 임기로 선출된 7명의 각료가 나라를 이끈다. 7명의 각료 중 1명을 매년 윤번제로 대통령으로 선출한다. 정쟁과 당파적 불안요소가 거의 없다.

스위스가 강한 이유는 기술지상주의와 기업가 정신, 국가차원의 직업교육 덕분이다. 이 나라 청소년의 대학 진학률은 20%에 불과하다. 대부분 직업학교에서 적성과 소질에 따라 3~4년간 공부를 하며, 이 과정만 졸업해도 보통 3개 국어를 구사할 수 있다.

국민들 대다수가 기술자이고 첨단 엔지니어다. 세계 최고의 시계 시장을 압도적으로 주도하고 있으며 제약 및 바이오테크 산업의 강자이다. 고부가가치의 정밀기계, 발전설비, 인쇄기기 선박터빈 분야에서 세계최고 수준의 기술을 보유한 나라다. 또한 인구 비율로 볼 때 노벨상 수상자 수에서 세계 1위다. 물리학상 9명, 화학상 6명, 의학상 8명을 배출했다. 특히 통화가치의 안정성과 금융선진 자산운용기법을 바탕으로 스위스 은행산업은 국가 부가가치의 10% 이상을 차지하고 있단다. 금융 뿐 아니라 관광 산업에도 탁월한 집중력을 발휘하여 세계최고의 강한 나라로 약진하고 있다.

정치도, 경제도, 사회도, 문화도, 교육도 우리나라는 왜 이리 불안정한지. 그 많은 장관, 국회의원이 이 나라 발전에 크게 도움이 된다고 생각하는 국민이 있는가 봐라. 정부가 바뀔 때마다 나라 전체가 혼란스럽다. 세계 8대 무역국이면 뭐하나 늘 불안한데……

작은 나라 스위스가 부럽다.

역설과 반전

※

　유머를 즐기는 분을 위해 마누라의 죽음을 소재로 한 단편소설 모파상의 '보석'을 소개한다.
　가난한 살림에도 꾸미는 걸 좋아해 늘 싸구려 가짜 보석으로 치장을 하던 아내가 갑작스럽게 폐렴으로 죽게 된다. 슬픔과 생활고에 시달리던 남편은 아내가 남긴 가짜 보석이라도 팔아 끼니를 해결하려 보석 가게에 갔는데, 그 가짜 보석들이 모두 진짜라는 것이다.
　아내는 그 많은 보석들을 어떤 남자에게서 받아 가짜라고 거짓말을 했을까? 죽은 아내에 대한 배신감으로 괴로워하던 남편은 아내가 남긴 값비싼 보석들을 팔아 부자가 되고, 젊은 여자와 재혼도 한다.

　장례 행렬 선두에 상주로 보이는 여자가 개 한 마리를 끌고 가고, 그 뒤로 많은 여자들이 줄지어 따라가고 있었다. 길 가던 여자가 상주에게 물었다. "누가 돌아 가셨나요?"
　"내 남편이요, 이 개가 내 남편을 물어 죽였소." 상주가 말했다.
　"그럴 수가! 그럼 당장 이 개를 좀 빌려주시오!"
　상주는 자신을 따르는 긴 행렬을 가리키며 여자에게 말했다.
　"그럼 저 끝에 가서 서시오."

　삶이란 역전이 있음으로써 살아 볼 여지가 있는 것이다. 한 판 뒤집음이 없다면 무슨 재미로 살겠는가. 역류와 순류가 위아래로 서로 뒤엉켜 흘러야 물이 고여 썩는 것을 막는다.
　지짐은 뒤집혀야 진짜 지짐이 된다. 한 쪽 면만 부치면 타버리고 만다. 적절한 시기에 뒤집어야 잘 익은 지짐을 먹을 수 있다.

공자도 노자도 소크라테스도 예수도 그들 삶의 당대에는 결코 지배계급인 갑이
아니었다. 그들의 생각과 사상과 언어는 을의 논리요 마이너리티의 사상에 불과했다.
역사를 반전시켰고 을이 갑이 될 수 있었다.

마쓰시타 고노스케

※

 2000년 아사이신문의 밀레니엄 특집 설문조사에서 과거 천 년간 일본 최고의 경제인 1위로 꼽힌 마쓰시타 고노스케. 일본 어머니들은 자식들에게 고노스케를 배우라고 가르친다. 그는 초등학교를 중퇴한 것이 학력의 전부이다. 그는 점원에서 시작해 22살 때 스스로 전기회사를 차렸다. 그는 종업원들에게 회사 경영실태를 모두 공개하는 유리창 경영과 주 5일 근무제를 시행했고, 570여 개의 국내외 기업과 20만 명의 사원을 거느린 세계적인 기업을 일궈놓았다.

 그에게 어느 날 한 직원이 물었다.
 "회장님은 어떻게 이처럼 성공하셨습니까?"
 마쓰시타 고노스케는 자신이 가난함과 허약함과 무지함이라는 3가지 하늘의 큰 은혜를 입고 태어났다고 답했다.
 아니 이 세상의 불행이란 불행은 모두 갖고 태어났는데 오히려 하늘의 은혜라고 하니 도무지 이해가 가지 않는다.

 첫째, 나는 가난 속에서 태어났기 때문에 어릴 때부터 구두닦이, 신문팔이 등을 함으로 많은 세상 경험을 쌓을 수 있었다.
 둘째, 허약하게 태어났기 때문에 건강의 소중함을 일찍부터 깨달아 몸을 아끼고 건강에 힘썼기에 늙어서도 건강을 유지할 수 있었다.
 셋째, 무지했기 때문에 항상 이 세상 모든 사람을 스승으로 받들어 배우는 데 노력하였고 많은 지식과 상식을 얻을 수 있었다.
 나를 이만큼 성장시키기 위해 하늘이 내게 불행한 환경을 준 것이라 생각하며 큰 은혜에 감사한다고 고노스케는 말한다.

물에 잠수하는 사람이 상어를 무서워하면 결코 진주에 손을 대지 못한다는
옛 시인의 말처럼 진주를 건지기 위해서는 먼저 고통의 현장으로 직진해야 한다.

명궁이 되는 길

어린 시절 만화책에서 본 내용이다.

아버지가 아들을 명궁으로 만들기 위해 산속에 있는 유명한 궁사에게 데리고 갔다. 그런데 궁사는 아이에게 활 쏘는 법은 가르치지 않고 청소만 시킨다. 그리고는 남는 시간에야 5미터 정도 거리에 쌀 한 톨을 실에 매달아 놓고, 쌀 한 가마처럼 보일 때까지 쳐다보기만 하라고 명한다. 몇 년이 지나도 매일 똑같은 일만 시킨다.

아이는 여러 차례 도망치고 잡혀오기를 반복한다. 어느덧 10년이 흘렀고, 아이도 20대 초반이 되었다.

어느 날 쌀 한 톨을 쳐다보는데 쌀 한 가마와 같이 보이는 것이다.

놀라움과 기쁨을 감추지 못하고 드디어 쌀 한 톨이 한 가마니처럼 보인다고 궁사에게 말했다.

그때 궁사는 미소를 지으며 처음으로 활을 내어주었다.

"이제 가서 활을 쏘아라!"

눈앞의 쌀 한 가마니를 못 맞출 사람은 없다. 그는 정확하게 쌀 한 톨을 관통시키는 명궁이 되었다. 명궁이 되는 것은 활 쏘는 기술의 문제라기보다 정확한 눈의 문제요, 집중력의 문제다.

목표물이 크게 보이면 명중률이 높을 수밖에 없다.

야구선수도 탁구선수도 되는 날에는 공의 크기가 농구공처럼 보인다고 한다. 골프 스타 김미현도 골프가 되는 날은 미국 동전 2개를 포개놓고 쳐 위쪽의 얇은 동전만 날려 보낸다고 한다.

얼마나 정신을 집중하고 정확한 연습을 했으면 그렇게까지.

포기 하지 마라.

강한 자가 살아남는 것이 아니라 살아남는 자가 강한 자다.

메멘토 모리(죽음을 기억하라)

2011년 3월 11일 일본 미야기현 유리아게 마을에 대지진이 발생했고, 이어 쓰나미가 덮쳐 700여 명이 죽었다는 보도가 있었다. 지진과 쓰나미 사이에는 70여 분 정도의 시간이 있었다. 지진에 대비해서만은 세계 최고라는 일본 사람들이 왜 대피를 하지 않고 쓰나미가 오기까지 시간을 허비한 것일까?

히틀러가 유대인을 대량 학살한 것은 어느 날 아침 전격적으로 시행된 게 아니었다. 처음에는 재산을 동결하더니 자유로운 이동을 제한하고 그 강도를 조금씩 높여갔다. 유대인들은 왜 스위스나 미국으로 떠나지 않았을까?

심리학자들의 분석 결과 첫째는 '다수 동조편향' 때문이었다.

거리에 나가보니 대피하는 사람들은 극소수이고 다들 하던 일을 계속하고 있었다. 남들처럼 나도 움직이지 않았다는 것이다.

둘째는 '정상화 편향' 때문이었다.

우리의 뇌는 위험한 징조들을 어느 정도 무시한다. 뇌 센서가 너무 민감하면 비행기도 지하철도 엘리베이터도 탈 수 없을 뿐 아니라 김정은이 서울 한 복판에 핵폭탄을 투하할지도 모른다는 공포증 때문에 일상생활을 유지하기 어려워진다. 그래서 정상적인 뇌는 이런 위험 센서의 스위치를 꺼두기 때문이라고 한다.

남의 위험은 커 보이고 자기가 처한 위험은 무시해버리는 경향이 있다. 그게 인간이다.

로마인들은 화려한 연회를 열 때 노예가 은쟁반에 해골을 받쳐 들고 참석한 손님들 사이를 지나다니게 했다.

'메멘토 모리' 즉, 죽음을 기억하라는 말이다.

죽음과 종말을 떠올리게 함으로써 현재의 삶이 더 진지해진다는 것을 로마인들은 2000년 전에 이미 알고 있었다.

빙산의 일각

※

　화가이자 승려인 중광 스님을 따르던 한 보살이 스님에게 그림 하나를 그려달라고 부탁한다. 스님이 붓 한 번 휙 돌리니 불과 몇 분 만에 학 한 마리가 그려진다.
　어떻게 그렇게 빨리도 그려지느냐고 묻자 "금방 되는 게 아니고 50년쯤 걸린 거라고 보면 됩니다. 그렇게 자라온 기운으로 그림이 되는 거예요. 그렇지 않고는 이렇게 될 수 없지요"라고 대답한다.

　한 아리따운 여인이 파리의 한 카페에 앉아 있던 피카소에게 다가가 값을 치를 터이니 자신의 모습을 그려달라고 부탁한다. 피카소는 여인의 모습을 그려주면서 50만 프랑(약 8,000만 원)이라고 말한다. "아니 당신은 그림 그리는데 고작 몇 분밖에 안 쓰셨잖아요?"라며 항의하자 피카소는 "천만에요. 40년이 걸렸습니다"라고 말한다.
　물론 피카소는 돈을 받지 않았다. 오랜 기간의 노력으로 닦은 실력이 뒷받침되어 그만한 가치가 있다고 생각하라는 의미였을 것이다.

　국가 대표 양궁팀 서거원 감독은 양궁의 불모지였던 우리나라를 세계적으로 끌어올린 주역이다. 그가 대표팀 훈련을 맡았을 때 하루 연습량이 무려 700~1,000발이 되었다고 한다. 선발전부터 시작해서 올림픽 결승전까지 가려면 3년이 걸리니, 1주일에 5일 훈련했다 가정하면 대략 60만 발 내외가 된다. 이 훈련을 거치고 결승전에서는 단 9~15발로 매달 색깔이 결정된다고 한다. 이처럼 모든 성취는 오랜 기간 엄청난 피와 땀 그리고 눈물이 있기에 가능한 것이다.

　빙산의 일각이라는 말이 있다. 빙산의 80%이상이 수면 아래 있듯이 눈에 보이지 않는 부분까지를 볼 수 있어야 전체를 파악할 수 있는 것이다. 우리는 아직 한참 멀었다는 생각이 든다.

밀물과 썰물

✸

　바닷물도 밀물과 썰물이 있듯이 우리 인생도 오르내림이 있다.
　뜻하지 않은 복병을 만나 끝없는 내리막이 펼쳐지기도 하고 우리의 삶을 엉망진창으로 만들기도 한다. 오늘은 승리의 축배를 들었지만 내일은 패배의 쓴 잔을 들게 될지도 모르는 것이 인생이다.

　러시아 문학을 대표하는 톨스토이는 부유한 귀족 명문대가의 아들로 태어났지만 어느 시골 초라한 간이역사에서 폐렴으로 세상을 떠났다. 그는 인생에 대해 절박한 고뇌를 체험하고 거기서 얻은 사상을 현실에서 구현시키려고 시작한 글쓰기 '인생이란 무엇인가' 에서 다투지 마라, 살인하지 마라, 전쟁하지 마라는 메시지를 던진다.
　맥도날드는 전 세계에서 가장 유명한 패스트푸드 체인점이다. 맥도날드의 마크인 'M' 이 전 세계 곳곳에서 반짝이고 있다. 그러나 반짝이는 성공 뒤 창업자의 인생은 그리 순탄치만은 않았다고 한다. 맥도날드 창업자 레이 크록이 전 세계적인 프랜차이즈 패스트푸드점을 설립한 것은 그의 나이 쉰 두 살이 되었을 때였고, 그의 인생은 밑바닥까지 떨어진 상태였다. 담낭을 떼어냈고, 당뇨병과 관절염을 앓고 있었으며 갑상선도 성치 않았다. 온갖 고난이 그를 괴롭히던 때였다.

　현실세계는 항상 일득일실(一得一失)이 있다. 그것이 인생이다. 하나를 얻으면 다른 하나를 잃는다. 남자가 똑똑하고 돈 잘 벌면 수명이 짧고, 여자가 예쁜 외모로 태어나 능력 있는 신랑 만나 잘 살고 있지만 자식이 속을 썩인다.

　하늘이 일부러 사람을 괴롭히려고 인생의 고비마다 역경을 마련해 둔 것은 아니다. 오히려 성공의 문안으로 들어서도록 특별히 기회를 주는 것이다. 하늘은 이쪽 문이 닫혔으면 저쪽 창문을 열어준다.

군계일학

※

고통을 견디는 자가 군계일학(群鷄一鶴)이 된다.

군계일학이란 닭의 무리 속에 있는 한 마리 학처럼 평범한 여럿 중에 뛰어난 사람을 가리킨다. 초기에 지속적으로 거부당하는 고통을 견디내는 사람만이 세상을 바꾸는 유일한 존재가 된다.

세상을 주도하는 상품으로 자리를 잡아 글로벌 브랜드를 구축한 회사들도 거의 예외 없이 처음에는 소비자들로부터 거부당했다.

성공으로 접어들기 위해서는 보통 '10년'이라는 고통스러운 과정을 견디내야만 한다.

톰 피터스는 '혁신경영'이라는 저서에서 하나의 명품 브랜드가 생기기까지는 최소한 10년 정도 굴욕의 기간이 존재한다고 한다.

이 굴욕의 기간을 이겨내야 세상을 변화시키는 군계일학으로 도약할 수 있다. 회사도 개인도 마찬가지다.

그에게 가해지는 굴욕의 기간을 어떻게 보내느냐에 따라 달라진다. 성공은 조급증을 내서는 결코 이룰 수 없다.

주역에서는 밀운불우(密雲不雨)의 상태가 지속되어도 비가 내릴 때까지 기다려야 한다고 조언한다. 밀운불우는 구름이 빽빽하나 비가 오지 않는다는 말로 성공이 금방 달성될 것처럼 보여도 결코 쉽지 않다는 상황을 비유한 말이다.

일을 도모할 때까지의 기다림의 시간은 '고난의 시간'일 것이다.

그러나 시공을 초월해 극단적인 변화로 성공을 주도한 이들은 한결같이 자신의 변신을 서두르지 않았다.

끈기 있게 기다린 시간은 결코 헛된 시간이 아니었다.

이것이 그들을 세상 속에서 우뚝 솟게 만든 것이다.

세상에서 가장 유명했던 전투

※

　구약성서 시절 이제 막 발돋움을 시작한 이스라엘 왕국이 블레셋 군대에 맞서 싸운 전투가 있었다.
　이스라엘과는 원수인 블레셋 사람들은 풍부한 전투경험을 지닌 위험한 종족이다. 청동 투구를 쓰고 전신 갑옷을 두른 키 210㎝나 되는 거인 골리앗은 이스라엘 진영을 향해 이렇게 외친다.
　"너희는 한 사람을 택해 내게로 보내라. 그가 나와 싸워 나를 쓰러뜨리면 우리는 너희의 노예가 될 것이나 내가 이기면 너희가 우리의 노예가 되어 우리를 섬겨야 할 것이다."
　하지만 이스라엘 진지에서는 그런 무시무시한 골리앗과 맞서 이길 수 있는 사람이 없었다. 그때 전쟁에 참여한 형들에게 음식을 가져다주기 위해 베들레헴에서 온 양치기소년이 자원해서 앞으로 나선다. 하지만 이스라엘의 사울왕은 허락하지 않는다.
　"넌 저 블레셋 사람의 상대가 되지 않는다. 너는 아직 어린애일 뿐, 저 사람은 어려서부터 전쟁에서 길러진 백전의 용사이지 않느냐!" 그러나 양치기소년 다윗은 단호했다. 자신은 그보다 더 흉악한 상대와도 싸워보았다며 이렇게 말했다.
　"사자나 곰이 와서 양떼 무리에서 양 한 마리를 물어 가면 제가 쫓아가 그것을 쓰러뜨리고 그 수중에서 양을 구해냈나이다."
　사울왕은 다른 선택의 여지가 없었다. 결국 대결을 허락했고 양치기소년 다윗은 계곡에 서있는 거인 골리앗을 향해 언덕을 뛰어 내려갔다. 골리앗은 자신을 향해 다가오는 상대를 보고 외쳤다.
　"내게로 오라. 내가 네 살점을 공중의 새와 들짐승들에게 주리라."
　역사상 가장 유명한 전투가 시작되었던 것이다.

　거인 골리앗은 1:1결투를 요구했다. 이것은 고대 시대에는 일반적 관행이었다. 대결을 벌이는 양측은 전면전으로 대규모 유혈사태가 벌어지는 것을 막기 위해 각 진영을 대표하는 전사 한 명씩을 뽑아 결투를 벌이게 했다. 다윗은 맹수와 싸우며 터득한 투석으로 골리앗과 싸울 생각에 물매에 돌을 장전하고 획획 돌리며 골리앗의 신체에서 유일하게 취약한 이마를 노렸다. 그때 능선에서 결투를 지켜보던 양측 군사들은 다윗의 승리가 불가능한 일은 아니라고 생각했을 것이다. 다윗은 투석병이었고, 골리앗은 보병이었기 때문이다.

역사학자 도렌웬드는 전문 투석병이 35m 거리에서 보통 크기의 돌을 초속 34m(시속122.4㎞)로 던져 골리앗의 이마를 맞힐 수 있다는 사실을 보여주었다. 이는 골리앗의 두개골을 관통해서 의식불명에 빠뜨리거나 심지어 죽이고도 남을 만한 위력이다. 현대의 권총과 맞먹는 것이다.

숙련된 투석은 날아가는 새도 떨어뜨릴 수 있다고 한다. 다윗은 1초가 조금 넘는 짧은 시간에 물매를 휘둘러 골리앗의 이마를 관통시켰으며 사실상 골리앗이 자신을 방어하기에는 너무나 짧은 시간이었다고 한다. 골리앗은 45킬로그램이 넘는 갑옷을 입고 근접전투에 대비하고 있었다. 움직이지 않고 서서 적의 공격을 막아내면서 칼과 창으로 일격을 날릴 셈이었다.

그런데 다가오는 다윗을 보는 순간 공포에 휩싸인다. 자신이 예상했던 결투의 양상이 갑자기 변했기 때문이다. 이 결투에서 힘에 대한 우리의 고정관념이 얼마나 어리석은지 잘 보여준다.

강력하고 힘센 것들이 언제나 이기는 것은 아니다. 이스라엘 사람들이 높은 언덕에서 본 무시무시한 골리앗은 결국 쓰러지고 말았다. 양치기소년 다윗이 평소에 돌팔매로 맹수인 사자와 곰과 싸워 이기는 전투가 수천, 수만 번 있었기에 가능한 일이었다.

낙상매

사냥을 돕는 매 가운데 가장 사나운 매가 낙상(落傷)매다.

어미 매는 새끼에게 줄 먹이를 일부러 하늘 높이 공중에서 떨어뜨리고, 아직 잘 날지 못하는 아기 매들은 그 먹이를 서로 차지하려다 땅으로 떨어진다. 둥지에서 떨어진 매는 다리가 부러지거나 상처를 입고 몸의 일부가 불구가 되어 어려운 환경을 극복해 나간다. 하지만 어미는 제 힘으로 이겨낼 수 있을 때까지 곁에서 지켜만 본다. 이렇게 혼자의 힘으로 온갖 시련을 극복한 매는 억세고 강인하게 성장하여 최고의 매가 되는데 이 매를 낙상매라 부른다.

바로 이러한 실패와 시련과 좌절과 절망을 극복한 매는 성장하여 '일류'가 되고 '최고의 매'가 될 수 있는 것이다. 매 생태계의 본능적인 스파르타식 훈련을 받고 자란 낙상매는 곱게 자란 다른 매보다 몇 백 곱절이나 비싼 값에 팔린다. 특히 중국이나 몽골에서는 이 낙상매를 최상급으로 인정했다. 조선 세종 때 명나라가 요구한 말 2만 5천 필 대신 낙상매 15마리를 주고 조공 요구를 무마시켰다는 기록은 낙상매의 진가를 보여주는 좋은 사례라 할 수 있다.

짐승도 이렇게 하거늘 사람은 어찌 못해 부모도 자식도 괴로워해야 하는지. 자식을 어떻게 키워야 할 지 다시 생각하게 된다. 빌 게이츠는 "가난하게 태어난 것이 잘못은 아니지만, 가난하게 죽는 것은 잘못이다"고 말했다. 상처와 슬픔의 환경 속에서 태어난 것이 잘못은 아니지만, 끝내 상처와 슬픔 속에서 살아간 사람은 잘못이다.

세상 꼭대기에 앉아있어도 아래를 볼 줄 모른다면 그는 여전히 불행한 사람이다.
우리는 흔히 가난이라고 하면 물질적 빈곤만을 생각하는데 정신적 빈곤이
인간을 더 불행하게 만든다.

결국 다 죽고 만다

※

　남들이 초등학교 때 읽었다는 초한지를 나는 어른이 되어서야 읽었다. 너무 재미있고 흥미진진한 책이었다.
　일전 전두환 전 대통령과 그 일가의 기죽은 모습을 TV에서 보며 초한지를 다시 꺼내어 단숨에 읽었던 기억이 새롭다.

　초패왕 항우는 폼생 폼사 쌈 잘하는 놈,
　한고조 유방은 조낸 변덕 많고 의심 많은 놈,
　장량은 빼고 박을 때를 아는 노인네였고,
　범증은 주군의 그릇을 알면서도 제 그릇 때문에 적응을 잘 못했다.
　사실 초한지의 주인공은 승리한 유방이 아니라 패배한 항우일 것이고, 그보다는 가랑이 밑을 기어서라도 살아남은 한신일 것이다.

　쌈 잘 하는 놈은 더 쌈 잘하는 놈에게 죽고,
　더 쌈 잘하는 놈은 권력이 센 놈에게 죽고,
　권력이 센 놈은 더 권력이 센 놈에게 죽고,
　더 권력이 센 놈은 여자에게 죽고,
　그래도 살아남는 놈은 세월에게 죽는다.
　결국은 다 죽고 만다.

　요는 인생 참 허무하기 짝이 없더라는 것이다. 흥망성쇠가 꿈속의 꿈이더라는 것이다. 그러니 오늘 한 푼이라도 더 벌어보자고 한 놈이라도 더 제쳐보자고, 칼 갈고 이 가는 우리들 모습이 어찌 가련하고 측은하지 아니한가.

약한 것이 강한 것을 이기고, 부드러운 것이 억센 것을 이긴다.
강하게 힘을 주기보다는 겸손한 태도로 부드러움을 유지하는 사람이
진정 강한 사람이 될 수 있다. 즉, 부드러움이 생존의 파고를 넘는다.

최고의 병법서

손자병법은 기본적으로 전쟁에서 이기기 위한 병법서로 최고 이지만 인생이나 사업에도 적용할 수 있는 지혜를 담고 있어서 지금도 널리 읽혀지고 있는 책이다.

총 13편으로 구성된 손자병법 중 가장 널리 알려진 문장 중 하나가
'지피지기 백전불태(知彼知己 百戰不殆)'이다. 많은 사람들이 해석하기를 '상대를 알고 나를 알면 백 번 싸워 백 번 이긴다'로 알고 있지만 '상대를 알고 나를 알면 백 번 싸워도 위태롭지 않다'가 정확한 표현이다.

손자병법 '모공편'에서는 백 번 싸워 백 번 이기는 것은 최고의 용병술이 아니라 싸우지 않고 이기는 것이 최상의 용병술이라고 말한다.

손자병법 '구변편'에 널리 인용되는 유명한 문장이 있다.
도유소불유(道有所不由) 길 중에도 가서는 안 되는 길이 있고,
군유소불격(軍有所不擊) 군대 중에도 공격해서는 안 되는 군대가 있고, 성유소불공(城有所不攻) 성 중에도 공격해서는 안 되는 성이 있다.

그런데 우리의 현실과는 너무 거리가 멀다.
동반 성장을 외치면서도 가서는 안 되는 길을 가고, 공격해서는 안 되는 성을 공격하는 사람들, 너나 할 것 없이 욕심만 넘치는 형국이다.

노자의 도덕경에 이런 글이 있다.
지나치게 돈에 집착하다 보면 반드시 크게 잃는 때가 올 것이다.
인생의 마지막 순간에 회한의 눈물을 흘리며 세상을 마치는
가련한 인간의 이야기는 역사 속에 수 없이 등장한다.
그래서 노자는 후세를 살아가는 우리에게 이렇게 가르친다.
'지족불욕 지지불태(知足不辱 知止不殆)'. 만족할 줄 알면 치욕이 없을 것이고,
멈추어야 할 곳을 알면 위태롭지 않다. 지족과 지지는 인생을 살아가면서
마음에 새기고 살아야 할 화두이다. 멈추고 또 멈추어라!

350 알의 달인

청담동 '효(孝)스시' 초밥 전문점 안효주 사장은 일식요리사들 사이에서 전설로 통하는 사람이다. 전북 남원에서 태어나 늦은 나이에 요리사가 되었지만 14년이라는 짧은 기간에 최고의 호텔 주방장에 올랐었고 지금은 초밥 전문점을 운영하고 있다.

초밥은 요리사의 체온과 감정을 느끼는 음식이라 말하며 그는 초밥 한 덩어리에도 혼신의 힘을 다한다. 그는 초밥을 만들 때 밥알을 한번 쥐면 오차 없이 정확하게 350알을 손에 쥐는 달인이다. 밥알이 모자라거나 넘치는 느낌이 들면 잡은 밥알을 놓고 다시 밥알을 쥔다. 정확히 350알이다. 어떻게 이런 경이로운 일이 가능할까?

달인 안효주는 무수한 연습과 훈련을 통해 감각을 익혔다. 미묘한 감각의 차이는 머리로 알 수 없다. 몸속에 각인된 무수한 기억이 손가락에 구체화된 것이다. 초밥은 손끝의 미묘한 감각으로 만들지만, 손에 담긴 정성은 초밥을 먹는 사람의 가슴으로 전달된다.

그는 초밥의 왕이고 달인이면서도 다른 달인들의 초밥을 먹어보고 배우기를 멈추지 않는다. 요리는 해도 해도 끝이 없다고 말한다.

일본에도 유명한 초밥집이 있다. 아베 일본 총리와 미국 대통령 오바마가 찾은 도쿄 긴자의 초밥집 '스키야바시 지로'의 주방장 오노지로는 9살부터 요리에 몸을 담아 72년간 한 우물을 판 결과 세계적인 레스토랑 평가 '미슐랭 가이드'에서 별 셋 요리사로 뽑혔다.

이처럼 유명한 곳이지만 긴자의 한 빌딩 지하에 15석 자리가 전부인 이곳의 초밥을 맛보려면 최소 2개월 이상을 기다려야 한다.

그의 요리를 향한 집념은 상상을 초월한다. 외출할 때는 반드시 장갑을 낀다. 손으로 초밥을 만들기 때문에 손이 깨끗해야 하고 부드러워야 한다. 혀의 감각이 무뎌질 수 있다며 커피도 마시지 않는다. 오직 맛과 청결로 승부하며 "스시는 내 인생 그 자체"라고 말한다.

만년초

※

　만년초는 태백산, 오대산과 이북지역 고산에서 자생하는 토종이다. 생명력이 그 어떤 식물보다 강해 영하 30~40도의 혹한과 영상 30~40도의 더위에도 죽는 법이 없다. 너무 춥거나 더울 때면 잎을 떨어뜨려 줄기를 살리는 대신 잎사귀를 말아 수분증발을 막는다.
　겨울을 푸른 잎으로 견디어내니 그 생이 얼마나 고단하고 위험할까? 삭풍이 휘몰아치는 차가운 겨울밤에도 만년초 잎은 초록을 유지하여 만병의 약재가 된다.

　사람이나 식물이나 한 세상 살아간다는 것은 이같이 노력과 무한한 인내가 따라야 한다. 간혹 우리는 천재들이 특별한 노력 없이 성공한 것으로 오해한다.
　천리를 달린다는 적토마는 그 타고난 재능 때문에 평범한 말보다 더 많이 달려야 했고, 재능이 많은 천재들은 일반인보다 더 많은 일에 시달려야 했다. 재능 때문에 남보다 쉽게 가는 것이 아니라 더 힘들게 가야했다.

　맹인의 손가락은 문자판독이 불가능한 지폐의 진위를 구분해 낼 만큼 초감각적이다. 그런 감각은 우연한 결과물이 아니라 앞을 볼 수 없는 결함을 보완하기 위한 노력의 결과로 손가락 끝의 신경 세포가 치밀해졌기에 가능한 것이다. 눈의 결함을 손가락으로 만회하는 수준의 발전이다. 손가락의 기능이 탁월해진 것이 아니라 그 사람의 기질이 바뀐 셈이다.

　많은 사람들이 노력 없이도 얻어지는 성과를 부러워한다. 하지만 인생에는 노력 없이 얻어지는 결과란 없다. 만년초처럼, 맹인의 초감각적인 손끝처럼 될 때가 살아남는 시작이다.

천장화

※

　로마 바티칸 시스티나 성당의 명물 천장화는 미켈란젤로가 4년 6개월 만에 완성했다. 교황 율리우스 2세의 의뢰를 받은 그는 천장 아래 작업대를 세우고 누워 하루 평균 16시간을 프레스코 기법으로 작업했다. 회 반죽을 천장에 바르고 반죽이 마르기 전에 그림을 그리는 기법으로 반죽이 굳고 나면 색상이 오래 보존되고 시간이 지날수록 색이 살짝 바래면서 독특한 멋을 낸다. 다만 문제는 마르기 전에 그림을 실수라도 하면 회 반죽을 다 떼어 내고 다시 그려야 했다는 것이다. '천지창조', '예언자들', '최후의 심판' 등 숨 막힐 정도로 아름답고 장엄한 역작들을 그리면서 미켈란젤로는 목과 허리 통증으로 심하게 고생했고 물감이 눈에 떨어져 실명위기에 처하기도 했다.
　하루는 미켈란젤로가 구석의 한 부분을 하도 오래 그리고 있으니까 친구가 와서 물었다. "그걸 누가 안다고 그렇게 정성을 들이나?"
　미켈란젤로가 대답했다. "내가 알지."

　애플을 만든 스티브 잡스는 엔지니어와 디자이너들을 들들 볶는 걸로 유명했다. 하루는 애플 컴퓨터 본체를 뜯어보고 이렇게 말했다.
　"여기 이 부품들 말이야. 좀 질서 있고 예쁘게 배열할 수 없나?"
　디자이너가 항변했다.
　"사장님 컴퓨터 안을 도대체 누가 들여다본다고 그러세요?"
　잡스가 말했다.
　"내가 보지."

　당신은 당신만의 행동양식이 있는가?
　그것에 따라 스스로 인정하고 스스로 만족할 수 있는가?
　그럴 수만 있다면 당신은 최고 수준의 단계에 도달한 셈이다
　미켈란젤로처럼 "내가 알지!"
　스티브 잡스처럼 "내가 보지!"

머피의 법칙

※

　일이 갈수록 자구 꼬이면서 상황이 어려워지는 것, 가령 교통체증이 심해 어렵게 옆 차선으로 바꾸고 나면 더 막히는 것과 같은 현상을 머피의 법칙이라고 한다.

　회사 내에서도 머피의 법칙이 있다.
　꼭 필요한 유능한 사람이 회사를 그만 두는 경우다. 유능한 직원일수록 별다른 내색 없이 맡은 일을 열심히 한다. 그리고 어느 날 갑자기 그만 둔다는 통보를 한다. 당황한 경영진은 부랴부랴 여러 가지 좋은 조건을 내걸고 달래보지만 실패할 확률이 높다.
　그런데 절대로 그만두지 않는 직원의 특징은 무능하고 불평이 많아 내심 그만두었으면 좋겠다고 생각하지만 이들은 절대 그만 두지 않는다.

　매킨지의 회장 라자굽타는 '미래는 인재확보 전쟁시대' 라고 했다.
　한 사람의 인재가 100만 명을 먹여 살릴 수 있는 시대다.
　사람은 많은데 쓸만한 사람이 없다고 한탄한다.
　핵심인재와 함께 일을 하기 위해서는 몇 가지를 유념해야 한다.
　직원의 퇴사는 언제든지 일어날 수 있다는 것을 인정해야 한다.
　억지로 막으려 하지 말고 후임자를 키워가야 하며 회사를 더 매력적인 곳으로 만들어 사람들이 들어오고 싶은 곳으로 만들면 유능한 직원들이 빠져 나가지 않는다.

　반드시 있어야 할 사람이 어느 날 사라지는 것과 그 자리에 있어서는 안 될 사람이 올라와 있는 만큼 위험한 것은 없다.
　수행하는 능력이 뛰어나면 인간성이 모자라고, 인간성이 후하면 기능이 따라 주지 않는다.

지금 하는 일에만 집중해라

통상 세 번의 아카데미상을 수상, 진기록을 세운 대니얼 데이 루이스는 영화를 찍기 전 자기가 맡은 인물에 완전히 몰입하는 것으로 유명한 배우다.

뇌성마비 예술가의 삶을 눈물겹게 표현한 영화 '나의 왼발'을 찍을 때는 휠체어에서 꼼짝도 않고 식사나 자리 이동을 모두 스텝들의 도움으로 했다. 완벽하게 뇌성마비 환자처럼 행동한 것이다.
'라스트 모히칸'을 촬영할 때는 알라바마 오지에서 야영생활을 하며 실제 모히칸처럼 사냥해 잡은 음식만을 먹기도 했다.
2013년 아카데미 남우주연상은 '링컨'을 연기한 그에게 돌아갔다.
대니얼은 처음에 링컨역을 고사했다. 하지만 스필버그 감독은 포기하지 않았다. 대니얼이 아니라면 영화를 찍지 않겠다고 생각하면서 자그마치 8년을 기다렸다. 마침내 이를 승낙한 대니얼은 감독에게 1년의 시간을 청했는데, 링컨을 흉내 내기 위한 시간이 아닌 정말 링컨이 되기 위한 시간이 필요했던 것이다.

사냥에 성공하려면 사냥감처럼 생각하고,
낚시꾼이 되려면 물고기처럼 행동하라고 한다.
사마천은 '사기'에서 이렇게 말한다.
"병사가 잊어야할 세 가지가 있다. 전쟁에 나가라는 명령을 받고는 가정을 잊고, 싸움에 임해서는 부모를 잊고, 진격의 북소리를 듣고는 자신을 잊어야 한다."
고수는 그렇다. 다른 것은 다 잊고 지금 하는 일, 현재 있는 장소에만 집중해야 해야 성공할 수 있다.

지혜란 상대방의 마음을 읽을 줄 아는 것이다. 사람의 마음속에 있는
아픔과 고통을 듣는 것이다. 우리는 이것을 '경청'이라 부른다.

이것을 지켜라

✵

　투자의 귀재 워렌버핏은 오마하에 살고, 채권왕 빌그로스는 뉴포트 비치에 산다. 두 사람 다 세계 금융의 중심지 월스트리트에서 아주 멀리 떨어져 있는 인구 9만의 작은 해변도시에 살고 있다. 세계 금융의 중심에서 멀리 떨어져 사는 것이 핸디캡이 아닌 것 같다.

　투자에 성공하려면 월스트리트에 자리 잡는 것이 당연하게 보인다. 하지만 이곳은 쓸데없는 정보들이 너무 많이 돌아다닌다. 주가를 매일 확인하지 마라. 금융 전문잡지를 매일 읽지 말라고 버핏은 말한다.
　고수의 투자자들은 의식적으로 집단에서 한 걸음 물러나 있어야 한다. 집단의 광기에 휩쓸리지 않도록 적당한 거리를 유지해야 한다.
　시장에서는 적당한 거리를 두는 것이 현명한 투자를 할 수 있는 방법이다.

　방향성이 잡히지 않을 때 약간의 모험과 짜릿함을 느끼려면 손실이 나도 상관 없을 정도의 금액만으로 투자하라. 그래야만 손실이 생겨도 큰 고통을 느끼지 않을 수 있으며, 총 자산에 위협이 되지 않는다. 조급하게 판단하는 사람은 후회를 재촉한다. 승산이 없음을 알았다면 물러나 있어야 한다. 승리가 확실할 때에만 공격하라.

거북이와 토끼의 경주에서 거북이는 아예 처음부터 토끼를 이길 수 없다는 것을
잘 알고 시작했을 것이다. 시간이 오래 걸리더라도 포기하지 않고 정상까지
도달해야지 하고 작정한 경주였을 것이다. 그래서 거북이한테는
토끼가 잠을 자든 안자든 그런 문제는 애초부터 아무런 문제가 되지 않았던 것이다.

1할~2할 OK.

※

중국 사람들에게 "1할~2할"이라는 말이 있다고 한다.
"이 정도면 됐다."
"그나마 다행이지."
"괜찮다, 괜찮다."
인생에서 마음대로 되지 않는 일 '8할~9할'을 아예 접어두고, 이 말을 하는 것이다. 행복한 인생을 살고 싶다면 10~20%의 좋은 일들을 먼저 생각할 줄 알아야 한다. 그래야 사소한 일도 다행으로 생각하며 소중하게 여길 줄 알고, 80~90%의 뜻대로 안 되는 일 때문에 분노하거나 좌절하지 않을 수 있다.
무엇을 세며 살 것인가?
손실보다는 이익을 세어라. 눈물보다는 기쁨을 세어라.
우리는 너무 많은 걸 누렸고, 아직도 많은 것을 갖고 있지 않은가.

영국의 어느 극단에 배우가 되기를 갈망하는 소년이 있었다.
그가 한 일이라곤 수년간 잔심부름과 청소하는 일 밖에 없었다.
어느 날 이 소년에게 연출자가 찾아와 단역배우 한 사람이 사정상 빠지게 되었으니 그 대역을 맡아달라고 한다. 임금이 궁중에서 만찬을 베풀고 있을 때, 병사 역할로 들어와 전쟁의 급보를 전하는 한 장면이었다. 소년은 자신에게 주어진 이 역할을 깊이 생각했다.
동료들에게 자신이 무대에 올라갈 시간이 임박하면 전해달라고 말한 뒤, 복장을 갖추고 뒤뜰로 나가 달리기를 시작했다. 땀이 흘러 분장한 얼굴이 엉망이 되고 먼지투성이가 되어 숨이 턱까지 차올라 쓰러질 지경이 되었을 때 무대에 올라오라는 신호가 왔다.
이 소년이 무대에 등장했을 때, 모든 관객은 머나먼 전쟁터에서 며칠 밤낮을 달려온 한 병사의 모습을 보았다. 이 소년이 바로 영국 연극계에서 작위까지 받은 세계적인 배우 로렌스 올리비에다.

바닥을 치면 다시 오른다

※

　주역에 '물극필반(物極必反)'이라는 말이 나온다. 변화의 법칙을 나타내는 말로 사물의 전개가 극에 달하면 반드시 반전한다는 뜻이다. 어떤 일을 할 때 지나치게 욕심을 부려서는 안 된다. 가뭄이 길면 마침내 비가 오고, 오랜 장마도 끝이 난다.
　바닥을 치면 다시 오르는 게 변화의 법칙이다.

　열흘 붉은 꽃 없고, 아무리 높은 권세도 십 년 가지 못한다고 했다. 달도 차면 기운다는 속담도 있다. 잘 나갈 때 조심하고 시절이 어렵더라도 희망의 끈을 놓지 말라는 말이다.

　　봄의 생명은 겨울에서 나오고
　　빛은 어둠에서 나오고
　　희망은 절망에서 나오고
　　그리움은 이별에서 나오고
　　지식은 무지에서 나오고
　　새로운 길은 끊어진 옛 길에서 나온다고 한다.

　　나쁜 일이 있으면 좋은 일이 곧 올 것이니 좌절하지 말 것이며,
　　좋은 일이 있으면 나쁜 일이 곧 올 것이니 자만하지 말 것이며,
　　지금 당장 득이 되는 일보다는 멀리 보고 득이 되는 일을 택해야 할 것이다.

　　많이 힘들게 걸으면 피곤하지만 몸은 튼튼해지고, 단 음식은 맛있어 좋지만 건강은 나빠진다.
　　봄과 겨울은 함께 있는 것이고, 삶과 죽음은 결국 같은 것이다.

세상에 단 한 번에 이루어진 것은 아무것도 없다.

준비된 사냥꾼

멋진 인생이란 반전에 반전을 거듭한 끝에 찾아온다. 어려운 일이 닥치면 반전을 생각하라. 더욱 적극적인 감동을 연출하기 위해 필연적으로 거쳐야 하는 과정이라고 생각하라. 성공으로 가는 길목에서 반드시 거쳐야 하는 고난이라고 생각하면 극복해내지 못할 이유가 하나도 없다. 성공을 믿지 못하기 때문에 중도에 그만 포기하고 마는 것이다. 지금 하고 있는 일이 자신이 가고 싶은 일이라면 의연하게 가라. 하늘에 있는 별에 도달하지 못한 것이 아니라 삶에서 참으로 부끄러운 것은 도달하고 싶은 별이 없는 것이다. 그 별을 갖고 있다면 당신은 지금 행복한 사람이다. 그 별을 따라 가라.

세계적인 성악가 신영옥의 데뷔 무대는 결코 화려하지 않았다.
그녀는 뉴욕의 한 오페라 극단에서 오랜 시간 무명으로 있었던 그녀는 언젠가는 자신이 주연으로 무대에 서리라는 꿈을 포기하지 않고 오페라 전악장의 가사를 다 외어 두었다. 어느 날이었다. 주연을 맡은 프리마돈나가 갑자기 몸이 아파 첫 악장을 연기한 후 더는 무대에 설 수 없게 되었다. 매우 급박한 상황이었다. 수많은 조연들 중에서 자기가 맡은 악장 외에 전 악장을 소화할 수 있는 사람은 단 한 명 신영옥 뿐이었다. 피나는 노력을 통해 그만한 실력을 갖추고 있었던 그녀는 결정적인 기회를 놓치지 않고 거머쥘 수 있었다.

당신은 지금 무엇을 하고 있는가? 당신 앞에 불쑥 나타날지도 모르는 기회를 자신의 것으로 만들기 위해 무엇을 준비하고 있는가? 기회란 언제나 예고 없이 찾아오는 법이다. 그러니 항상 낚싯대를 던져놓고 있어라. 뜻하지 않았던 대어가 당신의 낚싯줄에 덜컥 걸릴 날이 있을 것이다. 그때까지 꿈을 포기하지 말라. 누가 뭐라 하든지 준비된 자에게는 기회가 온다.

세상 참 많이 변했네

※

　물을 사서 마신다. 비디오 가게는 어디로, 공중전화 박스는 어디에 있나. 카메라 대신 스마트 폰을 들이댄다. 카톡을 사용하고 궁금한 것은 인터넷 검색창을 두드린다. 종이 신문 보는 사람이 줄었다.
　우리가 당연하게 여기던 많은 것들이 언제부터인가 바뀐 것이다.
　관성대로 살아가는 것은 쉬운 일이다. 관성대로 사는 동안 세상은 바뀐다. 그런데 사람들은 트렌드가 서서히 또는 **빠르게** 바뀌고 있다는 사실을 잘 알아채지 못한다. 세상이 바뀌고 한참 뒤에야 세상 참 많이 변했다고 말하는 사람은 보통 사람들이다.

　관성 또는 습관대로 사는 사람과 달리 트렌드의 흐름을 몸으로 느끼는 사람들이 우리 주변에는 반드시 있다. 일반 사람들은 알아채지 못하는 **빠르게** 바뀌는 관습의 코드를 그들은 읽어내고 트렌드의 변화를 한발 앞서 느낀다. 트렌드가 바뀌고 있음을 알아채는 비법은 변화를 감지하기 위한 더듬이를 항상 세우고 있는 것이다.

　멈추어 생각하고 멈추어 세상의 주변을 살펴보면 트렌드의 코드가 변화하는 방향을 느낄 수 있다.
　물길을 물의 흐름으로 생각하는 사람이 있고, 흐름을 바꾸어서 또 다른 물길을 만들어내는 사람이 있다. 즉 세상의 흐름이 만들어내는 관성대로 사는 사람과 성공을 위한 자신만의 관성을 만드는 사람으로 나뉘는 것이다. 남들이 보지 못하는 부분을 예리하게 알아차리는 사람, 그러한 사람이 바로 우리 자신이 되어야 한다.
　흐름을 느끼지 못한 채 그 흐름에 그냥 휩쓸려 떠내려갈 것인가? 흐름을 만들어낼 것인가?
　어떤 사람이 될 것인지는 철저히 각자의 몫이다.

하인리히 법칙

일본의 롯폰기 하이빌 타운에서 끔찍한 사고가 생겼다.
여섯 살 아이가 회전문에 끼여 죽은 것이다.
그 사망사고를 조사하던 보험회사 직원이 흥미로운 사실을 발견했다. 그 사고가 생기기 전에 이미 29건의 경미한 사고와 무려 300건이 넘는 이상 징후가 발생했다는 것이었다.
손가락이 회전문 틈에 끼어 손톱이 빠지고 어깨가 걸려 팔이 삐는 등의 사고가 29번, 회전문이 갑자기 정지하거나 이상한 굉음이 나는 등의 이상 징후가 300여 건 발생했음에도 불구하고 이까짓 것 하며 그저 대수롭지 않게 여기고 아무도 그 경미한 사고와 이상 징후에 대해 관심을 기울이지 않았다.
그 결과 이 같은 끔찍한 사망사고가 초래되었다는 것이다.

하나의 대형사고가 발생하기까지는 29건의 경미한 사고와 300건의 이상 징후가 감지된다고 한다. 이것이 1:29:300, 하인리히 법칙이다. 이 하인리히 법칙은 재난, 범죄, 교통사고, 제품결함, 기업도산, 스포츠 등에 이르는 다양한 분야에서 사실로 검증되어 통용되는 유명한 법칙이다. 우리는 이 법칙을 통하여 자신의 건강 또는 부부관계, 사회, 국가시스템에 이르기까지 전조현상의 필연성과 중요성을 깨달을 수 있다.

역 하인리히법칙이라는 것도 있다.
이는 하나의 큰 성공을 이루려면 29개, 300개의 작은 성공 징후들이 나타난다는 것이다. 단번에 큰 성공이 성취되는 법은 없다. 오늘 아주 작은 징후라도 소홀히 여기지 말고, 이것이 큰 성공을 위한 징후들 중 하나라고 여겨야 한다.

리더는 마지막에 먹는다

세계적인 베스트셀러 작가 사이먼 사이넥이 미국 해병대의 한 장군을 찾아가 해병대가 탁월한 성과를 어떻게 해서 올리게 된 것인지 그 비결을 물었다. 사이넥이 들은 대답은 너무나 뜻밖이었다.

"장교들이 마지막에 먹기 때문입니다."
말 그대로다. 미 해병대에서는 졸병이 제일 먼저 식사를 하고 최고선임 장교가 가장 나중에 먹는다. 누가 시켜서 그렇게 하는 것이 아니다. 이 원칙에 따라 미 해병대의 리더라면 누구나 부하의 삶을 돌봐야 한다. 자신보다는 부하의 복지가 먼저라는 책임감을 가져야 한다. 이런 리더 밑에서 부하들은 삶의 '안전감'을 느낀다. 리더가 제시하는 미션을 위해 목숨을 던진다. 그 결과 해병대라는 조직은 더욱 강해져 간 것이다.

사이넥은 부모가 자식을 돌볼 책임을 지듯이 리더는 직원들의 삶에 책임을 져야 하고, 그렇게 하면 직원들도 리더와 조직을 위해 헌신 할 것이라고 강조한다. 부모가 자식을 버리지 않는 것처럼 리더도 직원을 버리지 않아야 한다. 직원들은 삶의 '안전감'을 느낄 때 리더와 조직을 위해 목숨을 바친다.

분재한 나무는 보통 나무보다 3~4배 더 오래 산다고 한다.
그 비결은 분갈이에 있다. 2년에 한 번씩 분갈이를 하면서 뿌리를 잘라주는 것이다.
뿌리를 잘라주면 나무는 자기 몸의 진액을 짜내어 또 뿌리를 내린다.
그 뿌리가 화분 안에 가득 채워지는데 2년이 걸린다.
그러면 또 인정사정 보지 말고 뿌리를 잘라준다.

부자가 되려면

※

　월스트리트 역사상 가장 위대한 펀드매니저로 칭송을 받고 있는 피터린치는 대학에서 인문학을 전공했으며, 그가 성공할 수 있었던 이유는 다름 아닌 인문고전 독서로 쌓은 사고의 힘 때문이라고 밝히고 있다. 통계학 공부보다 역사나 철학 공부가 그의 주식 투자에 훨씬 도움이 되었다고 한다. 짐 로저스는 부자가 되는 비결을 묻는 사람에게 철학을 공부해서 생각하는 능력을 기르라고 조언한다. 황무지에서 금맥을 캐내려면 돈의 흐름을 꿰뚫어 볼 수 있는 능력을 가져야 하는데 그러려면 무엇보다 먼저 철학과 역사, 지리 공부를 해야 한다고 역설한다.

　우리나라 투자자들은 인문고전을 읽지 않는다. 물론 투자기법이나 매매기법을 다룬 책들은 다들 열심히 읽는다. 독서라기보다는 재테크 공부에 불과하다고 할 수 있다. 그러한 독서는 사고방식을 근본적으로 변화시켜 주지 못한다. 세계적 수준의 관점에서 보면 고작 해야 푼돈이나 버는 기술을 가르쳐 줄 뿐이다. 세상 모든 거부들이 이구동성으로 말하듯 돈은 이상하게도 군중이 가지 않는 곳에 산더미처럼 쌓여 있다. 이는 곧 군중이 가지 않는 곳을 탐험하는 사람만이 부자가 될 수 있다는 의미이다. 군중과 다르게 생각하는 사람, 철학자의 사고방식을 가진 사람만이 부자가 될 수 있다는 것이다.

　눈앞의 이익이나 위기에 흔들리지 않는 투자 철학을 가지려면 무엇보다 내 속에 철학하는 세포가 있어야 한다. 그러나 군중의 두뇌에는 철학의 세포가 없다. 그 결과 주식 시장에 발을 들여놓기만 하면 그 동안 딱지가 앉도록 들었던 '시장과 다르게 사고하라'는 말을 순식간에 망각하고, 철학하는 세포를 가진 세계적인 투자자들에게 고스란히 털리고 만다. 금융시장에서 이기는 유일한 방법은 탐욕으로 가득 찬 군중의 행렬을 과감히 무시하고 다른 길을 가는 것이다.

자신에게 더 엄격하세요

※

서양에 탈무드가 있다면 동양에는 채근담이 있다. 채근담은 인생의 기나긴 여정에서 삶을 온전하게 지켜갈 수 있는 동양 최고의 지혜서로 시대와 장소를 뛰어 넘는 영원한 고전이다.

채근담에 '대인춘풍 대기추상(待人春風 待己秋霜)' 이라는 말이 있다.

남을 대하기는 봄바람처럼 관대하게 대하고, 자기를 지키기는 늦가을 서리처럼 엄정하게 해야 한다는 뜻이다.

그러나 우리의 하는 일을 돌이켜 보면 이와는 정반대의 경우가 허다하다. 타인의 실수는 냉혹하게 평가하면서 자신의 잘못에 대해서는 지나칠 정도로 관대한 것이 사실이다.

공자는 '소인은 늘 남을 탓하고, 군자는 제 잘못을 먼저 생각한다' 고 했다. 자신을 엄격하게 꾸짖고 남의 잘못을 크게 들추지 않으면 원망이 멀어질 것이라고 한다. 깨끗함은 항상 더러움에서 나오는 것이고, 밝음은 늘 어두움에서 나온다는 것을 알고 자신을 살피는 일에 게을러서는 안 될 것이다.

남에게는 관대하고 자신에게는 엄격하라는 사자성어를 '관인엄기(寬人嚴己)' 라 한다. 남에게는 관대해도 스스로에게는 더 엄격한 잣대를 들이대라는 뜻이다.

생각으로는 충분히 이해되지만 실행하기에는 쉽지 않은 말이다.

우리는 나 자신에게는 너그러우면서도 남에게는 더 엄격한 사람으로 살아간다. 삶에서 가장 근접한 가족 간에서조차 관대하기가 어렵다.

나 자신에게 베푸는 최소한의 관용만큼이라도 남에게 베풀 수 있다면 세상은 지금보다 훨씬 아름다워지지 않을까?

보이는 것과 실체는 다르다

※

　일본계 미국인 로버트 기요사키의 '부자 아빠와 가난한 아빠'라는 책이 미국에서 출간되었다. 부자아빠가 되는 방법으로 굉장한 붐을 일으키며 무려 2,600만부가 팔려나갔다. 나도 몇 년 전에 이 책을 읽으면서 부자에 도전하기 위해서 좋은 가이드가 될 만한 책이라 생각했었고, 가난한 사람들에게 권하고 싶었던 책이다.

　기요사키는 가난한 자신의 아빠와 부자인 친구의 아빠를 대비하면서 투자와 재테크의 중요성을 설파하여 크게 성공했지만, 어찌된 일인지 2012년 법원에 파산신청을 하고 만다.
　기획사와 수입배분문제로 갈등을 겪으며 250억 원의 손해배상금을 납부하지 않기 위해 고의적 파산 신청을 한 것이다. 그의 개인재산이 일천억, 변제능력이 충분했었기에 꼼수라는 비난이 쏟아졌다.
　결국 그의 실체는 '부자 아빠와 비열한 아빠'로 드러났고, 그의 이론은 수단과 방법을 가리지 않고 돈을 벌어 호의호식하면 그만이라는 천민자본주의에 불과했다.

　우리나라에도 수많은 자칭, 타칭 재테크 전문가라는 사람들이 많다.
　이런 재테크 전문가들 중에 정작 큰 돈을 번 사람들은 의외로 드물다. 반면 재테크 강의나 책을 저술해 돈을 버는 경우는 많다.
　물론 재테크 전문가들의 지식과 경험을 바탕으로 한 정보나 조언들은 매우 중요한 것이 사실이다. 하지만 결국 판단과 책임은 온전히 자신의 몫이라는 점을 깨달아야 한다.
　누가 대박을 터뜨렸고, 누가 큰 수익을 냈다고 해도 실체는 다를 수 있다. 실제로 부자들이나 고수들은 결코 떠들지 않는다.
　보이는 것과 실체는 다른 것이니 현혹됨이 없이 신중에 신중을 더 해야 할 것이다.

2

성공하고 싶은가

'인일기백(人一己百)'이라는 사자성어가 있다. 남이 한 번해서 그것에 능하다면 나는 백 번 할 것이며, 남이 열 번해서 그것에 능하다면 나는 천 번할 것이라는 뜻이다. 남보다 더 노력해 자신을 뛰어 넘을 수 있는 사람만이 발전할 수 있고, 끝없이 자신의 한계에 도전하는 사람만이 살아남는다.

우리는 어릴 때 수없이 넘어지면서 걷는데 성공했다. 누구의 명령에 따른 것이 아니라 스스로 하려고 해서 이룬 일이다. 실패를 하고도 다시 일어서는 사람은 그 실패마저도 즐겁다.

'천년 습작'과 '불멸의 이순신'을 쓴 소설가 김탁환은 이렇게 말했다.
"최고의 걸작들을 질투하며 베껴 쓴 시간들이 나를 작가로 만들었다. 최고가 되고자 최고를 질투하며 흉내 내는 길고 긴 시간에서 내가 탄생했다."

무수한 흉내 내기에서 새로운 탁월함이 나오는 것이다. 따라하고 그들처럼 하다보면 어느새 몸에 배고, 몸속에서 새로운 창조의 모습이 나오기 마련이다.

법정 스님은 말하기를 "어떤 사물을 가까이 하다보면 그 사물을 닮아간다"고 했다. 꽃을 가까이 하다보면 꽃 같은 인생이 된다.

한 방의 유혹을 이겨라

☀

　노자의 도덕경에 '기자불립 과자불행(企者不立 跨者不行)'이라는 말이 있다. 자세히 풀이하면 한탕으로 한몫 잡아보려는 사람은 결국 그 결말이 좋지 못하다는 뜻이다.
　영국의 이코노미스트는 한국 사회를 'one shot society'라고 보도한 바 있다. 한국은 이른바 '한 방 사회'라는 것이다. 요즘 들어 한방과 한탕만으로 모든 것을 해결하려는 사람들이 넘쳐난다.
　높은 권력자에게 줄 대어 한방에 높은 자리에 오르기도 하고, 한탕의 투기로 떼돈을 벌겠다는 사람들을 주변에서 흔하게 본다. 한방에 대박을 터뜨려 원하는 것을 얻을지는 모르지만 그렇게 얻은 돈과 권력은 결국 쉽게 무너질 수밖에 없다. 남들처럼 튀지도 한방 날리지도 못하지만, 그저 평범하게 내 분수를 지키며 묵묵히 정도를 걷는 것이 결국 몸과 마음을 잘 보존하는 왕도인 것이다.

　여름 밤 야외 음식점에 가면 밝은 빛으로 나방을 유인한 뒤 전기충격으로 죽게 만드는 장치가 있다. 밑에 사체가 즐비하고 쉼 없이 지지직 소리를 내며 종족들이 타들어 가고 있는데도 수많은 나방들이 죽음의 불빛을 향해 돌진한다. 이것을 가리켜 주광현상이라 한다.
　인도네시아의 한 원주민은 원숭이를 사냥할 때 재미있는 방법을 쓴다. 손을 펴면 들어가고 주먹을 쥐면 빠져나갈 수 없는 크기의 주둥이를 가진 항아리 안에 음식을 넣어두면 된다고 한다. 원숭이들이 항아리 속에 손을 넣어 먹이를 꺼내려고 하지만 주둥이가 좁아 먹이를 쥔 채로는 손을 빼낼 수는 없다. 먹이를 포기하지 못해 항아리 안에 손을 넣은 채로 원주민에게 잡히고 만다.
　나방이나 원숭이나 참으로 어리석다는 생각이 들지 않는가?
　우리도 전혀 다르지 않다. 아니 어쩌면 더할지도 모른다.
　더 많이 가져야 행복해질 것 같다면 이미 불행이 시작된 것이다.

기대가 기적을 낳는다

✷

그리스 신화에 조각 솜씨가 뛰어난 피그말리온에 대한 이야기가 나온다. 피그말리온은 결혼하지 않고 평생 독신으로 살기를 결심했지만 외로움과 이성에 대한 그리움이 그를 항상 괴롭혔다.

그는 상아로 실물 크기의 여인상을 조각했다. 이 조각상에게 옷을 입히고, 목걸이를 걸어주고, 어루만지고, 보듬으면서 사랑했다.

그리고 이 조각상을 아내로 삼기를 간절히 소원하며 그리스 신들에게 기도했다. 그의 마음을 헤아린 신은 조각상에 생명을 불어넣어 주었고, 피그말리온은 인간이 된 이 조각상과 결혼을 하게 된다.

이 신화는 두 가지 상징을 보여주고 있다.

첫째, 피그말리온처럼 무언가를 간절히 바라면 결국 그 소망이 이루어진다는 것이다. 둘째, 누군가에 대한 믿음이나 기대가 강할 경우 그 대상이 기대를 실현한다는 것이다.

여기서 피그말리온 효과(Pygmalion effect)가 유래했다.

피그말리온 효과란 타인의 기대나 관심으로 인해 능률이 오르거나 결과가 좋아지는 현상을 말한다. 즉 기대가 기적을 낳게 된다는 것이다. 심리학에서는 타인이 나를 존중하고 나에게 기대하는 것이 있으면 기대에 부응하는 쪽으로 변하려 노력하고 결국 그렇게 됨을 의미한다. 특히 교육심리학에서는 교사의 관심이 학생에게 긍정적인 영향을 미치는 심리적 요인이 된다는 것이다. 칭찬하면 할수록 잘 하게 된다는 이론을 심리학에서는 피그말리온 효과라 한다. 사람은 누구나 인정받고 싶은 기대 심리가 있기 때문이다.

플라시보란 이론도 있다. 약의 효능이 없는 전혀 다른 물질을 약으로 위장하여 환자에게 투여했을 때, 환자의 약에 대한 긍정적인 믿음으로 인해 실제적인 효과가 나타나는 현상을 말한다.

자족하는 사람이 행복한 사람이다

✺

　신약성경에 나오는 인물 가운데 사도 바울은 당시나 지금이나 신앙인들의 존경의 대상이다.
　그는 빌립보서에서 이렇게 고백한다.
　"내가 궁핍함으로 이런 말을 하는 게 아닙니다. 나는 어떤 처지에 있든지 자족하는 법을 배웠습니다. 나는 궁핍함에 처할 줄도 알고, 풍부함에 처할 줄도 압니다. 나는 배가 부르든, 배가 고프든, 풍족하든, 궁핍하든, 모든 형편에 처하는 일체의 비결을 배웠습니다."

　행복은 어떤 상황에서든지 스스로 이 정도면 넉넉하다고 감사하는 마음에서 생겨나는 것이다. 행복한 사람은 자족할 줄 아는 사람이다. 사도 바울은 자족하는 법을 알았기에 감옥에 갇히고 돌팔매질을 당하면서도 행복했다. 그는 불편해도 참아내는 법, 필요한 게 없어도 사는 법을 배웠다고 했다.
　풍요로울 때도 게으르거나 타락하지 않았고, 최고의 지식을 가졌으면서도 교만하지 않았고, 궁핍해졌을 때도 비굴해지지 않았다.
　소크라테스는 "가장 적은 것으로도 만족하는 사람이야말로 가장 큰 부자다"라고 했고, 세네카는 "돈은 아직까지 그 누구도 부자로 만들어주지 못했다"라고 했다.

　인간 행복의 척도는 물질적 재산이 아니다.
　돈 잘 버는 재벌이나 연예인들이 모두 행복해야 하지만 투신자살, 우울증 아니면 공황장애를 겪는 사람이 부지기수다.
　버트런드 러셀과 함께 당대 최고의 석학으로 알려진 조지 무어는 말한다.
　"사람들은 그가 필요로 하는 것을 찾아 온 세상을 떠돌다가 죽기 직전에 집에 돌아와서야 그것을 발견한다."

작은 차이가 성패를 가른다

※

　천만 독자를 열광케 한 '디테일의 힘' 이라는 책으로 세계최고 경영전문가라는 명성을 얻은 칭화대학 교수 왕중추는 기업의 성공과 실패는 아주 미세한 작은 부분에서 결정된다고 한다.
　디테일하지만 아주 강력한 힘 즉, 작은 차이가 성공과 실패를 가름한다는 것이다. 바늘 한 땀 한 땀의 그 작은 차이에서 명품이 만들어 진다는 것이다.

　가령 100-1=99가 되는 답은 수학적 계산이고, 100-1=99가 아니라 마이너스가 될 수도 있다는 것이 비지니스 계산법이다.
　100+1=101이 아니라 200도 될 수 있게 하는 것, 그것이 작지만 강력한 디테일의 힘이다.
　한 마디로 기업의 생존과 발전은 디테일한 부분을 얼마나 부단히 개선해 나가느냐에 달려있다. 그것을 실천하기만 하면 100+1=200도, 300도 될 수 있는 것이 비지니스 세계라는 것이다. 빨리빨리, 대충대충, 주먹구구식으로 대처해서는 살아남을 수 없다.

　나는 음식점을 창업하는 주변 사람들에게 디테일한 부분에 대해 강조한다. 음식의 재료와 맛, 청결과 친절이 한 끗만 부족해도 매출은 줄어들고, 한 끗만 달라도 매출은 두 배, 세 배 늘어난다는 생각을 믿으라고 말한다. 중국 속담에 '주향불파항자심(酒香不把港子深)' 이란 말이 있다. 술맛이 향기로우면 깊은 골목에 있어도 손님이 없을까 걱정하지 말라는 것이다.
　왕중추는 완벽할 수 없다는 사고방식부터 버리라고 한다.
　향년 56세로 세상을 떠난 애플의 CEO 스티브 잡스는 "하루하루를 인생의 마지막처럼 산다면 언젠가는 바른 길에 서 있을 것이다" 라고 하버드대 졸업식에서 말했다.

성공하고 싶다면 주인으로 살라

✻

임제록에 보면 선사의 설법 중 '수처작주 입처개진(隨處作主 立處皆眞)'이라는 말이 나온다. 머무르는 곳마다 주인이 되라는 말로 어떤 곳에서 무슨 일을 할지라도 이해득실에 속박되지 말고 주관과 소신을 가지고 살아야 한다는 뜻이다.

남의 집 머슴살이를 한다 할지라도 주인의 마음으로 부지런히 정직하게 최선을 다하면 그가 바로 세상의 주인이라는 말이다.

작가 이대영이 쓴 '당신은 누구를 위해 일 하십니까?' 란 책에 은퇴를 앞둔 목수이야기가 나온다.

나이가 들어 은퇴를 준비하는 목수가 있었다.

이 목공소의 사장은 오랫동안 열심히 일 해준 것에 감사하다는 말을 전하며, 마지막으로 집 한 채만 더 지어 줄 것을 부탁했다. 그러나 목수의 마음은 이미 일을 떠나 있었기 때문에 아무 성의 없이 좋지 않은 재료를 가지고 대충 집을 지었다.

집이 완성되자 사장은 그 동안 수고한 목수에게 말한다.

"이 집은 자네 집일세. 그 동안 정말 고마웠네. 자네 수고에 비하면 아무것도 아니지만 이 집은 내가 자네에게 주는 마지막 선물일세."

아뿔사! 목공은 말을 잇지 못했다.

우화처럼 들리는 이야기지만 많은 사람들이 이와 같은 실수를 반복하면서 살아가고 있다.

로마의 철학자 세네카는 말한다.
발전의 큰 부분은 발전하려는 의지에서 이미 결정된다.
어려워서 시도하지 못한 게 아니라 시도하지 않으니 어려운 것이다.

신이 내리는 고통

※

불멸의 음악가 베토벤은 어려서부터 세계적인 명성을 누렸다.

하지만 27세 무렵 갑자기 귀가 안 들리기 시작했고, 31세가 되어서는 청력을 완전히 상실하고 말았다.

"신은 하필이면 왜 내게 이런 고통을 주는 걸까? 작곡가에게는 사형선고나 다름없어." 그 역시 인간이기에 깊은 절망에 빠졌다.

33세 때 하일리겐슈타트에서 요양 중이던 베토벤은 죽기를 결심하고 유서까지 쓴다. 깊고 고요한 절망 속에서 많은 목소리가 들렸다.

그리고 청력 상실은 절망이라는 생각이 그 많은 목소리 가운데 단지 하나에 불과하다는 사실을 깨달았다.

"나는 오로지 한 가지 생각에만 귀를 기울이고 있었어."

그는 절망의 소리에 귀를 막고, 작곡에만 전념할 수 있는 절호의 기회가 왔다는 영혼의 목소리에 귀를 기울였다. 그리고 위대한 창조의 꽃봉오리는 그 때부터 터지기 시작했다.

35세, 교향곡 3번 '영웅' 작곡
36세, 피아노 소나타 '열정' 작곡
39세, 교향곡 5번 '운명' 작곡
40세, 피아노 협주곡 '황제' 작곡

놀랍지 않은가. 이 대작들은 모두 청력을 상실한 이후에 탄생했다.

불후의 명작인 '합창' 교향곡은 55세 때 작곡한 것이다.

그가 만일 청력 상실은 죽음과도 같다는 생각을 선택했더라면 어땠을까? 베토벤의 인생은 절망의 구렁텅이에 빠졌을 것이다.

하지만 마음을 돌려 청력 상실이 마음을 비울 수 있는 기회라는 생각을 선택하자, 육신의 차원을 넘어 놀라운 영의 세계가 열린 것이다.

기록은 기억을 앞선다

※

　천재 레오나르도 다빈치는 30년 동안 수천 장의 메모를 남겼다고 한다. 그 속에 없는 게 없을 정도로 천재적인 아이디어가 빼곡히 기록돼 있었다고 한다.
　링컨 대통령은 늘 모자 속에 노트와 연필을 넣고 다녔다. 좋은 생각이 떠오르거나 유익한 말을 들으면 즉시 메모하는 습관이 있었다고 한다.
　발명왕 에디슨 역시 이동하는 사무실이라 불릴 정도로 장소를 불문하고 메모했다. 평생 메모한 노트가 무려 3,400여 권이나 되었다고 한다.
　이순신 장군은 전라좌수사로 부임한 1592년 첫날부터 전사하기 이틀 전인 1598년 11월 17일까지 2,539일의 병영생활을 일기로 남겼다. 그것이 난중일기다. 전쟁을 진두지휘하는 상황 속에서도 그는 매일 일기를 썼다. 그 기록을 바탕으로 전쟁에 대처하여 23전 23승 무패라는 신화를 남겼다. 만약 난중일기가 없었다면 그는 역사의 영웅으로 추앙받지 못했을지도 모른다.
　조선 최고의 지식인 다산 정약용 또한 기록광이었다. 끝임 없는 탐구 끝에 얻은 지혜이든, 순간적으로 떠오른 생각의 조각이든 모든 것을 기록으로 남겼다. 정약용이 경제, 처세, 의학, 행정, 세제, 건축설계, 토목 등 여러 분야에서 훌륭한 업적을 남길 수 있었던 배경은 본능처럼 기록했던 습관 덕분이었다.

　번뜩이는 생각은 찰나다. 말은 귀에 살짝 다가오고는 이내 사라지며, 기억은 자꾸 깎여 언젠가는 형체도 없이 스러진다. 관찰은 주변 사물을 살피는 최고의 방법이지만 기록으로 남기지 않으면 무의미하다. 기록하는 것만이 업적을 쌓는 첫 단추가 될 수 있다.
　기록이 기억을 앞선다.

마시멜로 실험

※

　마시멜로란 초코파이 사이에 든 하얀 설탕 젤리 같은 것이다. 맛이 정말 달콤해서 아이들이 무지 좋아하는 음식으로 미국에서는 이것을 살짝 구워 먹기도 한다.
　미국 스탠퍼드 대학의 월터 미셸이라는 교수가 이 마시멜로를 이용한 실험을 했다. 653명의 네 다섯 살배기 아이들에게 마시멜로를 주며, 지금 먹어도 좋지만 15분만 참으면 하나를 더 주겠다고 한 후 아이들의 반응을 살폈다.
　어떤 아이들은 마시멜로의 유혹을 참지 못해 바로 먹었고, 다른 아이들은 용케도 15분을 참아 한 개를 더 받았다.

　그리고 15년이 흐른 뒤, 실험에 참여했던 아이들의 수능(SAT)성적을 추적해 봤는데 어떤 일이 벌어졌겠는가? 15분을 참고 마시멜로를 하나 더 받은 아이들의 성적이 125점 이상 압도적으로 높았다.
　이후로도 계속 추적 조사한 결과 자기를 절제하지 못했던 아이들은 비만, 약물중독, 사회부적응 등의 문제를 가진 어른으로 살고 있는데 반해 자기 절제력을 발휘했던 아이들은 성공한 중년을 살고 있음을 보고했다.

　나는 이 마시멜로의 교훈이 인생성공의 핵심일 수 있다고 생각한다. 마시멜로의 실험결과 미래를 위해 현재의 고통을 감수할 수 있는 자기절제 능력이 다가올 삶의 질을 결정할 수 있음을 보여주고 있다. 기다릴 수 있는 힘과 참는 힘 이것이 바로 자기절제이며 자기관리다. 모든 심각한 문제는 부족한 자기관리 때문에 일어난다.

인디언들은 어떤 일을 1만 번 이상 입에 올리면 무조건 이루어진다고 믿는다.
어떤 불가능한 일도 "나는 할 수 있어"라고 1만 번 이상 외치면 이루어진다는 것이다.

블링크

※

 분석하지 말고 통찰하라. 첫 2초가 모든 것을 가른다.
 '블링크'란 말콤 글래드웰이 쓴 작품으로 첫 2초 동안의 무의식이 내리는 순간적인 판단을 말한다. 새로운 사람을 만나거나 복잡한 일에 맞닥뜨리거나 긴박한 상황에서 결정을 내려야 할 때, 첫 2초 동안 순간적으로 떠오르는 생각과 느낌은 아주 짧지만 강력하다. 사람들은 찰나에 이루어지는 인간의 본능적 판단이나 인식에 대해 의심의 눈초리를 보내지만, 이 책은 무의식의 핵심 정보를 순간 포착하여 내리는 판단이 엄청나게 중요한 역할을 수행하고 있다고 설명한다. 그리고 무의식에서 섬광처럼 일어나는 순간적인 선택이 오랜 시간 생각하고 내린 선택보다 더 나을 수 있음을 수많은 사례를 통해 보여주고 있다. 선다형 문제를 풀며 확신이 없을 때, 맨 처음 생각했던 답을 적는 것이 정답일 가능성이 매우 높다.

 요즘 같은 시대에 중요한 것은 직감적인 판단이다. 시간의 가치가 자꾸 올라가기 때문이다. 블링크를 잘 하는 사람은 판단에 앞서 수 없이 많이 생각하고 경험했던 일들이 오래 축적되어 있는 사람으로, 그것을 토대로 빠르게 결정한다. 정보의 바다에서 핵심을 짚어내는 순간적인 판단력은 필수적으로 훈련해야 할 성공의 요건이다.

 이 사람과 사귈지, 그 물건을 사야 할지 등 우리의 판단은 아주 짧은 순간에 결정되는 것이다. 이 때 블링크의 통찰력을 평소에 기르지 못해 실패하는 선택을 한다면 그에 따른 물질적, 정신적 대가를 치러야 한다. 사람은 아는 만큼 판단한다. 깊이 생각하는 태도는 모든 상황을 좌우한다. 그래서 평소에 생각과 고민을 많이 해야 하고, 그 대답들이 매번 고비마다 등대 역할을 해줄 것이다.
 순간의 선택이 평생을 결정한다.

실패에서 배운다

✸

'실패학'의 대가인 일본 도쿄대 요타로 교수는 미지의 분야에 도전해 성공할 확률은 0.3%에 불과하다고 말한다. 대부분의 도전이 실패로 끝난다는 것이다. 하지만 실패를 감수하지 않으면 성공의 기회를 잡는 것은 불가능하다. 실패했다는 것은 시도했다는 것이고, 시도하지 않으면 성공도 없다.

빌 게이츠는 그의 책 '미래로 가는 길'에서 다음과 같이 역설한다.

"실패한 기업에 몸담은 경력이 있는 간부를 의도적으로 채용한다."

실패할 때는 창조성이 자극되게 마련이다. 밤낮 없이 생각에 생각을 거듭할 수밖에 없다. 실패에서 배워야 한다. 그래야 같은 잘못을 반복하지 않게 된다. 이것이 실패학의 핵심이다.

일본의 도요타도 30년 적자가 났고, 삼성전자도 10년 적자가 났다.

이들은 수십 년 실패 뒤에 결국 성공을 이루어냈고, 드러난 성공 아래로는 300개의 실패가 있었다고 한다. 실패를 직시하여 원인을 찾아내고 개선하는 자만이 미래를 차지하게 되는 것이다.

길을 만드는 사람들은 없는 길을 찾아 도전하는 사람들이다. 신대륙을 발견한 콜럼버스와 인류최초로 세계 일주에 성공한 마젤란, 하늘을 나는 꿈을 실현한 라이트형제, 달 표면에 역사적인 발자국을 남긴 닐 암스트롱 등 새로운 길을 만든 사람들의 개척정신이 오늘을 있게 한 것이다. 그들의 도전은 한 번에 완성된 것이 아니었다. 실패에 실패를 거듭하고, 도전에 재도전을 거듭하며 이루어낸 역사다. 누구나 실패는 할 수 있지만 절대 포기해서는 안 된다. 실패는 다시 도전할 수 있는 용기를 주지만 포기는 두려움만을 남길 뿐이다. 어떤 어려움과 시련이 닥쳐도 혼신의 힘을 다해 극한까지 버텨나가는 자세가 필요하다.

고수는 멈출 줄 안다

※

고수는 다 누릴 수 있지만 다 누리지 않는 절제를 실천한다.
권력이 있지만 다 사용하지 않는다.
먹을 수 있지만 다 먹으려 하지 않는다.
오라는 곳이 많아도 다 가지 않는다.
할 말이 많아도 참는다.
건강을 지키고 장수하는 비결도 절제다.

하수들은 절제가 안 된다. 하고 싶은 것을 참지 못한다.
먹고 싶은 것을 마음대로 먹는다.
안다고 마구 떠들어댄다.
온갖 것에 다 참견하고 거든다.
그러다가 한 순간에 훅 간다.

   절제는 고수의 덕목이다.
   우리에겐 멈추어야 할 것들이 수없이 많다. 멈출 줄 알라는 말이다. 절제란 마냥 참는 게 아니라 힘의 축적이다.
   멈춤이란 한가로움이 아니다. 순간의 절제다.
   다시 한 번 판단하는 시간을 갖고 최대한 힘을 모아 추진력을 얻는 시간이다. 재충전의 시간이다.
   노자는 말한다. "지지불욕 지지불락(知足不辱 知止不落)"
   만족할 줄 알면 결코 모욕을 당하지 않고, 그칠 줄 알면 떨어지지 않는다.

밥투정을 하고 밥을 안 먹는 아이한테서는 밥그릇을 빼앗아야 한다.
세끼를 굶겨 놓으면 저를 노비로 삼아도 좋으니 제발 밥 좀 달라고 아우성친다.
밥 먹지 않는 아이는 굶겨야 하는 방법을 엄마만 모르고 다 안다.

재능은 신이 내린 선물이 아니다

✺

　미국의 경제전문지 포춘의 편집장 제프 콜빈이 쓴 '재능은 어떻게 단련되는가' 란 책을 읽고 느낀 점을 적어본다.
　모차르트, 아인슈타인, 타이거 우즈, 워렌 버핏 등의 천재적 재능은 과연 어디서 온 것일까? 과학자들의 한결 같은 결론은 교육과 학습방법(후천적 노력)에 따라 이루어진다는 것이다.
　재능은 신이 내린 선물이 아니라 후천적인 노력으로 발달한 것이라면 그 재능을 발달시키기 위해 어떤 노력을 해야 할까?
　에릭슨 교수는 이 문제를 집중적으로 연구한 재능 연구 분야의 선구자다. 그는 베를린의 한 음악 아카데미 바이올린 연주자들을 대상으로 실험한 결과 음악적으로 뛰어난 사람과 그렇지 않은 사람의 차이 중 80%는 연습시간에서 나온다는 결론을 내렸다. 그들의 실력 차이를 만든 요인은 놀랍게도 연습시간의 차이가 유일했다는 것이다.

　에릭슨 교수는 모차르트가 만 2세부터 8세까지 일주일에 35시간씩 총 1만 시간의 연습량을 채웠음을 증명했다. 즉, 모차르트는 타고난 천재가 아니라 만들어진 천재라는 것이다. 이 연구의 결론은 노력 없이 위대해진 사람은 없다는 것이다. 무엇을 하든 세계적인 전문가가 되기 위해서는 그 분야에서 적어도 10년은 노력해야만 한다는 것이다.

　그리고 어떤 분야든 최고의 실력을 발휘한 사람들은 공통적으로 신중하게 계획된 연습을 했다는 것이다. 신중하게 계획된 연습이란 첫째로 자신의 한계를 넘는 시도하는 것, 둘째로 결과에 대한 피드백을 받아 오류를 즉각 수정하는 것, 끝으로 앞의 두 가지를 끊임없이 반복하는 것이다.

성공한 고수들의 공통점

어떤 경우에도 긍정이다.
긍정은 어디서 오는가?
바로 감사의 습관에서 온다.
성경은 범사에 감사하라고 한다.
사람이 어떻게 그럴 수 있느냐고 하지만 성공한 사람들은 보통사람과 비교대상이 다르다는 게 그 비결이다.
자동차 접촉사고를 예로 들어보자.
보통사람이라면 왜 재수 없게 하필이면 나에게 이런 사고가 났는지 불평하며 가해자와 하늘을 원망한다. 이같이 보통 사람들은 항상 최선의 상황과 비교한다.
하지만 성공한 사람들은 최악의 상황과 비교한다. 사고가 이 정도여서 다행한 일이라고 생각한다. 천만 원의 손실이 생겨도 더 큰일이 날 뻔 했는데 이 정도면 참 운이 좋았다며 마음을 턴다.
대부분 육체의 병은 마음의 병, 울화에서 비롯되는데 긍정적인 생각을 하니 건강할 수밖에 없다.
감사를 잘 하는 사람치고 욕심내는 사람 없고, 일 못하는 사람 없다. 역경을 역경으로 생각하지 않으니 일이 잘 풀릴 수밖에 없다.
성공한 고수들은 어떤 역경이나 불운에도 오히려 감사할 줄 안다.
감사는 인생에 행운을 불러들이는 주문이다.
감사의 습관이 길들여지면 감사할 일이 자꾸 생긴다.
감사할 일이 없는 게 아니라 감사할 줄 모르는 것일 뿐이다.
기뻐서 웃는 게 아니라 웃다 보니 기쁨이 찾아오는 것이다.

해는 늘 떠 있다. 다만 구름이 가리고 있어 보지 못하는 것뿐이다.
해가 안 보인다고 해가 없다고 생각하는 것만큼 어리석은 일도 없다.

어떻게 원하는 것을 얻는가

※

미국 와튼스쿨의 스튜어트 다이아몬드 교수는 '어떻게 원하는 것을 얻는가' 라는 책에서 큰 홈런을 칠 생각보다는 타석에 섰을 때마다 안타 하나만 치자는 생각을 갖는 것이 중요하다고 강조한다. 무리하게 억지로 안간힘을 써서 이루려는 것보다 나답게 한 번에 하나씩만 얻겠다는 마음이 중요하다. 패션왕국의 제왕 아르마니는 이렇게 말한다. "나는 매번 1센티미터 앞으로 나가기 위해 도전한다."

우리는 어떻게 원하는 것을 얻는가. 간절함과 그 간절함을 구체화 하는 전략을 통해서다. 무언가를 얻기 위해서는 사실 욕망의 막연한 간절함만으로는 되지 않는다. 사과나무의 사과가 간절히 먹고 싶다고 해서 자신의 입으로 저절로 오지 않는 것과 같다. 그 사과를 자신의 입으로 가져오기 위한 구체적 계획과 방법이 필요한 것이다.

법정 스님의 '아름다운 마무리' 라는 책에 이런 내용이 있다.
어떤 수행자가 수많은 일을 하면서도 늘 한결같은 모습을 유지했다.
사람들이 어떻게 그럴 수 있느냐고 물으니 이와 같이 대답한다.
"나는 서 있을 때는 서 있고, 걸을 때는 걷고, 앉아 있을 때는 앉아 있고, 음식을 먹을 때는 그저 먹는답니다."
"그건 우리도 하는데요."
"아니지요. 당신들은 앉아 있을 때는 벌써 서 있고, 서 있을 때는 벌써 걸어갑니다. 걸어갈 때는 이미 목적지에 가 있고요."

더 빨리 흐르라고 강물의 등을 떠밀지 말라. 강물은 나름대로 최선을 다하고 있다는 말이 있다. 너무 빠르게만 달리려고 하면 영혼이 따라오지 못한다. '진합태산(塵合泰山)' 이라 했다. 티끌도 모아지면 큰 산을 이룬다. 한 번에 하나씩만, 한 번에 1cm씩만.

하늘이 무너져도

중국 남송시대의 위대한 시인 육유는 '산중수복의무로유, 암화명우일촌(山重水複疑無路柳, 暗花明又一村)'이라 읊었다.

첩첩산중에 물이 겹겹이라 길이 없을까 싶어도 버드나무 짙푸르고 꽃이 만개한 고을 하나 또 있다는 뜻이다. 하늘이 무너져도 솟아날 구멍이 있다고 했다. 절망적인 상황에서도 포기하지 않고 용기를 낸다면 반드시 희망이 화답할 것이다.

철학자 쇼펜하우어는 말했다.
"생명의 배에는 구멍이 뚫려 있게 마련이다. 사공이 쉬지 않고 퍼내기만 한다면 아무 일도 없을 것이다."
인생도 이와 마찬가지다. 물을 퍼낼 표주박은 이미 당신 손에 들려 있다. 이대로 가라앉을 것인가, 떠있을 것인가의 선택은 각자의 몫이다.

66세에 수중에 남은 돈이라곤 사회보장기금 105달러가 전부였던 사람이 있었다. 그는 중고 자동차에 자신만의 비법으로 요리한 튀김닭을 싣고 3년을 넘게 미국 전역의 레스토랑을 돌았다. 안타깝게도 튀김닭의 맛은 좋았으나 66세의 노인과 거래를 하려는 사람은 없었다. 그는 무려 1,008곳에서 거절을 당했고, 마침내 1,009번째에 계약을 성사시킬 수 있었다. 세계적인 프랜차이즈 KFC의 설립자인 커넬 샌더스의 이야기이다.

그는 무수한 거절의 말을 들으면서도 결코 낙심하지 않았다. 언제나 "내 요리는 완벽하고, 나는 꼭 성공할 것이다"라고 말했다. 커넬 샌더스는 실패와 좌절을 수없이 경험하면서도 현실의 슬픈 그림보다는 멋진 미래를 꿈꾸었다. 꿈이 이루어질 때까지 포기하지 말고 앞만 보고 달려가자.

비결은 남다른 노력뿐이다

☀

　모차르트는 다섯 살부터 작곡을 시작했고, 아버지에게 매일 5시간씩 강도 높은 음악 훈련을 받았다.
　추사 김정희는 천하 명필이 되기까지 벼루 10개를 갈아 치웠고, 닳아서 내버린 붓이 천 자루를 헤아렸다.
　교세라 명예회장 카즈오는 "나름대로 충분히 노력하고 있다면 그것은 당연한 일을 하고 있는 것일 뿐 그것으로는 결코 뜻하는 결과를 얻을 수 없다. 누구나 생각하는 노력 이상으로 노력하지 않으면 무한경쟁 시대인 오늘날에는 더더욱 살아남을 수 없다"고 말한다.
　살아서 전설이 된 농구선수 조던은 밤낮으로 연습하기 위해 체육관 문을 열어달라고 졸라댔다. 은퇴할 때까지 연습장을 가장 먼저 찾고, 가장 늦게 떠나는 선수였다.
　그 어떤 분야든 잘 나가는 사람들의 공통점은 나름의 노력이 아닌 남다른 노력을 하고 있다는 사실이다. 같은 걸음으로는 결코 앞서가는 사람을 추월할 수 없다. 다리가 짧다면 더 많이 걸을 것이요, 속도가 느리다면 남보다 더 오래 걸을 일이다.

　미국 뉴욕의 카네기홀은 전 세계 음악인이 동경하는 꿈의 무대다.
　한 여자가 바이올린 가방을 들고 있던 남자에게 묻는다.
　"어떻게 하면 카네기홀에 설 수 있나요?"
　"연습하고, 연습하고, 또 연습하는 겁니다."
　동서고금을 막론하고 거장의 반열에 오른 이들은 공히 '연습, 연습, 또 연습'을 철칙으로 삼았다.
　이제 당신 스스로에게 물을 차례다. 당신은 과연 누구보다 열심히 뛰고 있는가? 이 질문에 선뜻 대답할 수 없다면 당장 신발 끈을 고쳐 묶을 일이다. 그리고 남들보다 두 배, 세 배 노력할 일이다.
　천부적인 재능의 소유자들도 죽도록 노력한다.

도전! 도전! 집념과 오기

※

　신문 스크랩에서 자료를 찾다가 2010년 5월 7일자 조선일보 기사내용이 눈에 들어왔다. 960번의 도전 끝에 운전면허를 취득한 차사순(69세)씨가 국내 자동차 회사로부터 '달리는 당신을 사랑합니다' 라는 캠페인과 함께 승용차를 선물 받았다는 기사다.
　전북 완주에 사는 이 할머니는 2005년 64세에 시작해 필기시험 950차례, 10번의 기능주행시험 총 960번의 도전 끝에 면허를 취득했다. 참 대단하시다. 뉴욕타임지를 비롯한 외신들까지 '집념과 끈기의 귀감' 이라고 소개했다.

　독일의 심리학자 에빙하우스 교수에 따르면 인간은 학습한지 몇 분만 지나도 망각이 시작된다고 한다. 20분 후에는 기억의 42%, 1시간 후에는 56%이상 잊게 되고, 하루가 지나면 66%, 일주일 후엔 75%, 한 달이 후엔 90% 이상을 잊어버리게 된다.
　그러나 1시간 안에 반복해서 외우면 하루 동안 기억이 지속되고, 다음 날 다시 외우면 일주일, 일주일 후에 다시 외우면 한 달, 한 달 후에 다시 외우면 6개월, 이때부터는 장기 기억 상태로 변환되어 6개월이나 1년에 한 번씩 보아도 영구기억 상태가 된다고 한다.
　목표를 눈에 띄는 곳에 두고 매일 봐야 하는 이유가 여기 있다.

　의식하고 있는 정보가 자연스럽게 눈에 더 많이 들어오는 심리적 현상을 '컬러베이스 효과' 라 한다.
　예를 들어 오늘의 행운 컬러가 파란색이라는 소리를 듣고 나면 길을 가다가도 파란색만 눈에 들어오고, 부인이 임신을 하게되면 평소에 보이지 않던 출산용품점이 점점 눈에 들어온다는 것이다.
　자, 이제 목표를 정해 직접 손으로 써 가장 눈에 잘 띄는 곳에 붙여 놓고 매일 바라보자.

낙천적인 성격이 성공한다.

※

어떤 일이든 성공에 이르기까지는 수많은 실패를 수반한다.
에디슨은 무려 2천 번의 쓰디쓴 실패를 경험한 끝에 전구를 발명했다. 이렇듯 성공은 실패를 견딘 사람에게만 허락된다.
따라서 성공하는 능력은 곧 실패를 견디는 능력이라고 볼 수 있다.

그러므로 천재들의 위대한 업적에만 주목하기보다 끈기와 인내를 가지고 실패를 견디어낸 과정에 주목할 수 있어야 한다.
실패를 견디려면 실패를 실패로 간주하지 않는 낙천적인 성격이 무엇보다 중요하다.

아인슈타인은 "몇 달이고 몇 년이고 생각하고 생각한다. 그러다 보면 99번은 틀리고 100번째에 이르러서야 비로소 맞는 답을 찾아낸다"고 했다. 99번의 실패를 견디는 능력, 실패를 실패로 간주하지 않고 성공으로 향하는 과정이라 여기는 낙천적인 성격을 갖고 있었다.

이나모리 카즈오는 매출액이 50조원 이상인 일본 교세라의 창업자이자 경영의 신으로 추앙 받고 있는 인물이다. 그는 문제를 해결하기 위해서는 머리끝에서 발끝까지 온 몸을 그 생각으로만 가득 채우고, 피 대신 생각이 흐르게 하라며 몰입할 것을 강조했다.
그리고 어떤 일에 열정을 갖고 도전하려면 낙관적인 성격과 태도가 무엇보다 필요하다고 주장한다.
그는 자신의 전 재산을 사회에 환원하고 65세가 되던 1997년에 은퇴를 선언, 자신이 세운 회사를 떠나 절에 들어가 승려가 되었다.

당신이 구덩이에 빠져있음을 어느 순간 깨달았을 때,
당신이 할 수 있는 최선의 방법은 구덩이를 파 내려가던 삽질을 멈추는 것이다.

영업의 신

✺

　세계적인 베스트셀러 'Go-giver'의 저자 밥 버그는 영업의 핵심은 누군가가 원하고 열망하는 것을 찾아주고, 얻을 수 있도록 돕는 것이라고 한다. 그는 한 인터뷰에서 "뛰어난 성과를 올린 영업사원은 자신의 목표달성 보다 고객에 대한 관심을 더 중요시하는 Go-giver형 인재다. 반면 고객을 물건이 팔리는 통로로 치부하고 실적만 올리기 원하는 Go-taker형 영업사원은 성공하기 힘들다"고 말했다. Go-giver는 다른 사람에게 가치를 주는데 집중한다. Go-taker는 자기 자신을 위해 일하며 팔겠다는 생각에만 집착한다.
　보통 사람들은 Go-taker가 영업사원으로 더 성공할 것이라 생각하지만 이는 완전히 틀린 생각이다. 다른 사람을 섬기고 주려는 자들이 더 큰 돈을 번다.
　영업하는 사람들이 가장 경계해야 할 것은 결과만을 위해 상품을 파는 것이다. 고객들은 눈빛만 보고도 그 사람의 의도를 알아챈다.
　당신의 수입은 진심으로 당신이 고객에게 얼마나 효과적인 도움을 주느냐에 달렸다. 고객에게 진심으로 긍정적인 영향을 주기 위해 노력하면 주변의 다른 고객까지도 소개받을 수 있다.

　일본 요식업계의 전설로 불리는 우노 다카시는 '어떻게 하면 고객을 즐겁게 할 수 있을까?'를 늘 고민하고, 모든 서비스를 고객의 관점에서 생각했다. 그리고 자신의 가게에 한 번이라도 방문한 고객은 항상 메모 해두고 다음번에 오면 이름을 불러주었다고 한다.
　경영을 잘하는 사람들의 공통점은 애써 잘 팔려고 하지 않는다는 것이다. 대신 자신의 진심을 판다.
　다카시가 쓴 '장사의 신'이라는 책에 이런 말이 있다.
　가격으로 주목하게 하면 3류 장사꾼, 가치로 고객을 끌게 하면 2류 장사꾼, 가슴으로 가게를 찾게 하면 그는 1류 장사꾼이다.

실패와 포기의 위대한 힘

※

공자는 나이 사십을 불혹이라 했다.

어떤 유혹에도 흔들리지 않을 나이라는 말인데, 달리 생각해보면 더 이상 유혹이 찾아오지 않는 나이이기도 하다.

젊을 땐 하고 싶은 하나의 일이 확실히 정해지지 않아 지금의 일을 하고 살아야지 싶다가도 또 금세 마음이 흔들려 다른 일이 좋아 보인다. 그러나 나이가 더 들면 이것저것 포기해야 할 것들이 생긴다.

불혹이란 결국 지금 일 이외의 다른 일은 모두 포기한다는 의미다.

그렇다면 인생의 전략이 분명해진다.

진정 원하는 한 가지에 전력하기 위해 다른 것들은 최대한 빨리 포기하는 것이다. 불혹의 나이까지 기다릴 이유가 없지 않은가.

빨리 시도해 보고, 빨리 실패해야, 좀 더 빨리 포기하게 된다.

'해리포터'를 쓴 조앤 롤링이 2008년 하버드대에서 했던 연설의 핵심은 실패와 포기의 위대한 힘이었다.

롤링은 학생들 앞에서 자신의 참담했던 실패를 화두로 삼았다.

결혼 생활은 얼마 가지 못해 파탄 났으며, 거리의 노숙자를 제외한 가장 가난한 사람이 되었다. 어떤 사람보다도 실패한 삶이었다고 한다. 살아남기 위해서 여러 가지 일을 시도했고, 실패하고, 포기하고 보니 롤링 앞에 할 수 있는 일은 단 하나 소설을 쓰는 것이었다. 다른 모든 것에 실패했기 때문에 글 쓰는 일에만 온전히 자신을 바쳤다고 한다. 글쓰기가 아닌 다른 일의 유혹을 이기지 못했다면, 글쓰기 분야에서 성공하겠다는 결심을 하지 못했을 것이다.

위대해질 수 있는 단 한 분야를 붙잡기 위해서는 다른 나머지는 과감히 포기해야 한다. '해리포터 시리즈'로 영국에서 다섯 번째 부자가 된 조앤 롤링처럼!

툭툭 털고 일어나라

※

　지금의 성공이나 실패가 계속되는 것은 아니다. 언제까지나 성공의 가도를 달리는 사람도 없고, 실패했다고 인생이 그렇게 끝나는 것도 아니다.

　성공한 사람들을 하나하나 들여다보면 실패와 고난과 역경을 딛고 일어섰다. 그들은 넘어졌을 때 포기하지 않고 툭툭 털고 다시 일어나 죽을힘을 다해 노력했다. 영국의 작가 존 버니언은 감옥에서 '천로역정'을 썼고, '마지막 잎새'를 쓴 미국 작가 오 헨리 역시 감옥 생활 중에 수 십 편의 단편 소설을 써냈다.
　세일즈맨들 중 두세 번 거절당한 후 네 번째에 또 권유하는 사람은 12%에 지나지 않는다고 한다. 그 12%의 세일즈맨이 전체 판매량 대비 80%의 매출을 올린다. 두세 번 실패하고 포기하는 사람 88명이 2000만 원어치를 팔 때, 네 번째 도전하는 12명은 8000만 원의 매출을 올리는 셈이다.

　도덕경에 '표풍부종조 취우부종일(飄風不終朝 驟雨不終日)'이란 말이 있다. 회오리바람이라도 아침나절을 넘기지 못하고, 소나기라도 하루 종일 내리지 못한다. 추운 겨울날 회오리바람이 불어와 온 세상을 뒤흔들어 놓더라도 결국 아침나절이 지나면 바람은 그칠 수밖에 없고, 여름 날 세찬 소나기가 내려 세상이 물에 잠길 것 같아도 그 소낙비가 하루 종일 내리지는 않는다.

　인생을 살다 예기치 않게 힘든 상황이 닥쳐오면 너무 조급해 하지 말고 마음의 여유를 가져라. 바람이 멈추기를 기다리고, 비가 멎기를 기다린다면 문제는 풀리고 상황은 좋아질 것이다.
　참으로 힘들고 어려운 세상이다. 힘들다고 한탄만 할 것이 아니라 이 어려움이 지나가기를 조용히 기다리는 지혜가 필요하다.

시계보다는 나침반을 봐라

※

　시장을 앞서가기 위해서는 시장이 어떻게 흘러갈지를 남보다 더 정확하게 예측할 수 있어야 한다.
　이때 필요한 참의 명제는 지난 과거를 통해서 얻을 수 있다.
　정확한 예측은 수개월, 수년 동안 시장이 겪은 경험적 사실에서 나온다. 깊은 사고력과 창의력만 있다면 이 경험적 사실로부터 끄집어낼 수 있는 답이 있다. 마음만 먹으면 현재를 어떻게 살아야 할지, 미래가 어떻게 흘러갈지 통찰할 수도 있다.
　성공하는 시장 참여자가 되기 위해서라면 시장의 흐름을 더욱 날카롭게 읽을 수 있어야 한다. 그래야 시장에서 어떤 포지션을 가져야 할지 정확한 판단을 내릴 수 있다.
　'Think hard'가 'Work hard'보다 더 필요한 시점이 있다.
　시계보다는 나침반을 보라고 한다. 얼마나 빨리 가는가 보다는 어느 방향으로 가고 있는지가 더 중요하기 때문이다.

　새해 첫 날 일출을 보기 위해 태백산 탐방을 여러 차례 했지만 지평선을 뚫고 올라오는 일출을 매번 보는 것은 쉬운 일이 아니다. 안개나 구름 등 날씨의 변덕이 일출 보는 것을 방해한다.
　인생 역시 이런 것 아닌가 싶다. 노력한다고 해서 반드시 성공한다는 보장은 어디에도 없다. 100% 일출을 본다는 보장이 없듯이 말이다. 하지만 산을 오르지 않는다면 일출을 볼 가능성은 전혀 없다.
　다만 내가 할 수 있는 일을 다 한 다음 좋은 결과가 오기를 기대하는 것, 인생에서 그 이상을 바랄 수는 없을 것이다.

험난하더라도 바른 길을 가야 한다. 순간을 모면하기 위해
타협하거나 우회하면 결국 빠져나올 수 없는 미로에 갇히게 된다.

프로가 되고 싶은가

사진작가 배명우씨는 30년 가까이 소나무를 소재로 한 사진을 찍었다. 그는 '우리 시대의 장인정신을 말하다' 는 책에서 "처음엔 무조건 소나무를 찍었는데, 소나무에 대한 자료를 모으고 공부하면서 10년쯤 지나자 그때서야 뭔가 되는 것 같았다" 고 말한다.

역시 한 분야에서 전문가의 경지에 접어들고자 할 때 10년은 매직 넘버나 다름없어 보인다. 그런데 어떤 분야든 10년을 일하면 진정한 전문가가 될 수 있단 말인가? 주변을 보면 10년 이상의 종사자가 흔하지만 전문가는 별로 많지 않다. 그 이유는 무엇일까?

'나의 문화유산 답사기' 의 저자 유홍준 교수는 "무수한 시행착오를 바탕으로 경험과 지식을 통한 꾸준한 수련을 거쳐야 한다" 고 했다. 건축가 김봉열 교수도 "전문성이란 시간과 함께 쌓인 시행착오로 만들어진다" 고 단언한다. 시행착오란 과거의 잘못으로 끝나는 것이 아니라 실수를 반성하고, 새로운 것을 찾아 궁리하고, 거기서 도전하고, 다시 개척하는 과정을 지속하는 것이다.

전문가의 경지에 오르려면 두 가지 조건을 만족시켜야 한다.
첫째, 10년이라는 시간을 투자해야 한다.(필요조건)
둘째, 그 시간 동안 무수히 많은 시행착오와 자기반성과 재도전의 과정을 거치면서 그 분야에 더 밝아져야 한다.(충분조건)
결국 일정한 시간을 투자하는 것과 그 시간 동안 정성껏 공력을 들이는 것이 전문가가 되기 위한 필요충분조건인 것이다.

뜻대로 되지 않아 맥이 빠져 있는가? 할 때마다 실패로 끝나 좌절하고 있는가? 더 이상 희망이 없다고 포기하고 싶은가? 앞서 말한 필요충분조건을 만족시킨다면 이제 당신도 전문가의 경지에 오를 수 있다. 자신이 없거든 비범한 사람이 되는 것을 포기하고 살라.

두 아이의 성장

※

　지금부터 100년 전의 일이다. 한 아이는 경남 의령에서 다른 한 아이는 강원도 통천에서 각각 태어났다.
　의령의 아이는 재벌에 버금가는 부자 아버지를 두고 그 덕분에 당시 최고 엘리트 코스인 일본 유학을 다녀왔고, 사회생활도 사장으로 시작한다.
　통천의 아이는 가난한 소작농 아버지를 두었기에 소학교까지밖에 다닐 수 없었고, 하루 종일 허리가 휘도록 일하고도 아침은 보리밥에 점심은 굶고, 저녁은 콩죽으로 때우는 가난을 견디지 못해 가출하여 막노동으로 사회생활을 시작한다.
　의령의 아이는 전형적인 귀공자 스타일로 명품정장을 하고 세심하며 차분한 성품의 소유자였으나, 통천의 아이는 카우보이 스타일로 거친 현장에서 싸구려 점퍼를 즐겨 입는 다혈질이며 거칠고 투박한 성품의 소유자였다.

　이같이 너무도 다른 두 아이에게는 공통점이 있었다.
　의령의 아이는 일곱 살 때 할아버지가 세운 서당에서 동양고전인 4서 3경 같은 책을 줄줄이 암송할 정도로 치열하게 읽었으며 특히 논어를 삶의 지표로 삼았다.
　통천의 아이 또한 소학교 입학 전 마을의 서당에 들어가 3년 동안 동양고전의 기초가 되는 동몽선습, 소학, 대학, 논어, 맹자 같은 고전을 눈감고 외울 정도로 철저히 공부했고, 그 때 배운 한문공부가 일생을 살아가는 데 큰 밑천이 되었다고 자서전에 고백했다.

　의령의 아이는 삼성의 창업자 이병철이고, 통천의 아이는 현대를 창업한 정주영이다. 사실 이 두 사람이 오늘의 한국을 있게 한 인물임에는 틀림이 없다.

10-10-10

※

　GE(General Electric) 전 회장의 부인 수지 웰치가 쓴 '10-10-10' 이라는 책에는 인생이 달라지는 선택의 법칙이 있다. 10분 후의 결과와 10개월 후의 결과, 10년 후의 결과를 고려해서 어떤 판단과 결정을 내릴지 잘 생각해 보라는 것이다.
　인생은 우리가 내리는 수많은 선택과 결정에 의해 만들어진다.
　10분 후 바로 미치게 될 영향(즉각적인 결과),
　10개월 후에 미치는 영향(가까운 미래의 결과),
　10년 후에 미치는 영향(먼 미래의 결과)을 차근차근 고려해서 판단하고 결정을 내려야 위대한 승리라 할 수 있다.

　"아뿔사! 왜 그랬을까?"
　"아, 그때 조금만 더 냉정했더라면……"
　시간이 흐르고 난 뒤에 보면 후회되는 일들이 얼마나 많은가.
　부끄럽고 부질없는 욕망에 흔들려서 부화뇌동하고, 경거망동했던 결정 때문에 죽을 것처럼 괴로워하고 미칠 듯이 화가 나서 광분했던 때가 얼마나 많은가.

　히말라야 원정 시 대원들이 정상에 머무는 시간은 10분 내외라고 한다. 정상에 서는 10분을 위해 베이스캠프 생활을 3개월 이상 해야 하고, 캠프로 떠나기 위한 계획과 준비기간은 최소한 6개월 이상이 소요된다. 등반 허가를 받아야 하고 셰르파와 포터를 고용해야 한다. 기상악화로 눈사태가 발생하거나 현장에서 발생할 수 있는 돌발 상황에도 대처해야 하니 신경 쓸 일이 한두 가지가 아니다. 등산 준비가 끝나도 원정 대장은 날씨와 대원들의 컨디션을 감안해 성공가능성이 가장 높은 일정을 잡아야 한다.
　단 10분의 짧은 성취를 위해 기나긴 준비과정이 반드시 필요하다.

몰입을 통해 성공한 사람

※

몰입을 통해 성공한 대표적 인물이 바로 소프트뱅크 그룹의 손정희 회장이다. 그는 2011년 포브스가 선정한 일본 1위의 자산가이자, 그 해 일본을 덮친 쓰나미 난민들을 위해 1,400억을 기부해 화제가 된 인물이다.

재일 교포 3세로 태어난 그는 기찻길 옆 무허가 판잣집에서 가난하게 자랐다. 어린 시절부터 조센징이라 괄시를 받으며, 일본 아이가 던진 돌에 맞아 머리를 다치기도 했다. 당시 그가 받은 충격과 마음의 상처는 삶에 큰 영향을 미쳤다. 그는 일본 제일의 사업가가 되기로 결심하고 공부에 몰입하기 시작했다. 자나 깨나 공부만을 생각했다고 한다.

사람들은 자나 깨나 생각한다는 것의 참된 의미를 종종 간과한다. 불과 하루에 몇 시간의 몰입을 자나 깨나 생각했다고 할 수 없다. 깨어있는 시간 뿐 아니라 잠들어 의식이 없는 상태인 꿈에서도 손정희는 화두를 놓지 않았다. 몽중일여(夢中一如) 즉, 꿈속에서라도 공부하는 일심을 가질 수 있어야 무언가 되어도 된다는 말이다.
몰입의 순간부터 삶은 변화된다.

당신은 일이 끝나면 여가 시간을 어떻게 보내는가?
이어령 박사는 TV시청에 몰입하고, 인터넷의 황색 저널리즘에 휩쓸리고, 술자리 만들어 괜한 사람 씹는 일 이 세 가지만 하지 않으면 무엇이든 이루어낼 수 있다고 했다.

험난하더라도 바른 길을 가야 한다. 순간을 모면하기 위해
타협하거나 우회하면 결국 빠져나올 수 없는 미로에 갇히게 된다.

금세기 최고의 투자자

※

투자만으로 세계 최고의 부호가 된 사람이 워렌 버핏이다.

1941년 그가 11살 되던 해 작은 규모지만 주식을 매수하기 시작했고, 14살부터는 신문 배달로 벌어들인 수입으로 주식을 매수했다.

1956년 26살이 되면서 자기 침실 옆 쪽방에서 가족 4명과 친구 3명으로 투자조합을 설립해 연 평균 25% 수익을 기록하며 투자 전문인으로서의 내공을 인정받기 시작했다.

워렌 버핏이 투자의 달인이 될 수 있었던 것은 어릴 적부터 아버지의 주식 중개 자리에서 주가를 기록하는 일을 도우며 배운 귀한 교훈이 평생 동안 그의 결정에 영향을 미쳤기 때문이다.

그의 투자 원칙을 들어 보면 이렇다.

첫째, 귀가 얇아서는 안 된다. 즉 다른 사람의 말에 끌려 다니지 말라는 것이다.

둘째, 원칙에 따라 객관적 사실을 꼼꼼히 검토한 후 스스로 납득할 수 있을 정도의 확신이 섰을 때 비로소 움직인다는 것이다.

체계적으로 기업을 연구하고, 그 기업을 완전히 알기 전에는 절대 투자하지 않는 버핏의 투자규칙이 있다.

규칙 1조, 절대로 돈을 잃지 않는다.

규칙 2조, 규칙 1조를 반드시 지킨다.

엄청난 부를 가져다 준 워렌 버핏의 판단력과 통찰력은 독서에서 나온다. 그는 하루 6시간 이상 책을 읽었다. 그는 투자조합 직원들에게도 관심이 가는 기업에 대해 속속들이 알 수 있을 때까지 각종 자료를 읽게 한다. 지금도 그는 업무시간의 대부분을 읽고 생각하는데 보내고 있다.

명궁의 과녁

☀

과욕이란 이미 흔들려 형평을 잃은 마음을 말한다.

그런 사람은 승부를 걸어야 하는 순간에 모험을 망설이다가 기회를 잃거나, 기회를 보고 기다려야 할 순간에 모험을 걸어 불리한 싸움에 휘말리게 된다. 이게 다 승리에 대한 지나친 욕심으로 마음이 흐려진 결과다. 마음이 흐려지면 나아갈 때 과감히 나아가지 못하고, 물러설 때 물러서지 못하는 경우가 생긴다.

한 판의 바둑에서도 결단과 선택을 해야 하는 수없이 많은 순간들이 있다. 이때 중요한 것은 이기려는 욕심보다는 전체 판세에 대한 균형 잡힌 시각과 판단이다.

만류인력의 법칙을 어떻게 발견하게 되었느냐는 질문에 뉴턴은 이렇게 대답했다. "내내 그 생각만 했으니까."

내내 그 생각만 했다는 것은 과학사에 위대한 업적을 남긴 천재 뉴턴도 내내 그 문제를 풀지 못하고 헤매었다는 것이고, 만류인력이라는 창의적 업적이 만들어진 과정이라는 것이다.

명궁은 과녁이 아니라 자기 마음을 겨냥한다. 과녁만 겨냥하는 자는 결코 과녁의 중심을 꿰뚫지 못한다. 자신의 마음을 겨냥하지 못하면 실패의 악순환에서 벗어날 수 없다.

절망이 없는 희망은 없다. 창조적 삶은 시련이라는 에너지를 필요로 한다. 부딪쳐봐야 한다. 허송세월이 남기는 것은 후회와 미련뿐이다. 좋은 활은 당기기 힘들고, 무거운 짐을 진 소가 깊은 발자국을 남긴다. 고난은 사람을 키우는 큰 힘이 된다.

궁사가 정곡을 찌르기 위해서는 수많은 화살을 날려 보내야만 한다. 북을 일만 번 처본 사람의 북 소리와 천 번 처본 사람의 북 소리는 분명 다르다고 한다.

버핏이 말하는 성공

※

　미국의 경제전문 기자가 성공을 어떻게 정의할 것인가를 워렌 버핏에게 질문했다.
　"많은 사람들이 성공이란 원하는 것을 얻는 것이라고 생각합니다.
　하지만 내 나이가 되면 당신이 사랑해주길 바라는 사람이 당신을 사랑해주면 그게 성공입니다."
　돈이 많거나 친구가 많다고 인생에 성공한 것은 아니다. 비록 숫자는 적더라도 어려운 순간에 당신 곁을 지켜줄 사람이 있는지가 중요하다.
　평균 수명만 길어졌을 뿐 우리는 언제 어디서 마지막 숨을 거둘지 알 수 없다. 요즘은 홀로 죽어가는 사람이 너무 많아졌다. 죽음의 순간에 우리 옆에서 명상을 인도해 줄 영적인 친구가 필요하다고 버핏은 힘주어 말한다.

　톨스토이가 쓴 '이반 일리치의 죽음' 이란 책을 읽는 중이다.
　임종을 앞둔 이반 일리치가 괴로웠던 건 용변을 볼 때마다 다른 사람의 도움을 받아야 한다는 사실이었다.
　불쾌하고 견디기 힘든 이 일을 도와주는 사람은 자식이 아니라 식당담당 하인 게라심이었다. 그의 처지를 이해하고 진심으로 그를 가엾게 여기는 사람은 게라심 한 명 뿐이었다.
　편안한 잠자리를 포기하고 자신의 곁을 지켜주는 것에 대한 미안함을 표하자 게라심은 이렇게 말한다.
　"우리는 모두 언젠가는 죽습니다. 제가 당신을 위해서 이 정도 수고 좀 못하겠습니까?"
　이반 일리치는 그가 자기 곁에 있다는 것에 큰 위안을 받고 있다.
　마지막 작별인사를 하고 싶은데 아무도 없다고 생각해보자.
　죽음이 임박했을 때 마지막을 누구와 함께 하고 싶은가?

습관을 바꿔라

✦

　식습관을 바꾸기란 종교를 바꾸기보다 어렵다고 한다. 누워서 떡 먹기, 식은 죽 먹기처럼 쉽게 되는 게 아니다. 요즘은 구석기 다이어트가 인기라는데, 그 당시 동굴에 살았던 혈거인은 자연에서 짐승을 사냥하고 물고기를 잡아먹고 열매를 따먹으며 끼니를 때웠다.
　구석기 다이어트를 옹호하는 사람들은 우리의 몸이 변하지 않았는데 현대사회는 너무 많은 가공 식품을 먹고 있다며, 구석기인들처럼 먹는 것이 체중감량과 건강에 좋다고 말한다. 심장병, 암과 같은 질환에 시달리는 것은 현재 우리의 식습관 형태와 선사시대의 몸이 맞지 않아 비롯된 것이라고 주장한다.
　최근에 유행하는 다이어트는 셀 수 없이 많다. 무수히 많다는 것은 정답이 없다는 것이다. 몸을 혹사시켜야 건강해지며, 다이어트의 확실한 방법은 굶는 것이다. 누가 이걸 모르는가?

　변화가 두려운 사람, 혁신을 게을리 하는 조직은 미래가 없다.
　실수에서 항상 배우며, 하고 있는 일의 방식을 개선하라. 무엇이 당신을 힘들게 하는지 모른다고 말하지 마라. 잘못된 습관을 바꾸지 않으면 가망이 없다.
　같은 실수를 반복하지 말고, 실수를 기회로 삼자. 어떤 역경에서도 절대 포기하지 말고, 이기는 습관을 기르자.
　아인슈타인은 "같은 일을 같은 방법으로 계속하면서 변화가 일어나길 기대하는 사람은 정신병자다"라고 했다.

　피터 드러커의 주장이다. "자신의 약점을 보완해 봐야 평균 밖에 되지 않는다. 차라리 자신의 강점을 발견해 이를 특화시켜 나가는 편이 21세기를 살아가는 방편이다." 자신이 무엇을 잘하는지 발견하는 것이 살아남는 방식이다.

싸움의 3가지 법칙

※

손자병법에 나오는 전쟁의 3가지 법칙을 보면 이렇다.
첫째, 비이부동(非利不動) 이익이 없으면 움직이지 마라.
둘째, 비위부전(非危不戰) 위급한 상황이 아니면 싸우지 말라. 무리한 결정을 내리지 말라. 고수는 자주 싸우지 않는다.
셋째, 비득불용(非得不用) 얻을게 없으면 군사를 동원하지 말라. 포기하는 것이 곧 선택일 때가 많다. 과감히 포기하고 보면 집착함으로 인해 보이지 않았던 다른 여러 가지 부수적인 것을 발견하게 되고, 다음 장을 기약할 수 있다.

금이 있는 곳에서만 굴을 파라는 말이 있다.
군주는 분노에 사로잡혀 군사를 일으키지 않고, 장수는 성난다고 하여 전투를 해서는 안 된다고 했다.
싸움을 하기 전에 자세히 관찰해 보면 이길 싸움인지 아닌지 알 수 있다. 분노해서, 성난다고 싸움을 걸면 백전백패다. 절대적으로 나에게 우세하다고 판단될 때만 공격해도 늦지 않을 것이다.
움직여야 할 상황이 왔을 때 부딪치면 된다.

'경제기사가 말해주지 않는 28가지'라는 책을 펴낸 경제고수 트레이더 윤석천씨의 말이다. 경제기사의 사실 뒤에 숨겨진 경제 진실이란 함정이고 허점투성이라고.
가령 '내년 증시전망 장미 빛 2500선도 가능'이라는 경제기사에서 내놓는 주식시장 전망은 언제나 낙관과 긍정으로 일관하는데 거기에는 이유가 있다.
개인들을 주식시장에 끌어들여야 기관투자자들이 살기 때문이다. 대규모 주식을 가지고 있는 기관투자자들이 주식을 팔기 시작하면 주가가 떨어질 수밖에 없다. 이때 기관투자자들이 가지고 있는 주식을 살 개인 투자자가 없다면 이들은
이익을 얻을 수가 없다. 시장이란 누군가 돈을 벌기 위해 다른 누군가 잃는 사람이 반드시 존재해야 하는 제로섬의 정글, 피도 눈물도 없는 바닥이다.

하는 일에 목숨을 걸어라

✦

　우리나라를 철강 대국으로 이끈 포스코의 고 박태준 명예회장이 포항 제철소 첫 삽을 뜬 뒤 직원들에게 다음과 같이 호소했다.
　"실패하면 조상에게 죄를 짓는 것입니다. 목숨을 걸고 일합시다. 실패하면 우리 모두 우향우해서 영일만 바다에 빠져 죽을 각오를 합시다. 할 수 있겠습니까?"
　목숨을 건다는 말에는 혼이 담겨있다. 일과 진심으로 하나가 되기 때문이다. 일과 떨어지는 순간이 고통스럽다.

　발명왕 에디슨은 연구와 떨어지는 것을 몹시 힘들어했다.
　그래서 연구실에 간이침대를 가져다 놓고 거기서 먹고 자며 연구에만 골몰했다. 만찬 행사가 있을 때는 뒷문을 통해 몰래 도망치곤 했다. 그는 심지어 자신의 청력 상실도 축복이라고 여겼다. 자질구레한 바깥세상에 귀를 닫고 오로지 발명에만 몰입 할 수 있었고, 내면의 목소리를 들을 수 있었다고 한다.

　포드는 자동차와 하나가 되어 자동차 왕이 되었다.
　라이트 형제는 비행기와 하나가 되어 비행기를 발명해냈다.
　아인슈타인은 과학과 하나가 되어 과학자가 되었다.
　이렇게 모든 잡생각을 텅 비운 채 일과 하나가 되면. 그 일에 관한 모든 정보가 훤히 보인다. 그래서 남들이 보지 못하는 것을 보게 되고, 남들이 생각하지 못하는 생각을 하게 된다는 것이다.

　에디슨은 우리가 일과 하나가 되지 못하는 이유는 한꺼번에 여러 가지 일을 하기 때문이라고 지적한 바 있다. 한 가지 일에만 몰입 할 수 있다면 누구나 성공할 수 있다. 열중할 수 있는 한가지 일, 그 일과 하나가 되어야 한다는 사실을 잊지 말자.

답은 생각하기 나름이다

시인 도종환의 '담쟁이' 란 시다.

> 저것은 벽 / 어쩔 수 없는 벽이라고 우리가 느낄 때 / 그때 / 담쟁이는 말없이 그 벽을 오른다 / 물 한 방울 없고 씨앗 한 톨 살아남을 수 없는 / 저것은 절망의 벽이라고 말 할 때 / 담쟁이는 서두르지 않고 앞으로 나아간다 / 한 뼘이라도 꼭 여럿이 함께 손을 잡고 올라간다 / 푸르게 절망을 다 덮을 때까지 / 바로 그 절망을 잡고 놓지 않는다 / 저것은 넘을 수 없는 벽이라고 고개를 떨구고 있을 때 / 담쟁이 잎 하나는 담쟁이 잎 수 천 개를 이끌고 / 결국 그 벽을 넘는다

술집에 모여 한 잔 하다가 흔히 나오는 푸념 중 하나다.
"어디 돈 되는 사업 좀 없나?" 그게 어디 쉬운 일인가?
그런데 놀라운 것은 돈 버는 사람들이 있다는 것이다. 그들은 남들이 아니라고 하는 분야에서도 돈을 번다. 탐스는 사양 산업이라고 하는 신발을 팔아 돈을 벌고, 유니클로는 자기 공장 없이도 중저가 의류 시장을 개척해 패션분야 브랜드 1위에 올랐다.
어떤 기업이든지 제대로 변신만 한다면 살아남을 수 있다. 사양 산업이 회사를 망하게 하는 것이 아니라 오너의 사고방식이 사양 산업을 만든다. 같은 논리로 보면 돈 못 버는 사업과 분야가 있는 것이 아니라, 돈 못 버는 사람이 있을 뿐이다.

같은 일을 해도 누구는 돈을 버는 반면, 어떤 사람은 물려받은 재산을 다 말아먹고 빚까지 지는 사람이 있다. 캄캄하고 어두운 혼돈의 카오스 상태에서도 그 이면에 감춰진 본질을 보면, 위기를 극복하고 기회를 잡을 수 있는 질서가 숨겨져 있다. 우리 속담에 범에게 물려가도 정신만 차리면 산다하지 않던가.
답은 생각에 달려 있고 자기 하기 나름이다.

성공하는 습관

※

 '성공하는 사람들의 7가지 습관' 이란 자기계발서를 써서 세계적으로 유명해진 스티븐 코비가 2007년 우리나라에 왔을 때였다. 기자들이 이 시대에 살아남기 위해서 어떻게 해야 하는가를 물었다.
 "누구든지 나이에 상관없이 앞으로 더 많이 배워야 해요. 시대의 새로운 국면을 받아들일 수 있어야 합니다. 준비하세요."
 기자들이 다시 질문했다.
 "하지만 일 하느라 바빠서 배울 시간이 없는 경우엔 어떻게 합니까?"
 "배움과 훈련을 위한 스케줄을 당장 짜보세요, 자신의 몸을 편안한 영역에서 빼내야 합니다. 스스로 끊임없이 훈련하세요. 자동차에 음악 테이프 대신 좋은 책 하나 사서 놔두세요. 적어도 하루에 한 시간 톱을 갈 수 있는 시간을 가져야 합니다."
 톱을 간다는 것은 자신이 무엇을 해야 할지를 안다는 것이다.
 책 속에서 배워야 한다.

 천문학적인 재산을 기부하고 있는 워렌 버핏도 이렇게 말한다.
 "가난한 사람은 독서로 부자가 되고, 부자는 독서로 귀하게 된다."
 러시아의 소설가 '죄와 벌' 을 쓴 도스토예프스키는
 "오늘 걷지 않으면 내일은 뛰어야 한다. 지금 잠을 자면 꿈을 꾸지만 잠을 자지 않으면 꿈을 이룬다" 고 했다.

생각을 조심하라 너의 말이 된다. 말을 조심하라 너의 행동이 된다.
행동을 조심하라 너의 습관이 된다. 습관을 조심하라 너의 인격이 된다.
인격을 조심하라 너의 운명이 된다.
실패가 두려운가? 실패는 단지 더 현명하게 시작할 기회일 뿐이다.

우선 살아남아라

※

  금세기 최고의 펀드매니저로 꼽히는 조지 소로스의 투자성공 비결은 수많은 경험적 사례에서 기미를 포착하는 것이라고 한다.
  이런 기미를 읽기 위한 최선의 방법은 관심이다. 무엇이든 관심을 기울이고 바라보면 미세한 변화(징후, 차이)가 눈에 들어온다.
  어제와 오늘은 무엇이 다른지, 장이 어떤 식으로 변하는지, 이런 징후들을 차곡차곡 쌓아가다 보면 변화를 좀 더 쉽게 알아차릴 수 있다.
  파도의 방향과 높이를 예측하는 사람은 파도를 타지만 이를 알지 못하는 사람은 파도에 휩쓸리고 만다.
  그러나 실망은 하지 말라. 해가 가면 달이 오고, 해와 달이 서로 밀어 밝아진다. 추위가 가면 더위가 오고 더위가 가면 추위가 오니, 추위와 더위가 서로밀어 한 해를 이룬다. 오르막이 있으면 다음은 내리막이고, 내리막이 있으면 또 오르막이다. 그러면서 더 높은 봉우리에 오른다. 어렵고 힘들다고 좌절하지 말라.
  곧 찾아올 변화의 시기를 준비하라. 사냥하기 위한 활과 화살을 만들어 놓지도 않고 짐승이 오기만을 기다리지 말라. 짐승이 달아난 후에 아깝다고 입맛만 다시겠는가.
  조지 소로스는 말한다. "우선 시장에 살아남아라. 그 다음에 돈을 벌어라. 시작은 작게 하고 일이 되어 가면 규모를 늘려라."

물은 100℃에서 단박에 끓는다. 1℃에서 99℃까지 물의 형태에는 아무런 변화가 없다.
100℃에 이르러서야 물은 그 형태를 기체로 바꾼다. 세상일이 그렇다.
변화는 순간에 일어난다. 그러나 그 순간에 이르기까지 격렬한 떨림의 과정을 내재한다.
1℃의 차이를 감지하는 사람만이 물이 끓어오르는 순간을 예측할 수 있다.
우리 뇌는 보고 싶은 것이 생기면 모든 집중력을 그곳으로 동원하는 놀라운 능력을
발휘한다. 미래에 대해 끊임없이 관심을 갖고 주목한다면 우리의 뇌는
지금까지 보이지 않았던 미래에 대한 새로운 영감을 구할 것이다.

승리란 일시적인 것

※

두 마리 수탉이 암탉 한 마리를 사이에 두고 다툼을 벌인 결과 승자가 정해졌다. 호되게 당한 수탉은 캄캄한 구석으로 밀려났고, 승리한 수탉은 높은 담 위로 올라가 목청껏 '꼬끼오'를 외쳤다. 바로 그 때 독수리 한 마리가 날쌔게 담 위에 오른 수탉을 낚아채 갔다.

인생에서 승리란 일시적인 것일 뿐이다. 게다가 승리했다고 기고만장하다가 금방 끝장나는 사례를 다반사로 보지 않던가.

뛰는 놈 위에 나는 놈이 있기 마련이고, 나는 놈은 더 큰 놈에게 먹히는 것이 인생이다. 그러니 대박 났다고 거들먹거리지 말고, 조신하고 겸손하게 살아야 할 것이다.

머리에 쓰고 있는 찬란한 왕관도 때가 되면 스스로 벗어서 쓸 만한 놈 골라 씌어주며 잘 해보라고 해야지, 욕심 때문에 더 오래 쓰고 있을라치면 남이 꼭 벗겨내지 않던가? 대통령의 임기 말이 되면 어김없이 그 밑에서 어깨에 힘깨나 주던 이들이 처참하게 난도질당하며 가는 곳이 어디던가? 새장에 갇혀 사는 새가 풍족한 먹이로 늘 호식한다 한들 공중을 자유롭게 날며 살아가는 새만 할까?

돈도 사랑도 권력도 거기에 메이면 그 가치를 상실하게 된다.

명심보감에 보면 '지족가락 무탐즉우(知足可樂 務貪即憂)'라 했다. 만족할 줄 알면 삶을 즐길 수 있지만 탐욕을 부리면 근심을 면치 못한다는 뜻이다. 사람이란 하나의 욕망이 충족되었다 싶으면 또 다른 욕망거리가 생긴다.

'말 타면 경마 잡히고 싶다'는 속담이 있다. 경마란 말고삐를 말하는데 말고삐를 잡는 노비까지 두고 싶다는 말이다. 욕망은 그렇게 한없이 가지치기를 한다. 그리하여 욕망을 좇아가다보면 허덕거리고 피곤한 삶을 면할 수 없게 된다.

한 가지 일에만 집중해라

바다에서 가장 빠른 물고기 돛새치는 무려 시속 110km로 헤엄친다. 땅에서 가장 빠른 치타는 111km, 하늘에서 가장 빠른 군함조는 무려 400km의 속도로 날아다닌다.

그러나 돛새치는 날거나 뛰지 못하고, 치타는 헤엄치거나 날지 못하며, 군함조는 빨리 뛰거나 헤엄치지 못한다는 것이다.

여기서 생각해야 할 점은 그들이 다른 것은 못한다는 사실을 인정하고 자신이 잘하는 것에만 집중한다는 사실이다.

그런데 이 세 가지를 모두 대충 잘하는 동물이 있다. 그것이 오리다. 오리는 대충 날수도 있고, 대충 뛸 수도, 헤엄칠 수도 있다.

사람도 마찬가지다. 한 가지 분야에서 최고를 달리는 사람이 있는가 하면 무엇이든 대충 골고루 잘 하는 사람도 있다.

한 가지만 최고로 잘하는 사람은 그 외의 분야는 자신의 것이 아님을 인정하고 오로지 하나에만 집중한다.

산업화 초기에는 골고루 대충 잘하는 멀티플레이어가 중시되었지만 지금과 같은 전문화 시대에는 오직 하나에 집중하는 것이 중요하다. 다시 말해 남이 대체할 수 없는 인생을 살아야 하는 것이다.

그 사람만이 할 수 있는 재주나 성실성을 갖추어야 한다.

자신만이 할 수 있는 일에 집중해야 성공한다.

하늘이 확실히 대임(大任)을 내리려고 하는 사람에게는 반드시 먼저 그 심지(心志)를 괴롭게(苦) 하고, 그 몸과 살갗을 굶주리게(饑) 하고, 궁핍한 처지로 몰아넣어 무슨 일을 하거나 실패토록 하여 고의로 그 사람을 단련하는 법이다.
즉 불운(不運)을 하늘의 시련으로 생각하고 받아들여야 한다. 성경 말씀에도 "나의 길을 오직 그가 아시나니 나를 단련하신 후에 내가 정금(正金)같이 되어 나오리라"고 한다.

개성상인들처럼 해라

※

　우리나라 상권을 지배했던 개성상인들이 수백 년 동안 치열한 경쟁 속에서 자신들의 상권을 굳건하게 유지할 수 있었던 것은 그들의 가업을 이을 아들을 변두리 국경지대에 있는 시장 상인에게 보내어 견딜 수 없을 정도의 한계상황에 도달할 만큼 혹독하게 훈련시켰기 때문이다.
　그 어디에도 기댈 언덕이 없는 곳에서 밑바닥부터 홀로 설 수 있어야 시장 바닥에 흐르는 세상 이치와 인간군상의 본 모습을 이해할 수 있고, 그래야 돈과 사람과 세상을 다루는 장사를 할 수 있다고 믿었다. 개성상인들은 그렇게 부딪치고 깨지면서 자신만의 경쟁력을 축적한 자식을 후계자로 삼았고, 그 후계자들은 밑바닥을 헤아려 보는 일, 보이는 세상 아래 흐르고 있는 보이지 않는 생존의 이치를 몸으로 배워 알았다.

　일본의 유명한 오사카 상인들에게도, 지중해를 천년 동안 주름잡았던 베네치아 상인들에게도 개성상인들처럼 고통의 관문을 통과한 자식들에게만 세상을 움직일 힘을 주었던 비슷한 문화가 있었다.
　세계적인 기업을 보면 일찌감치 CEO 유망주들을 선발해 변방부터 핵심까지, 때로는 울퉁불퉁한 길을 또는 고속도로를 달려보게 한다. 맷집과 몸집을 키우는 데는 부딪치고 깨지는 것만큼 좋은 방법이 없기 때문이다. 세상의 이치란 참 묘해서 곱게 자라면 절대 곱게 살아갈 수 없고 곱지 않는 인생을 살게 된다.
　밑바닥에서 보면 세상이 다르게 보인다. 거기서 뒹굴어 봐야 세상이 어떤 것인지, 자신이 누구인지, 무얼 잘하는지, 못하는지를 알게 된다. 밑바닥에서 기어 본 사람이어야 자기만의 일어서는 방식, 걷는 방식을 터득한다. 밑바닥은 혹독한 곳이지만 이겨내고 나면 크나큰 선물이 되고 아무나 가질 수 없는 재능과 노하우를 가져다준다.

감동이 먼저다

※

'아마존은 왜 최고가에 자포스를 인수했나' 라는 책을 읽고 감동을 적는다. 한 여성이 아픈 어머니를 위해 인터넷 쇼핑몰에서 신발을 구입한 얼마 후 그녀의 어머니는 병세가 악화되어 세상을 떠났다. 한참 뒤 그녀에게 한 통의 이메일이 왔다. 구입한 신발이 잘 맞는지, 마음에 드는지 묻기 위해 쇼핑몰에서 보낸 것이었다. 어머니를 떠나보낸 상실감에 빠져있던 그녀는 겨우 정신을 차리고 답장을 썼다.

"병든 어머니께 드리기 위해 구두를 샀던 것인데 어머니가 그만 세상을 떠나셨습니다. 너무 갑작스런 일이라 구두를 반품할 시기를 놓쳤습니다. 이제라도 반품처리를 하고 싶은데 안 될까요?"

이 여성은 쇼핑몰에서 어떤 답장을 받았을까?

"저희가 택배직원을 댁으로 보내 반품처리를 해드리겠습니다. 걱정하지 마십시오."

이 회사는 반품처리는 물론 한 다발의 꽃까지 선물하며, 카드에 어머니를 잃고 슬픔에 빠진 여성을 위로하는 글까지 첨부했다. 이 여성은 감동하면서 눈물을 흘렸고, 그 감동을 블로그에 올렸다.

"감동 때문에 눈물이 멈추지 않았습니다. 내가 지금까지 받아본 친절 중에서 가장 감동적이었습니다. 혹시 인터넷 쇼핑몰에서 신발을 구매하실 기회가 생긴다면 자포스를 적극 추천합니다."

이 같은 사연이 미국의 한 블로그에 올라오자 네티즌들이 SNS를 통해 이 감동적인 소식을 퍼 나르기 시작한다. 자포스라는 작은 인터넷 쇼핑몰이 화제의 기업으로 주목받게 되는 순간이었다.

다음 해인 2008년 자포스는 무려 1,300%의 놀라운 성장률을 기록하며 매출 10억 달러를 돌파했고, 2009년에는 아마존에 인수되었다.

고객에게 감동을 주지 않고는 성공할 수 없다. 성공은 나 혼자 하는 게 아니라는 말이 새삼 떠오른다.

3

사랑을 지켜가는 거리

처음 사랑을 시작했을 때 이 사람의 모든 것을 알아야 하고 머리부터 발끝까지 이 사람이 가진 모든 것은 내 것과 다름없었다. 그래서 지금 이 순간에도 어디에서 무얼 하고 있는지 내가 알아야 했다. 그런데 우리는 헤어졌다. 사랑의 감정도 시간이 흘러감에 따라 녹이 스는 법이다. 서로가 서로에게 얽히고설킨 것이 서로의 숨통을 막았던 것이다. 둘이 하나가 되는 것만이 진정한 사랑이 아니라 둘이서 함께 빛날 때 더 아름다운 것이다. 행복의 문은 하나가 닫히면 다른 문이 열린다고 한다. 그런데 우리는 닫힌 문만 멍하니 바라본다. 열린 문을 보지 못하는 것이다.

    살아가면서 오랫동안 만났어도 잊려진 사람이 있다. 잊혀진 사람은 내 마음 속에서 죽은 것이다. 하지만 잠깐 만났어도 심장에 새겨진 잊을 수 없는 사람이 있다. 세상을 떠난 사람이 되었어도, 지금은 볼 수 없는 먼 곳에 있어도 결코 잊을 수 없는 사람들이 있다.

    한 사람이 떠났는데 서울이 텅 비었다. 사랑은 이런 것이라고 시인 문정희는 말한다. 한 사람의 존재가 거대한 도시보다 크게 느껴지도록 만드는 힘이다. 사랑이란 그가 내 아픔의 끝없는 기원임을 인정하는 것이다. 그 사람이 아니라면 절대로 경험하지 못했을 낯선 공간과 시간을 공유하게 된다는 것, 그것이 사랑이 가진 무엇과도 바꿀 수 없는 힘이고 그런 사랑을 한다는 건 정말 멋진 일이다.

사랑을 지켜가는 거리

함께 있으되 거리를 두라
그래서 하늘 바람이 너희 사이를 춤추게 하라
서로 사랑하라 그러나 사랑으로 구속하지는 마라
그보다 너의 혼과 혼 두 언덕 사이에
출렁이는 바다를 놓아 두어라
함께 노래하고 춤추며 즐거워하되
서로는 혼자 있게 하라
마치 현악기의 줄 들이 하나의 음악을 울릴지라도
줄은 혼자이듯이 함께 서 있으라
그러나 너무 가까이 서 있지는 마라
사원의 기둥도 서로 떨어져 있고
참나무와 삼나무는 서로의 그늘 속에서는 자랄 수 없다.
사랑은 소유하지도 소유당 할 수도 없는 것
사랑은 다만 사랑으로 족하기 때문이다.
　　　　　　　　　　　　　　　　- 칼린 지브란 -

　칼린 지브란은 레바논 출신으로 셰익스피어, 노자와 함께 세계 3대 베스트 작가로 꼽히는 인물이다. 시인은 두 사람이 일체가 되더라도 그 속에 공간을 만들어 두라고 말한다. 혼과 혼 사이에 출렁이는 바다를 두라니, 함께 노래하고 춤추고 즐거워하되 혼자 있게 하라니, 도대체 이게 가능할 수 있단 말인가.
　'좋은 담장이 좋은 이웃을 만든다'고 했다. 가깝게 지내되 적당한 거리를 두라는 말이다. 끈끈함도 좋지만 느슨함을 유지하라고 한다.
　사람과 사람사이는 그리움과 아쉬움이 받쳐주어야 신선감을 지속할 수 있다.
　'불가근 불가원(不可近 不可遠)'이라 하지 않던가. 너무 가까이도 너무 멀리도 하지 말고, 마치 난로 대하듯 하라. 너무 가까이 가면 데이고, 멀리하면 차갑기 때문이다.

사랑에도 생로병사가 있다

우주에 춘하추동이 있듯이 사랑에도 생로병사(生老病死)가 있다.
꽃피는 봄이 있으면 뜨거운 열정의 여름이 있고, 가을의 서늘한 쇠락과 겨울의 기나긴 적막이 있다. 사랑에 빠져 내 가슴을 쿵쿵 뛰게 했던 사람도 5년이 지나고 10년이 지나면 더 이상 가슴이 뛰지 않고, 집안의 가구처럼 대화 없이 살아가게 된다.

공연을 보러가고, 영화를 보러가고, 미술관, 박물관을 찾는 이유는 다 설렘을 느끼기 위해서 아닌가. 이 모든 과정이 사랑이요, 삶이다. 사람들은 삶에는 생로병사가 따르지만 사랑에는 꽃피는 봄만 있는 줄 안다. 사랑에도 춘하추동과 생로병사가 있음을 알지 못하고 사랑과 삶을 분리해 사랑에만 집착한다.
운명의 커플 앞에는 두 개의 여정이 놓여 있다. 권태 아니면 변태가 아닌가. 전자는 우울증과 각종 신경질환으로, 후자는 불륜과 막장드라마로 나타난다. 이것이 우리시대 가족의 현주소다.

황혼이혼이 늘어나는 이유도 거기에 있을 것이다. 각자 바쁘게 활동할 때에는 모르고 살던 것들이 중년을 지난 후 같이 있는 시간이 많아지면 서로 견디지 못하게 된다. 정년 이후 시간적 여유가 생기면서 그야말로 가족 간 대화의 시간이 도래했다. 그런데 왜 서로를 견딜 수 없어하는 것일까?
한 보고서에 따르면 미국에서도 황혼이혼이 점차 늘어난다고 한다. 예전에는 주로 배우자의 부정 때문이었는데 지금은 이렇게 말한다고 한다. "시간이 되었으므로", 즉 헤어질 때가 되었다는 뜻이다.

세상에서 제일 무서운 것은 가난도 아니고 걱정도 병도 아니다. 마키아벨리는 '권태'라고 했다. 외로움은 같이 사느냐, 떨어져 사느냐의 문제가 아니다. 마음의 문을 닫으면 외로워지는 것이다.

순간이 꽃봉오리인 것을

나는 가끔 후회한다
그 때 그 일이
노다지였을지도 모르는데

그 때 그 사람이
그 때 그 물건이
노다지였을지도 모르는데

더 열심히 파고들고
더 열심히 말을 걸고
더 열심히 귀 기울이고
더 열심히 사랑할 걸

반벙어리처럼
귀머거리처럼
보내지는 않았는가
우두커니처럼
더 열심히 그 순간을 사랑할 것을

모든 순간이 다 아
꽃봉오리인 것을
내 열심히 따라 피어날
꽃봉오리인 것을

— 시인 김현종 —

    이 시를 대할 때마다 모든 순간이 꽃봉오리인줄 모르고 될대로 되라는 식으로 대충 살아온 모습에 뒤통수를 한 대 얻어맞는 느낌이다. 항상 끈기가 없어 한 가지 일에 진득이 파고들지 못하고 포기해버리고 살았다.
    하루하루 순간순간이 노다지인줄 한참 뒤에 깨닫고 땅을 친다. 그 때 그 일을 더 열심히, 그 때 그 사람을 더 열심히 사랑할 것을. 꽃이든 사람이든 있을 때 잘 해야 한다.

수선화

울지 마라
외로우니까 사람이다
살아간다는 것은 외로움을 견디는 일이다.
공연히 오지 않는 전화를 기다리지 마라

눈이 오면 눈길을 걸어가고 비가 오면 빗길을 걸어가라
갈대숲에서 가슴 검은 도요새도 너를 보고 있다
가끔 하나님도 외로워서 눈물을 흘리신다

새들이 나뭇가지에 앉아있는 것도 외로움 때문이고
네가 물가에 앉아있는 것도 외로움 때문이다

산 그림자도 외로워서 하루에 한 번씩 마을로 내려온다.
종소리도 외로워서 울려 퍼진다

  정호승의 시 '수선화'를 읽으며 비가 추적추적 내리는 날씨가 짓궂고, 사랑하는 가족이 곁에 없어 더욱 외로워진다. 오지도 않는 전화를 기다린다. 세상에 나를 생각해 주는 사람 하나 없는듯하다. 산 그림자도 외로워서 하루에 한 번씩 마을로 내려온다는 시인의 말에 그만 눈물을 쏟고 만다. 외로움도 익숙해져 친구가 되는 것 같다. 외로움이 친구가 되기 위해서는 위를 보지 말고 아래를 보고 살아야 한다. 고통스럽다. 관계가 힘들어질 때는 사랑을 선택해야 한다.

  상처 많은 나무가 아름다운 무늬를 남긴다. 햇빛이 계속되면 사막이 되어버린다는 스페인 속담도 있다. 내 인생을 사막으로 만들지 않기 위해서는 고통이 필요하다. 고통은 극복하는 것이 아니라 견디는 것이다. 참된 인생의 자세는 극복의 자세가 아니라 견딤의 자세라 할 수 있다.

엄마와 숨바꼭질

※

"꼭꼭 숨어라, 머리카락 보인다."
　엄마와 나는 숨바꼭질을 자주했다. 그럴 때 나는 엄마를 금방 찾아냈다. 그런데 엄마는 오래오래 있어야 나를 찾아낸다. 나는 다락 안에 있는데 엄마는 이 방 저 방 찾아다닌다. 다락을 열고 들여다보면서도 "우리 강아지, 여기도 없네" 하며 그냥 돌아선다. 광에도 가보고 장독대 뒤도 들여다본다. 하도 답답해서 "여기 있다"고 소리치면 그제야 겨우 찾아냈다. 엄마가 왜 나를 금방 찾아내지 못하는지 나는 몰랐다.

　한번은 서당에서 몰래 도망쳐왔다. 집에 가기에는 너무 이른 것 같아 냇가에서 물장난을 치다가 돌아왔다. 시간을 적당히 때운 것으로 생각했는데 집에 들어서자마자 엄마는 왜 이렇게 일찍 왔느냐고 물었다. 어물어물 했더니 엄마는 회초리 찾아 내 종아리를 막 때린다. 아버지께서도 보고 계셨다. 나는 한나절이나 울다가 잠이 들었다. 자다가 눈을 떠보니 엄마는 내 종아리를 만지면서 울고 있었다. 왜 엄마가 우는지 나는 몰랐다.

　엄마는 베틀에서 손수 천을 짜서 새로 지은 옷을 내게 입혀 보는 것을 참으로 기뻐했다. 내게 옷을 입히는 동안 몸을 가만두지 못한다고 야단을 친다. 작년에 접어 넣었던 시접을 다 내어도 옷이 작다고 좋아하신다. 그런데 내 키가 지금도 작은 편이어서 참 미안한 일이다. 밤이면 엄마는 나를 데리고 마당에 내려가 멍석에 나란히 누워 별이 총총한 하늘을 바라보며 북두칠성을 찾아주셨다. 그리고 은하수는 별들이 모인 것이라고 일러주었다. 그때는 왜 옷이 작다고 좋아하는지, 왜 별을 바라보며 웃으셨는지 그것들을 이해할 수 없었다. 나는 그 후부터 하늘을 쳐다보는 버릇이 생겼다.

　나는 청년이 되어 결혼을 하게 되었다. 나는 꼭 함께 살자고 약속했다. 엄마는 그러자고 세 번씩이나 고개를 끄덕이셨다. 그 약속을 나도 버리고 엄마도 버리셨다. 엄마는 영영 가버릴 것을 왜 세 번씩이나 고개를 흔들었는지 지금도 나는 알 수 없다.

   고등학교 때 배운 고전시가 사모곡(思母曲)이 생각난다. 아버지도 어버이시지만 어머니의 사랑만큼은 아니라는 가사였다.
   또 풍수지탄(風樹之嘆)이라는 공자의 글도 떠오른다. 부모에게 효도를 하려고 생각한 때에는 부모는 이미 돌아가셔서 그 뜻을 이룰 수 없음을 한탄하고 슬퍼하게 됨을 이르는 말이다.

   공자가 제자들과 길을 가던 중 어떤 무덤 앞에서 목놓아 울고 있는 청년을 만난다. 사연인즉 출세하기 위해 고향을 떠나 그 동안 부모님을 봉양하지 못한 불효가 막심한데 아무것도 이룬 것 없이 고향에 돌아와 보니 부모님은 돌아가셨고 이제 이 세상 누구를 의지하고 살아가야 할지 한탄하는 것이다.
   공자는 이 청년의 애달픈 사연을 듣고 글을 짓는다.
   "나무는 고요하게 있고자 하나 바람은 그치지 않고, 자식은 부모를 봉양하고자 하나 부모님은 기다려주지 않고, 한 번 가면 오지 않는 것이 세월이요. 가시면 다시는 뵐 수 없는 분이 부모님이시구나."

사랑과 헤어짐이 이어지는 세상살이에서 느껴지는 고독과 쓸쓸함이 묻어나네요.
마치 우리의 인생도 비가 오고 바람이 불면 잎이 지는 것처럼 어김없이 찾아오는 자연의 순리와 같이 사랑, 헤어짐, 그리고 그리움을 향해가는 것 아닐까요.
사랑했던 열정도 이별의 아픔도 결국은 인생을 살아가는 한 과정일 뿐입니다.
이제 남은 시간 아껴 쓰며 언젠가 떠날 채비를 차근차근 해야 합니다.

사랑한다는 것으로

사랑한다는 것으로
새의 날개를 꺾어
자기 곁에 두려고 하지 말고
가슴에 작은 보금자리를 만들어
종일 지친 날개를 쉬게 하며
다시 날아갈
힘을 줄 수 있어야 하리라

- 시인 서정윤 -

  많은 커플들이 '사랑한다' 는 것으로 서로에게 너무 커다란 희생을 요구하고 있다. 모든 것을 포기하고 나에게만 몰입해 줄 것을 바란다. 집착이다. 날개를 꺾어 곁에 두고 그것을 사랑이라고 부른다.

  상대를 사랑한다고 하면서 서로서로 사랑의 이름으로 자기 요구만 한다. 욕심이다. 그대가 사랑하는 것이 결국 자기 자신이라면 그것은 사랑이 아니다. 눈에서 멀어지면 마음도 멀어진다고 말하지만 붙잡고 있는 것만이 사랑이 아니다. 소유를 전제로 하지 않는 최선의 상대를 만들어 줄 수 있는 그런 사랑을 하라.

  노자의 도덕경 29장에 '집자실지(執者失之)' 라 했다. 무엇인가를 끊임없이 붙잡으려고만 하는 자는 반드시 놓치고 만다는 뜻이다.

찻잔 한 개를 고르는 우리의 마음은 모양이나 무늬에 한정되어 있을 뿐
그 비어있음에는 생각이 미치지 못한다. 가령 내가 누군가의 손을 잡아주기 위해서는
내 손이 비어 있어야 가능하다.

리어왕의 비극

※

'리어왕'은 셰익스피어의 4대 비극 가운데 하나로 1608년에 발표되었는데 작품 속에 등장하는 인물들이 저질렀던 것과 아주 흡사한 실수를 오늘날도 사람들은 놀랍게 반복하고 있다.

영국의 전설적인 국왕 리어왕에게는 고네릴, 리건, 코델리아 3명의 딸이 있었다. 그가 너무 늙어 딸들에게 나라를 나누어 주기로 결정하고, 딸들이 자기를 얼마나 사랑하는가를 묻는다. 큰딸과 둘째 딸은 그들의 사랑을 과장하여 표현한다. 그러나 성실한 막내 코델리아는 효성을 다할 뿐이라고 덤덤하게 대답한다. 이에 노한 리어왕은 효성이 지극한 코델리아를 믿지 않고, 감언이설에 속아 첫째와 둘째 딸에게만 땅을 나누어 준다. 그러나 재산을 물려받은 두 딸은 아버지를 배신하고 냉대한다. 궁궐에서 쫓겨난 리어왕은 폭풍우가 몰아치는 황야를 헤매며 두 딸을 저주하고 광란한다는 작품이다.

후계를 설정할 때나, 가진 재산을 자식들에게 물려줄 때는 반드시 내 스스로 물질적 정신적으로 독립할 수 있는 기반을 마련해 놓은 다음이어야 한다. 자식에 대한 사랑도, 연인들의 사랑도 대상을 자신의 것으로 소유하려는 욕망은 결국 불행의 씨앗이 되고 만다. 내 자식을 위하여, 내가 사랑하는 사람을 위해서라는 명분아래 벌어지는 인간사의 일들이 불행의 시작인 것이다.

내 자식이다 하면서 어리석은 사람은 괴로워한다. 제 몸도 자기 것이 아닌데, 어찌 자식이 제 것이란 말인가. 세상에 누구도 자식에게만은 약하다. 하지만 내가 뭔가를 갖고 있을 때 자식과, 내가 아무것도 없을 때의 자식은 양과 이리처럼 사뭇 다르다. 자식은 내 핏줄이지만 때로는 가장 박덕한 적이 될 수도 있음을 잊지 말아야 한다. 아날로그 시대를 지나 디지털 시대로 진화하면서 효나 경로사상은 설 자리를 잃고 있다. 나도 예외가 될 수 없다.

바람이 강하게 부는 날에

✺

　새들은 바람이 강하게 부는 날 집을 짓는다.
　봄이 되어 꽃샘바람이 불어오고, 나뭇가지가 바람에 자잘하게 부러져 거리에 나뒹구는 그 까닭이 있다. 그것은 까치와 같은 작은 새들로 하여금 그런 나뭇가지로 주워 집을 지으라는 것이다.

　새들이 바람이 강하게 부는 날 집을 짓는다.
　강한 바람에도 견딜 수 있는 튼튼한 집을 짓기 위해서다. 태풍이 불어와도 새들의 집이 무너지지 않는 것은 바로 그런 까닭이다.

　바람이 고요히 그치기를 기다려 집을 지으면 집짓기가 훨씬 더 수월할 것이다. 나뭇가지를 물어오는 일도, 부리로 흙을 이기는 일도 훨씬 쉬울 것이지만 그 결과는 좋지 않을 것이다.
　바람이 강하게 부는 날 지은 집은 강한 바람에도 무너지지 않겠지만, 바람이 불지 않는 날 지은 집은 약한 바람에도 무너져 버릴 것이다. 만약 그런 집에 새들이 알을 낳는다면 알이 땅으로 떨어질 수도 있고 부화된 새끼 또한 떨어져 다치거나 죽고 말 것이다.

　새들이 나뭇가지 위에 집을 짓는 것을 보면 참으로 놀랍다. 누가 가르쳐 준 것도 아닌데 어떻게 그렇게 맞춤을 한 집을 지을 수 있는 것인지. 높은 가지 위에 지어 놓은 까치집을 보면 그것도 층층이 다세대 주택을 지어놓은 것을 보면 신기하기만 하다.

　누구나 인생이라는 집을 짓는다. 우리도 새들이 바람 강하게 부는 날 집을 짓듯이 고통이 가장 혹독할 때 인생의 집을 지어야 한다. 살다보면 태풍보다 훨씬 더 큰 비바람이 몰아칠 수 있다. 강력하고 무서운 태풍이 몰아친다고 피하지 마라. 오늘의 악조건을 이겨낸다면 내일은 분명 좋은 결실을 맺을 것이다.

어머니의 지혜와 사랑

※

한 사람의 어진 어머니는 백 사람의 교사와 견줄만하다. 지당한 말씀이다. 한 인간이 형성되기까지 그 그늘에는 어머니의 사랑과 희생과 지혜가 따르기 때문이다.

어머니의 만류를 뿌리치고 외국에 나갔다가 빈털터리가 된 아들은 굶어 죽어간다는 전보를 쳤다. 그리고 어머니로부터 즉시 회신이 도착한다.

"그래, 굶어라."

이 회신을 받아본 순간 아들은 정신이 번쩍 든다. 지금까지 어려운 일에 부딪칠 때마다 어머니에게 의존해 오던 나약한 끄나풀이 끊어진 것이다. 그는 마침내 혼자서 일어서지 않으면 안 되었다.

훗날 어머니는 그 때 일을 두고 아들에게 이런 말을 들려준다.

"굶어 죽어간다는 네 전보를 받고 정말 견디기 어려웠지만 그때 그렇게 하지 않으면 네 자신만의 힘으로 성장하지 못할 것 같았다." 그렇다. 어머니는 우리 생명의 언덕이고 뿌리다. 어머니에게 기대보고 싶을 때가 있다. 돌아가신지 오래된 지금까지도.

어느 대학병원에서 있었던 실화다. 홀어머니를 모시고 살아가던 한 청년이 그만 교통사고를 당해 두 눈을 잃게 되었다. 청년은 어머니의 정성스러운 위로와 간호에도 불구하고 깊은 좌절과 상실감에 빠져 있었다. 그러던 어느 날 한쪽 눈을 기증받게 되었다는 소식을 듣게 되었다. 그러나 그 청년은 크게 기뻐하지 않았다. 이유는 두 눈을 다 기증받아 예전과 다름없기를 고대했기 때문이었다.

청년은 한쪽 눈이라도 어떠냐는 어머니의 간청을 못 이겨 수술을 받게 되었고, 수술했던 붕대를 풀던 날 왈칵 울음을 쏟아냈다. 어머니의 한쪽 눈이 없었기 때문이다. 어머니는 아들에게 이렇게 말한다.

"애야 두 눈을 다 주고 싶었지만 이다음에 앞 못 보는 어미를 네가 돌봐야할 걸 생각하니 이럴 수밖에 없었단다."

8월의 영가

※

무정세월 강물처럼 무심코 흘러가고,
아차 한번 늙어지면, 다시 청춘 못 오나니
돈, 부귀, 명예, 학식 그까짓 게 다 뭐란 말인가

나무는 가만히 있고자 하나
바람은 한사코 봉황이나 용이 되라 등 떠미는구나
아서라 참새나 까막까치처럼 수다 떨며
재미있게 살다 가면 그만이지

오호라 강호세상 벗님네야
서로 옳다 그르다 다툴 것 무엇인가
사람 한 생 그 누구도 갈 때 보면 어디
'밸 것' 있기나 하던가

하고 싶은 것 하고 맛있는 것 먹으며
슬금슬금 놀다 가소
공중의 새가 어디 발자국 남길 쏘냐
한 세상 쩛고 까불며
있는 듯 없는 듯 살다 가시구랴

　　남자 오십, 집에 자기만의 공간이 있는 기혼남자가 몇이나 될까?

　　서민의 집에서는 아이들한테 방 하나씩 주고 나면 남는 방이 없다.
　안방은 사실 아내의 방이다. 아이 딸린 기혼남자의 방은 거실이나 마루인 것이다. 거기 한 귀퉁이에서 컴퓨터나 들여다보다 온 가족이 잠든 한밤에 야동이나 보는 게 낙인 기혼남자가 적지 않을 테다.

※

　뮈든지 돈으로 해결해야 하고 돈 들어갈 데는 천지인데, 여태 돈 버는 기계처럼 살았어도 힘에 부친다. 자식들 미래는 전망이 안 보이고 자기 노후도 불안하다. 엎친 데 덮친 격으로 일은 펑펑 터지고 울고만 싶어진다. 왜 우리 남자들은 유난히 외롭고 힘들까?

'창랑(滄浪)의 물이 맑으면 갓끈을 씻고,
창랑(滄浪)의 물이 흐리면 발을 씻는다'고 한다.
 같은 물인데 그 차이는 물이 스스로 자초한 것이다
사람도 자신을 스스로 없인 여기면 남도 없인 여기는 법.
그래서 '하늘이 만든 재앙은 피할 수 있어도 스스로
 만든 재앙에서는 빠져 나갈 길이 없다'고 한다.

아탕(Attends, 기다려)

기다림은 삶의 많은 영역에서 경쟁력 있는 요소로 작용하고 있다.

단지 우리가 그것을 인식하지 못할 뿐이다. 데이터 과학자 포웨이에 의하면 협상에서 더 나은 성과를 거두는 사람은 결코 먼저 가격을 제시하지 않으며, 시간을 벌어 협상의 속도를 늦추는 사람이다.

프로 테니스 선수들의 강력한 서브를 받을 수 있는 주요인은 빠른 발이나 눈보다는 일반인들 보다 0.05초 더 기다렸다가 반응하는 능력에 있다고 한다. 주식시장에서도 자주 팔고 사는 사람이 그저 아무것도 하지 않고 기다리는 사람보다 손해를 더 보는 게 사실이다.

우리는 뒤로 미루거나 꾸물거리는 것이 무조건 나쁜 것, 없애야 할 습관으로 인식하지만 사실 많은 경우 그것이 오히려 성공전략이라는 것이다. 기다림에 대한 인식전환이 필요한 것이다.

지하철 환승역에서는 에스컬레이터를 이용하게 된다. 높은 계단을 오르기 힘들까봐 편히 가라고 설치한 시설인데도 서둘러 뛰어오른다. 매우 위험하며 나쁜 습관이다. 외국에서는 볼 수 없는 행위다.

프랑스 엄마들이 어린아이들에게 하는 말 가운데 가장 많이 쓰는 말이 있다. '아탕' 이다. 아이가 뭘 달라고 하거나 무슨 행동을 하려고 할 때 하는 말이다. 그 말을 반복해 들으면서 아이는 모든 일에는 시간이 필요하고 기다려야 한다는 사실을 배운다. 서두르지 않는 법을 배우는 것이다. 우리 엄마들과는 대조적이다.

우리는 천천히 사는 법을 자연스럽게 익힌 경험이 없다. 짧은 인생을 서둘러 산다면 나중에 더 이상 행복을 기다릴 시간이 없게 된다. 조금 더 천천히, 조금 덜 쓰면서, 꽃에 감동할 줄 아는 삶의 질적 풍요보다 더 벌고 더 소유하는 것이 삶의 중요한 가치로 변해 버렸다. 그 결과 사회 곳곳에서 대형사고가 빈발하고 있는 것이다.

외로움과의 동행

✦

　사회학자 로버트 퍼트넘의 '나 홀로 볼링'이란 책은 미국인들이 좋아하는 볼링 인구는 늘어가지만 공동체보다는 점점 혼자서 볼링을 하는 사람이 늘어나는 역설적인 현상을 분석한 책이다. 이런 현상은 비단 미국만의 일이 아니다. 우리 사회도 점점 개인화의 길을 걷고 있다. 최근 한 조사를 보니 10년 전에 비해 혼자 극장을 찾는 관객, 혼자서 식당을 찾는 고객이 세 배나 늘어 전체 고객의 20.7%를 차지한다고 한다. 미국 성인의 50%이상이 독신이고, 이 수치는 전체 가구의 28%에 달한다고 하는데, 한국도 25.3%가 1인 가구다.

　외로움! 가족이나 친구, 동료들이 조금은 위로가 될 수 있지만 인간은 근원적인 외로움으로부터 자유로울 수 없는 존재다.
　30~40대에 느끼는 외로움과 50~60대, 그리고 은퇴 이후에 느끼는 외로움의 강도와 모습은 상당히 다르다. 사람들과 자주 어울리고 모임에 적극적으로 참여한다고 밀려오는 외로움이 해소되는 것은 아니다. 오히려 군중 속에서 고독감을 더 느낄 수 있다. 친구를 만나고, 옛 직장 동료를 만나고, 동호회 활동을 하면 조금은 나아지겠지만 집으로 돌아올 때면 혼자라는 생각이 더 강하게 들 수 있다.

　외롭다고 해서 사람을 찾고, 외로움을 피하고, 없애려고 하는 것은 바람직한 해결책이 아니다. 차라리 외로움과 함께 살아가는 방법을 찾아야 한다. 즉 혼자서도 할 수 있는 일을 찾아야 한다. 자신과 깊은 대화를 할 수 있는 걷기, 등산, 독서 등이 좋다.
　눈코 뜰 새 없는 CEO들이 틈날 때마다 높은 산을 오르고, 인문학 책들을 손에 놓지 않는 이유는 지식을 얻으려는 수단만이 아니라 책을 통해 시대를 통찰하는 것은 물론이고, 그들의 정서적 외로움을 극복하는데도 큰 도움이 되기 때문이다.

비교하면 만족은 어렵다

※

부탄은 인도와 중화인민공화국 사이의 히말라야 산맥에 있는 나라이다. 인구 74만이 좀 넘는 부탄 왕국은 국민소득보다 행복추구를 중요하게 여기며 불편한 전통을 고수하고, 경제성장이나 개발보다는 자연과 함께 하는 건강과 행복을 우선시한다.

빈부격차는 있으나 많이 가진 자는 적게 가진 자에게 나눠주는 나라이고, 돈의 가치로 행복의 기준을 삼지 않는다. 노숙자와 양로원, 고아원이 없는 나라 부탄에는 어려움에 처한 사람을 내버려 두지 않는 관습이 있다. 1인당 국민 소득이 2000달러에도 못 미치는 가난한 나라임에도 국민의 97퍼센트가 행복하다고 답하는 부탄왕국은 행복은 GDP순이 아니라는 주장의 근거로 흔히 거론되는 나라이다.

하지만 최근 들어 변화가 일어나고 있다. 컬러 TV가 보급되면서 거기서 비춰지는 화려함과 자신의 곤궁함을 비교하게 된 것이다. 2010년 부탄정부의 설문조사에서 행복하다는 국민의 수가 41%까지 내려갔다는 것이다. 이렇듯 사람은 변화와 비교에 민감하다.

자신이 지금 얼마를 가졌는지 보다는 예전 상태에 비해, 또는 남들과 견주었을 때 어떤지에 따라 느끼는 만족도가 달라진다. 내가 10만원의 소득을 냈어도 남이 20만원의 소득을 내면 만족스럽게 느끼지 못한다는 것이다.

한국은 소득 2만 달러가 넘는 시대에 접어들었지만 사회적 갈등과 불만은 예전의 1만 달러 시절보다 더욱 커졌다. TV, 신문, 인터넷 등에서 쏟아지는 온갖 정보들이 끊임없이 자신의 처지를 남과 비교하게 만든다. 절대적 빈곤도 문제지만 더 큰 문제는 상대적 빈곤에서 비롯된다. 아무리 부유한 나라도 상대적으로 가난한 사람들은 늘 존재한다. 오늘도 행복해지려면 자신의 소득에 만족하고, 타인의 소득에 민감해질 필요가 없다.

삶과 죽음을 결정하는 프레임

※

　프레임이란 어떤 물질의 틀을 말하는 것으로 심리학에서는 세상을 보는 틀이라고도 한다. 한마디로 세상을 바라보는 마음의 창이다.
　1993년에 실시한 미국 갤럽조사를 보면 85%의 사람들이 장기기증 에 동의했지만 실제로 장기기증에 서약한 사람은 28%에 불과했다. 유럽 국가들을 보면 장기기증과 관련하여 한 가지 흥미로운 사실을 발견할 수 있다. 오스트리아, 벨기에, 프랑스, 헝가리, 폴란드, 스웨덴의 장기기증 비율은 덴마크, 네덜란드, 영국, 독일과 비교해 월등하게 높다는 것이다. 장기기증 서약 비율이 두 그룹의 국가들 사이에 거의 60% 이상 차이를 보이고 있다. 무엇이 이런 차이를 만들어냈을까? 의외로 단순한 곳에서 답을 찾을 수 있다.
　장기기증 비율이 높은 국가들의 경우 정책상 모든 국민이 자동적으로 장기기증자가 되는 것을 제도화했다. 본인이 원하는 경우에 한해 장기기증을 원치 않는다는 번거로운 서류절차를 밟으면 된다. 즉 기증비율이 높은 나라는 아무런 액션을 취하지 않아도 자동적으로 기증자가 되고, 기증비율이 낮은 나라에서는 특별한 액션을 취해야만 기증자가 된다. 기증을 위한 서류절차가 필요한 것이다.

　똑같은 선택을 놓고 프레임만 바꾼 것이다. 한 쪽에서는 기증자가 되기 위한 선택으로 프레임 했고, 다른 쪽에서는 장기기증자가 되지 않기 위한 선택으로 프레임 한 것이다. 이 두 가지 정책을 각각 '탈퇴하기' 와 '가입하기' 라고 한다.
　기증에 대해 가입하기 정책을 취하는 나라에서는 아무리 기증의 필요성을 강조하고 캠페인과 교육을 실시한다 해도 효과가 크지 않다. 탈퇴하기 정책을 실시하는 나라에서는 월등히 많은 사람들이 기증을 하게 된다. 단순하게 보이는 프레임 하나가 삶과 죽음의 문제를 이처럼 좌우지할 수 있는 것이다.

솔로몬 왕의 지혜

고대 이스라엘의 솔로몬 왕 때의 이야기이다.

두 여자가 같은 집에 살면서 거의 같은 시기에 아이를 낳았다.

어느 날 밤에 자다가 한 여자가 실수로 그만 아이를 깔아서 질식사 하게 되었다. 그 여자는 죽은 아이를 다른 여자의 아이와 몰래 바꾸었다. 아침에 일어나 자기 아이가 죽어 있는 것을 발견한 여자는 자기 품에 있는 죽은 아이가 진실로 자기 아이가 아니라는 것을 알고, 자기 아이를 돌려받으려 했지만 도저히 시비를 가릴 수 없었다.

이 싸움은 솔로몬 궁전의 문무백관들이 배석한 왕 앞에서 일어났다. 이 광경을 지켜보고 있던 솔로몬 왕은 마침내 입을 열었다.

"한 사람은 산 아이가 내 아들이고 네 아들은 죽었다고 하고, 또 한 사람은 아니다 네 아들은 죽었고 내 아들이 산 아이라고 하니 시비를 가리는 것이 참으로 어렵게 됐다."

그러면서 신하들에게 칼을 하나 가져오라고 했다. 왕은 신하에게 명령을 내려 살아있는 아이를 둘로 나누어 반쪽은 이 여자에게, 또 반쪽은 저 여자에게 주라고 했다. 그러자 진짜 어머니는 제 자식을 생각하니 가슴이 메어져 왕에게 간청 했다.

"왕이시여, 그 아이를 저 여자에게 주시고 죽이지만 말아 주십시오."

그러나 다른 여자는 어차피 내 아이도, 네 아이도 아니니 나누어 갖자고 했다. 그러자 솔로몬 왕은 산 아이를 죽이지 말고 처음 여자에게 주라고 판결했다. 그녀가 참으로 진짜 어머니라는 것이 자연히 증명되었기 때문이다.

우리가 사는 세상에도 산 아이를 놓고 아이가 죽건 말건 아이의 행복과 상관없이 끝까지 시비만을 가리는 행태를 자주 본다. 성경에서 이 내용을 읽을 때마다 이런 일들이 결코 옳은 일인가 싶다.

최경창과 관기 홍랑의 사랑

※

　최경창은 율곡, 정철과 함께 교류하던 인물로 당시 우리나라 삼당 시인의 한 사람이었다. 최경창과 홍랑 두 사람은 첫눈에 반한 이후로 서로 그리워하며 만나고 헤어지기를 반복했으나 최경창은 마흔다섯 나이로 함경도 땅에서 객사하고 만다. 홍랑은 십 년이나 시묘살이를 했다. 눈부시게 아리따운 여인이 무덤 옆에 움막을 짓고 산다는 게 쉬운 일이 아니었다. 그래서 자신의 예쁜 얼굴을 칼로 난도질하여 사람이 접근하기조차 무서워하는 추녀로 만들었다.

　그리고 임진왜란이 터졌다. 27년 동안 홍랑은 최경창의 문집 자료를 수집하여 보존하고 있다가 그 난이 끝나자 최씨 문중을 찾아 최경창의 유작을 전해주었다. 그런 후 홍랑은 사랑하는 님 최경창의 묘 앞에서 목숨을 끊고 한 많은 일생을 마감한다.

　홍랑이 죽자 최씨 문중에서는 그녀를 문중 사람으로 받아들여 제사를 지냈다. 그리고 최경창 부부가 합장된 바로 아래 홍랑의 무덤을 마련해 주었다. 지금도 경기도 파주시 산자락에 그녀의 무덤이 남아있다. 고등학교 국어 교과서에 실려 있고 오늘날까지도 가장 아름다운 연시 가운데 하나로 꼽히는 시다.

묏 버들 가려 꺾어 보내노라 님에게
주무시는 창밖에 심어두고 보소서
밤비에 새 잎 나거든 나인가도 보소서

　조선시대 관기는 노예나 다름없는데 기생의 몸으로 사랑하는 사람을 위해 미친체하고 얼굴을 훼손하면서까지 수절을 한 경우는 아주 독특한 경우라 할 수 있다.

사랑은 이성의 대상이 아니라 감정의 대상이다.
그래서 한 사람의 사랑이 이런 거라고 다른 사람을 설득할 수 있는 공통의 원리가 없다.

부부는 조금씩 닮아간다

※

멀고 긴 산행 길 어느덧 해도 저물어
이제 그만 돌아와 하루를 턴다.
아찔한 벼랑을 지나 덤불 속 같은 세월에 할퀸
쓰라린 상흔과 기억을 턴다.
그런데 가만!! 이게 누구지?
아무리 털어도 떨어지지 않는 억센 가시 손 하나
나의 남루한 바지가랑이
한 자락 단단히 움켜쥐고 따라온
도꼬마리 씨 하나
왜 하필 내게 붙어 왔을까?
내가 어디서 와서 어디로 가는지도 모르고
무작정 예까지 따라온 여자
어디에 그만 안녕 떼어놓지 못하고
이러구러 함께 온 도꼬마리 씨 같은 아내여,
내친 김에 그냥
갈 때까지 가보는 거다.

— 시인 임영조의 '도꼬마리 씨 하나' —

서로가 서로에게 빚이 있다면 할부금 갚듯 정 주고 사는 거지 뭐……
  부부로 산다는 것은 서로에게 스미는 것이다. 자라온 환경도, 문화도, 심지어 말도, 피부 빛도 다른 남녀가 고락을 함께하면서 서로 아주 조금씩 닮아간다. 생각하는 것, 좋아하는 것, 말투, 심지어 얼굴까지 비슷해진다. 말로 설명할 수 없는 교감이 쌓인다. 부부로 만난 우리, 왜 하필 나이고 당신인가. 그것은 우연인가 운명인가. 시인 남편의 눈에 아내는 어느 날 산행길 바짓가랑이에 묻어온 도꼬마리 씨다. 우연인 것 같아도 필연이고 운명인 것이 부부다. 남편이 떼려야 떼어놓지 못할 사람이라고 노래하듯 아내에게도 남편은 그런 존재다.

그 때 왜 그랬지

✺

"어째서 그렇게밖에 못했지?"라는 자책에서 스스로를 사면하고 해방시키지 않고는 숨 쉬기조차 힘든 고통에서 벗어날 수 없다.

무엇이 가장 아픈가? 무엇이 가장 고통스러운가? 또 무엇이 가장 스스로를 고뇌하고 번민하게 만드는가? 도대체 무엇이?

곰곰이 생각해보니 그것은 다름 아닌 자기 자신 때문이었다. 스스로의 자책이 가장 아팠다. 그 어떤 누구의 비난과 비판과 멸시와 조롱보다도 스스로의 자해가 가장 아프고 고통스러웠다. 오기인줄 알면서도 고집하며 끝끝내 스스로를 용서할 줄 모르는 내 안의 각박함이 가장 안타까웠다. 그리고 그런 자책과 자해를 떨치지 못하는 스스로의 모습이 모든 고뇌와 번민의 근원임을 알면서도 어찌할 바 모르고 그냥 그렇게 가고 있는 자신에게서 더할 수 없는 연민마저 느껴졌다.

때로는 스스로를 용서하는 것이 쉬운 일은 아니다. 언뜻 보면 스스로에게 엄격한 것처럼 보일지 모르지만 그것은 결국 스스로를 옥죄고 불행하게 만들 뿐이다. 스스로를 용서한다는 것은 지나온 날들 속의 회한과 후회로부터 나 스스로를 자유롭게 하는 것이다.

동이 트려면 가장 어두운 시간을 지나야 한다. 그때가 여명이요, 미명이다. 정말 어둡다. 그러나 그 시간이 지나면 밝음이 몰려온다. 누구도 막을 수 없다. 이미 어둠은 밝음을 잉태하고 있었는지 모른다.

"사람은 나이가 들어서 늙는 게 아니라 후회가 꿈을 대신하는 순간부터 늙기 시작한다"라고 전 미국 대통령 지미 카터는 말한다. 그는 스스로를 용납하고, 인정하고, 용서할 줄 알았다. 그는 56세라는 창창한 나이에 재선에 실패한 무기력한 존재였지만 퇴임 후에 오히려 현직에 있을 때보다 더욱 빛나고 가치 있는 삶을 살 수 있었다.

감옥과 수도원

※

   고노스케는 "감옥과 수도원의 공통점은 세상과 고립되어 있다는 점이다. 차이가 있다면 불평을 하느냐, 감사해 하느냐 그 차이뿐이다. 감옥이라도 감사해 하면 수도원이 될 수 있다" 는 말을 즐겨했다.
   성스러운 수도자와 흉악한 범죄자는 인간생활의 양극단이다. 세속적인 욕망을 억제하고 영원한 진리를 추구하며 수행하는 공간 수도원과, 세속적 욕망이 넘쳐흘러 저지른 죄악에 따른 대가를 치르는 공간인 감옥과의 간격은 천당과 지옥만큼이나 먼 것이다. 그러나 수도원과 감옥은 의외로 공통점이 많은 공간이다.

   먼저 갇혀 지낸다는 점이다. 제 발로 들어온 수도원과 남의 손에 끌려온 감옥, 어쨌든 자유롭게 드나들지는 못한다. 잠깐 동안의 외출로 담장 밖 세상에 나올 수는 있지만 기본 생활은 제한되어 있다.
   또 하나는 모두 엄격한 규율에 따라 생활한다는 점이다. 수도원의 일과는 규칙적이다. 새벽에 일어나서 하루 종일 정해진 일과에 따라 움직인다. 감옥도 마찬가지로 기상, 식사, 세면, 작업, 취침 등 일정한 시간표에 따라야 하는 철저한 단체생활을 한다.
   마지막으로 식사와 잠자리가 소박하다는 점이다. 호화로운 식사와 잠자리는 정신을 수련하는 수도자에게는 오히려 방해가 될 것이고, 대가를 치르는 죄수에게는 사치일 뿐이다. 육신을 유지하는 최소한의 수준이 당연한 것이다.

   이렇듯 수도원과 감옥은 공통점이 많은 공간이지만 그 안에서 생활하는 사람은 천지 차이이다. 수도사들에게 수도원은 감사와 행복의 공간이다. 마음만 바꾸면 자기 발로 언제든지 나갈 수 있지만 닫힌 공간에서 기쁘게 생활하며 평생을 보낸다. 반면 죄수들에게 감옥은 고통의 공간이다. 나갈 날만 손꼽아 기다리며 하루하루를 견딘다.

시크릿을 읽고 나서

※

'The secret'은 이 세상에서 가장 성공적으로 살다간 1%의 사람들만 알고 있는 성공의 비밀을 말하는 책으로 여기에 이런 이야기가 나온다. 이 세상의 모든 것은 에너지로 구성돼 있고 이것들은 서로 끌어당긴다는 것이다. 바로 끌어당김의 법칙이다.

예컨대 사람들도 모두 에너지로 이루어져 있기 때문에 서로 강력히 끌어당기기도 하고, 강력히 밀어내기도 한다. 미모도 에너지이기 때문에 예쁜 여성이 있으면 그 미모에 끌려온다. 돈도 마찬가지다. 돈이 많으면 사람들이 더 몰려온다. 권력도 엄청난 에너지이기는 마찬가지다. 권력가 주변에는 사람들이 차고 넘치게 되어있다.

그런데 미모도, 돈도, 권력도 없는 우리네 같은 평범한 사람들은 아무도 끌어당길 수 없단 말인가? 만일 끌어당김의 법칙이 그런 것이라면 대단히 슬프고 절망적인 법칙일 것이다. 하지만 다행히도 그렇지는 않다. 그런 것이 없어도 세상을 끌어당길 방법은 많다.

가령 내가 어떤 사람에게 활짝 미소를 지어주면 그 사람이 나에게 호감을 보내온다. 또 내가 누군가에게 진심어린 칭찬을 건네면 그 사람은 내게 보답이라는 에너지를 보내올 것이다.

이처럼 보답이라는 에너지를 받는데 중요한 원칙이 있다. 그것은 내가 먼저 주는 것이다. 내가 줄 수 있는 것을 다 줘야한다. 즐거움도 주고, 꿈과 판타지와 세상을 아름답게 하는 좋은 생각도 주고, 어려울 때 도와주고, 예상하지 못한 시간과 장소에서 무엇인가 소중한 것을 먼저 주어야 한다. 그래야 그 사람의 마음이 내게 온다. 내가 많이 줄수록 손해인 것 같지만, 역설적으로 상대의 마음을 움직이게 만들 수 있다면 더 큰 것이 돌아오게 되어 있다.

이것이 세상의 이치이고 1%의 성공한 사람들의 비밀이다.

성경에도 주는 것이 받는 것보다 복이 있다고 했다.

혹한에서 따뜻함

어제 영국에서는 혹한과 폭설로 교통은 물론 모든 생산활동이 두절되었다는 뉴스가 나온다. TV 속 눈발이 날리는 장면을 보며 예전에 들었던 실화가 떠올랐다. 수십 년 전 영국에서 있었던 일이다.

한 젊은 여인이 어린 아이를 안은 채 산을 넘고 있었다. 친정에 갔다 돌아오는 중이었다. 그날따라 갑자기 강풍과 폭설이 매섭게 휘몰아쳤다. 하얀 눈이 순식간에 길을 지워 버렸고 겨울의 태양도 일찍이 산 너머로 지고 말았다. 여인은 길을 잃은 채 방황하다가 눈 속에 묻히고 말았다.

이튿날 구조대는 아기를 안은 여인의 모습을 한 눈사람을 발견한다. 그런데 그 눈사람 속에서 여인의 나신이 드러났다. 여인은 자신의 옷을 모두 벗어 아기의 몸을 감싼 채 동사했다. 아기는 살아있었다. 어머니의 숭고한 희생과 사랑이 아기의 생명을 구한 것이다.

잘 자란 아이는 후에 영국의 변호사 시험에 합격한다. 오랜 세월 가슴에 묻어 두었던 그 위대한 죽음에 대한 이야기를 숙부가 털어 놓았다. 곧바로 그 청년은 혹한의 겨울에 어머니의 무덤을 찾는다.

청년은 자신이 입고 있던 외투와 양복과 속옷을 하나씩 벗어 어머니의 무덤을 덮는다. 청년은 발가벗은 몸으로 어머니의 무덤을 껴안으며 울부짖는다. 어머니 그 때는 지금 저보다 훨씬 추우셨지요?

어린 핏덩이를 살리기 위해 스스로 생명을 내던지신 어머니의 은혜를 어떻게 갚아야 하나요?

그 위대한 어머니로 인해 생명을 구원받은 청년의 이름은 '데이비드 조지'로 1차 세계 대전 당시 영국의 국방 장관을 지낸 지도자 이다. 지금도 영국 사람들은 혹한의 겨울이 오면 '데이비드 조지'의 이야기를 떠올리며 추위를 이긴다고 한다.

순간의 머뭇거림

※

"할아버지 사는 게 왜 이렇게 힘들어요?"
아버지를 잃은 제레미와 그의 할아버지 사이의 대화는 이렇게 시작된다. 할아버지는 인디언으로써 정기교육을 받아본 적이 없는 시골 농부일 뿐이지만 제레미의 물음에 마음을 다해 대답한다.
"인생이란 양지를 걸을 때도 있고 음지를 걸을 때도 있지. 넘어져 봐야 일어설지 알 수 있고, 굶주려 보지 않으면 풍요로움에 감사할 줄 모른다. 한 번씩 한 순간씩 이겨내다 보면 강해진단다. 영웅들도 갈림길에서 갈등을 하지만 그러나 갈 길을 멈추는 일은 없단다. 살다보면 누구나 신중히 결정해야 할 갈림길을 만나게 된다."

갈림길에서 '어느 쪽으로 가야 하나' 하는 순간의 머뭇거림은 인류의 조상들로부터 오늘의 구도자에 이르기까지 예외가 아니다.
기원전 20세기 아브라함은 메소포타미아에서 당시 최고의 부자인 데라의 아들로 태어났다. 어느 날 신이 갑자기 아브라함에게 나타났다. 그리고 아브라함에게 모든 것을 포기하고 하나님이 지시하는 땅으로 가라고 명령했다. 그는 모든 기득권을 포기해야 하는 갈등 속에서 미지의 세계로 떠나야 할 것인가로 머뭇거리다 그 명령이 이해되지 않았지만 신의 의지대로 발길을 내딛는다. 그로부터 인류는 위대한 종교의 탄생을 보게 된다.

그렇다. 갈림길에서 머뭇거리고 갈등하게 될 때 눈을 감고 그냥 지나가기만을 기다리면 안 된다. 옳은 결정을 내려달라고 기도해야 한다.

인간의 삶에서 몸담고 있는 물리적 공간 자체보다 그 공간에서 보내는 시간을
어떤 마음으로 보내느냐가 더 중요하다. 모든 현실은 결국 마음이 지어내는 것이라는
일체유심조(一切唯心造)와 통하는 깨달음이다.

겨울 꽃 동백

※

　겨울철의 상징 동백, 겨울에 피는 꽃들은 개화 시기가 비교적 길다.
　한겨울에 여린 살갗의 꽃잎을 연다는 것만으로도 기특한 일인데 매운 눈보라에 맞서 오랫동안 꽃을 피우는 강인함까지 갖춰 더 신비스럽다. 그런데 여기에는 까닭이 있다. 계절과 무관하게 식물이 꽃을 피우는 가장 중요한 목적은 자손 번식에 있다. 하나의 개체라도 더 늘리려는 생존 본능에 따라 씨앗을 맺으려고 꽃잎을 연다.
　그런데 봄, 여름과 달리 겨울에는 꽃가루받이를 도와줄 곤충의 수가 적다. 추운 겨울에 꽃을 피운 목적을 이루기 위해서는 어떻게든 벌, 나비의 눈에 들어야 한다. 하나같이 화려한 색깔과 모양으로 피어나는 것도 그런 생존전략의 결과이다. 매운 바람을 견디기 위해 더 강해야 하고, 곤충의 눈에 들기 위해서 더 아름다워야 한다.
　오지 않는 곤충을 기다리다 지친 동백꽃은 아예 동박새라는 작은 텃새에게 꽃가루받이를 맡기고 기다린다. 목적을 위해서는 화려한 매무새와 오랜 기다림이 필수다. 바람 모질고 눈보라 몰아쳐도 꽃가루받이에 성공할 때까지는 시들어 떨어지지 말아야 한다. 더 강해져야 한다. 사람도, 식물도, 모진 바람 맞으며 더 강해지고 오랜 기다림 끝에 더 아름다워지는 건 똑같은 이치인가 싶다.

　어느 날 조개의 여린 살 속에 모래알 하나가 들어와 박혀 상처를 내고, 그 상처를 감싸고 또 감싸는 중에 진주가 만들어진다. 진주는 그 상처의 아픔을 극복하고 나온 선물이다.
　썰물 때 배는 갯벌 속에 좌초된 배처럼 보인다. 하지만 바닷물이 들어오면 그 배는 다시 목적지를 향해 항해를 시작한다. 절망하지 마라. 바닷물이 들어오고 있다.
　동트기 전이 가장 어둡다고 하지 않던가? 인생의 무게가 더 심해지는 이유는 승리의 날이 가까이 왔기 때문이다.

큰 사람

※

어떤 형제가 있었다. 형이 크게 성공을 해서 부자가 되었고, 동생에게 새 자동차를 선물했다. 동생은 새 자동차를 타고 집으로 돌아오면서 잘 알고 지내던 어린아이를 만났다.
"아저씨 새 자동차 사셨네요?"
"아니, 내가 산 게 아니고 우리 형이 선물로 사 주셨어."
"정말 부러워요."
"너무 부러워하지 마라. 너도 장차 크면 이렇게 좋은 선물을 받을 날이 올 거야."
어린 아이는 이렇게 대답했다.
"저는 선물 받은 게 부러운 것이 아니라 동생에게 선물을 해줄 수 있는 형이 부러운 거예요. 나도 빨리 커서 동생에게 좋은 것을 선물하는 형이 될 거예요."

무엇을 부러워하는가에 따라 그릇이 달라진다.
장학금을 받는 사람이 있다. 받는 것을 부러워하는 사람이 있고, 장학금을 주는 사람을 부러워하는 사람이 있다.
보는 관점에 따라서 그 사람의 미래가 달라진다.
편협한 사람은 받지 못했다는 피해의식에 사로잡혀 억울함과 분노 속에 살아간다. 그러나 입장을 달리해 볼 수 있는 사람은 더 큰 섬김을 위해 나가는 큰 사람이 될 것이다.

내가 진정으로 눈앞의 사소한 행복에 만족할 줄 알게 되면, 남의 행복이 부럽기보다는 남의 불행에 진심으로 아파하는 마음이 더 커질 것이다.
이 사소한 행복이 얼마나 소중한지를 깨닫는 다면 타인의 행복을 질투할 여력이 없다.
난 아직 행복할 준비가 되지 않았다는 자기 학대는 던져버려라.

두 마음

어떤 부잣집에 무남독녀가 있었다. 부모는 딸을 귀엽게 잘 키웠고 시집갈 혼기가 되었다. 어느 날 중매쟁이가 찾아와서 말한다.

"어르신 동쪽에 아주 좋은 신랑감이 있는데 집안이 굉장히 부자입니다. 그러나 한 가지 흠이라면 좀 모자라는 것입니다."

다른 중매쟁이가 찾아와서 말한다.

"서쪽에 좋은 신랑감이 있는데 그 사람은 인물이 좋고 아는 것도 많습니다. 그러나 한 가지 흠이라면 가난한 것입니다."

아버지는 고민이 되었다. 그는 딸을 불러서 직접 물어 보았다.

"아가야, 너는 동쪽 사람이 맘에 드느냐, 서쪽 사람이 맘에 드느냐?"

딸이 대답을 하지 않자 아버지가 다시 물었다.

"아가야, 말하기 거북하면 이렇게 해라. 동쪽사람이 좋으면 오른쪽 옷소매를 걷고, 서쪽사람이 좋으면 왼쪽 옷소매를 걷어라."

그랬더니 딸이 기다렸다는 듯이 두 옷소매를 걷는다.

깜짝 놀란 아버지가 "아가야 이게 어찌된 일이냐"고 물었다.

그때 딸이 이렇게 말했다고 한다.

"동쪽사람은 사람이 좀 모자라긴 하지만 돈이 많으니 밥은 동쪽 집에서 먹고, 서쪽사람은 가난하지만 사람이 똑똑하니까 잠은 서쪽 집에서 자겠습니다."

여기서 나온 말이 '동가식 서가숙(東家食西家宿)', 동쪽 집에서 밥 먹고 서쪽 집에서 잔다는 뜻이다. 이 얼마나 탐욕스런 대답인가?

인생이 고달프면 부모형제 친구를 찾고, 일이 잘 풀리고 형통하면 나 몰라라 혼자서만 즐기고 사는 사람이 부지기수다. 이익을 쫓아 간에 붙었다가 쓸개에 붙었다가 겉과 속이 다르게 사는 사람이다.

이런 사람은 결국은 여기도 저기도 정착할 수 없게 되고 거처 없이 떠돌아다니게 된다.

고르고 골라도

※

　서로 덕을 보자고 하는 마음으로 만나 결혼을 한다. 그런 마음으로 살아가기 때문에 다툼이 일어난다. 손해 볼 마음이 눈곱만큼도 없기 때문에 싸움이 시작된다. 베풀어 주겠다는 마음으로 결혼을 한다면 길 가는 사람 아무하고나 결혼해도 문제가 없을 것이다.

　그런데 덕 보겠다는 생각으로 고르고 고르면 몇 백 중에 고르고 골랐어도 막상 선택한 순간 제일 엉뚱한 것을 고른 게 된다. 제일 중요한 것은 결혼하는 순간부터 덕 보겠다는 생각을 버리는 것이다.
　내가 아내에게, 내가 남편에게 무엇을 해줄 수 있을까?
　내가 그래도 저 사람과 살면서, 저 사람이 나하고 살면서 덕 좀 봤다는 생각이 들도록 해줘야 하지 않겠는가. 이렇게만 생각하면 결혼해 살아가는데 아무 지장이 없을 것 같기에 해보는 말이다.

　나를 사랑하는 사람과 결혼하면 편리하게 살 수 있고, 내가 사랑하는 사람과 결혼하면 행복하게 살 수 있을 것 같은데……
　내가 사랑하지 않는 사람은 내 종이 될 수밖에 없고, 종과 같이 살면 생활은 편리해질 수 있지만 행복해질 수는 없을 것 같다.

　결혼의 목적이 무거운 짐을 함께 나누어지기 위한 것이라면 불만도 이혼도 없을 것이다. 그런데 내가 행복해지기 위해서 하는 것이라면 이혼은 전제되어 있다. 결혼은 끝없는 인내와 이해가 받쳐주어야 하며, 결혼은 행복이 아니고 섬김이어야 한다. 더 줄 수 없어 안타까워할 때 가장 진한 사랑을 느낄 수 있다.

여자가 몸으로 벌어가며 남자 뒷바라지를 한다. 이런 커플은 필연적으로 파경이 온다.
남자는 여자에게 관심이 있을 때만 돈을 쓴다.
이때 여자는 고맙다기보다 너 만나주는 것만으로도 은혜로 생각하라고 해야 정석이다.

아버지의 기도

✺

　더글러스 맥아더 장군은 훌륭한 군인이기도 했지만 좋은 아버지이기도 했다. 그가 자기 아들을 위해 바쳤다는 기도문을 함께 읽어 보면서 우리를 반성해보자.

저의 자식을 이러한 인간이 되게 하소서.

약할 때 자기를 잘 분별 할 수 있는 힘과 두려울 때 자신을 잃지 않을
용기를 가지고 정직한 패배에 부끄러워하지 않고 태연하며
승리에 겸손하고 온유할 수 있는 사람이 되게 하소서.
그를 요행과 안락의 길로 인도하지 마시고 곤란과 고통의 길에서
항거 할 줄 알게 하시고 폭풍우 속에서도 일어설 줄 알며
패배한 자를 불쌍히 여길 줄 알도록 하소서.
그의 마음을 깨끗이 하고 목표는 높게 하시고 남을 다스리기 전에
자신을 다스리게 하시며 미래를 지향하는 동시에 과거를 잊지 않게 하소서.
유머를 알게 하시어 인생을 엄숙히 살아가면서도 삶을 즐길 줄 아는 마음과
자기 자신을 너무 드러내지 않고 겸손한 마음을 갖게 하소서.
그리고 참으로 위대한 것은 소박한데 있다는 것과 참된 힘은
너그러움에 있다는 것을 항상 명심하도록 하소서.

그리하여 그의 아비인 저는 헛된 인생을 살지 않았노라고
나직이 속삭이게 하소서.

　자식은 부모를 거쳐 이 세상에 나오긴 했지만 부모의 것은 아니다.
　다른 일은 다 마음대로 할 수 있지만 자식 일만은 부모 마음대로 되지 않는다고 하지 않던가. 부모는 자식에게 사랑을 줄 것이지, 부모의 생각이나 관념으로 옭아매려고 해서는 안 된다.
　그래서 부모는 기도할 뿐이다.

호기심을 잃지 말자

※

　95세에 생을 마감하는 순간까지도 배움을 실천했던 현대 경영학의 창시자 피터 드러커는 "인간이 호기심을 잃으면 늙는다"고 말했다.
　살다보면 예전에 내가 미처 모르고 있었던 나만의 재능을 발견하고 스스로 놀랄 때가 있다. 연륜이 더해갈수록 관심분야에 몰두하며 건전한 긴장감으로 배움의 끈을 놓지 않고 사는 삶이야말로 보기에도 참 좋다.

　경영학에서 드러커가 말하고자 하는 바는 단순명쾌하다.
　"자신의 강점에 집중하라. 강점을 개선하라.
　오만을 버리고 나쁜 습관을 고쳐라."
　약점을 보완하는 것에 초점을 두는 것이 아니라, 자신의 강점에 집중하는 것이 중요하다는 것이다. 사람들은 자신의 강점을 더 큰 강점으로 만들기보다는 약점을 보완하기 위해 에너지를 쏟아 붓는다.

　순자는 배움이 주는 무게에 대해 이렇게 말했다.
　"쪽풀에서 짜내어 염색한 남색은 쪽풀보다 더 푸르고, 또 얼음은 물이 언 것이지만 물보다 훨씬 차갑다."

'희망에는 많은 역풍이 있다.'
그걸 견뎌내는 내공이 필요하다. 쓰러지지 말고 가라. 심기일전하라.
인생을 길게 보며 작은 승부에 일희일비하지 말고, 막다른 골목을
마주했을 때라도 절망의 벼랑 끝에 섰을지라도 바로 그 순간
우리에겐 아직도 가야 할 길이 남아 있음을 기억하라.

당신은 피해자인가

※

　얼마 전 미국 샌디에이고의 주택가에 미국 전투기가 추락하면서 집에 있던 아내 그리고 장모와 두 딸 4명이 사망하는 사고가 있었다. 사랑하는 가족을 잃은 윤동윤씨가 기자와의 인터뷰에서 한 말이다.
　"조종사도 사고를 막기 위해 최선을 다했을 것입니다."
　놀랍게도 그의 첫 마디는 전투기 조종사에 대한 용서였다. 그 용서의 메시지가 미국 전 국민들에게 감동을 주면서 여기저기서 후원금을 보내오기 시작했고, 윤동윤씨는 그 후원금을 한국과 미국에 자선기금으로 모두 내놓았다. 당신은 피해자인가? 용서하는 기회를 잡아라. 이 거룩한 용서가 팍팍한 우리 사회에 잔잔한 감동으로 다가온다. 세상에 가장 보기 싫은 게 피해자가 독해지는 것이다. 피해를 입은 것은 안타까운 일이다. 피해자가 독해지고 무너지는 모습은 더 안타깝다. 예수는 일곱 번씩 일흔 번이라도 용서하라고 한다.

　일본의 어떤 마을에 높은 인격을 가진 존경받는 스승이 있었는데 이 스승을 따르던 처녀 하나가 결혼도 하기 전에 아이를 낳았다. 처녀의 부모는 딸에게 누구의 아이냐고 다그쳤고, 딸은 두렵고 당황하여 엉겁결에 스승의 아이라고 대답했다. 이 말을 들은 부모와 마을 사람들이 몽둥이를 들고 스승의 집으로 쳐들어가 집을 다 부수어 버렸다. 그리고는 당신 아이이니 당신이 길러야 한다고 아이를 주고 왔다. 스승은 아무 말 없이 사랑으로 그 아이를 기른다.
　몇 년 후 아이를 낳은 처녀도 결혼을 했다. 그러면서 부모님에게 아이의 아빠는 지금의 남편이라고 고백한다. 마을 사람들과 이 여인의 부모는 스승을 찾아가 사죄하며 아이를 데려가기를 청했고, 스승은 당연히 부모가 키워야 한다며 정든 아이를 돌려준다. 이 스승은 어떤 상황에서도 누구도 피해자로 만들지 않았다. 어떤 상황이 오던지 모든 상황을 누리고 다스릴 줄 아는 사람이다.

벽계수의 낙마곡

청산리**벽계수**(靑山里碧溪水)   청산리 벽계수야
막과이이거(莫誇易移去)   수이감을 자랑마라
일도창해부복환(一到滄海不復還)   일도창해하면 다시오기 어렵건만
명월만공산(明月滿空山)   명월이 만공산하니
잠류저거약하(暫休沮去若何)   잠시 쉬어간들 어떠하리

깊은 산에 흐르는 푸른 계곡물아, 쉽게 흘러가는 것을 자랑스러워 마라.
한 번 바다로 나가게 되면 돌아오기 어려우니,
밝은 달이 휘영청 밝았는데 쉬어 가는 게 어떠하리.

    풍류에 명사가 아니면 거들떠보지도 않는다는 소문을 들은 세종대왕의 손자벌인 벽계수가 황진이를 만나기로 한다. 벽계수가 나귀를 타고 달밤에 송악산 만월대에 이르니 소복차림을 한 황진이가 그를 쳐다보며 이 노래를 부르는지라. 벽계수가 마음이 황홀하여 자신도 모르게 나귀 등에서 내렸다하여 벽계수의 낙마곡이라 부른다. 황진이는 조선 명조시대 개성의 명기이자 여류 시인으로 당시 석학들과 시주(詩酒)를 교류하였으며 시·서·음율·묵화 등에 능한 당대 최고의 미모와 지성을 겸비한 기녀였다.

    그런 황진이를 거부한 남자가 있었으니 그가 바로 화담 서경덕이다. 그녀의 갖은 유혹에도 넘어가지 않은 첫 번째 남자로 황진이는 그를 가장 존경하는 스승으로 모셨다고 한다.
    화담 서경덕의 '독서유감(讀書有感)'이라는 시다.

독서하던 그때는 천하에 뜻을 두었으나 세월이 흘러 안빈낙도가 도리어 달갑구나.
부귀는 다툼이 있어 손대기 어렵지만 자연은 금함이 없어 가히 몸이 편안하네.
산나물 캐고 물고기 낚아 배를 채우고 달을 노래하고 바람을 읊어 마음을 펼치네.
학문에 이르러 의심이 없고 시원히 트여 아니, 백년 인생에서 허망함을 면하게 하네.

사육되는 아이들

※

　양계업을 하는 친척집에 얼마간 머물러 있으면서 닭들이 자라는 것을 지켜본 경험이 있다. 인공으로 부화된 수많은 병아리들이 엄마 닭을 모르고 큰다. 엄마 닭을 따라다니면서 마당이나 풀밭으로 나들이 해본 일이 없다. 엄마 닭의 날갯죽지 사이로 숨바꼭질 해본 일도 없다. 그저 좁디좁은 일정한 공간에 갇혀 기계가 자동으로 주는 사료를 먹으며 사육된다.
　기러기는 알에서 태어나 처음 본 것을 어미로 머릿속에 기억하는 임프린팅 현상을 보인다. 영화 '아름다운 비행'에서 기러기 새끼들이 자기들을 부화시킨 소년을 어미로 생각하고 따라다니는 것을 볼 수 있다. 병아리들은 무엇을 어미로 기억하고 있을까? 양계장의 병아리를 보면서 오늘의 우리 아이들을 생각해 보았다.

　오늘의 우리 아이들은 과연 양육되고 있는가? 사육되고 있는가?
　태어나면서부터 분유를 먹으며 볼에 닿는 부드럽고 따뜻한 엄마의 가슴과 엄마의 냄새를 잃었다. 엄마의 얼굴만 바라볼 뿐 제한된 스킨십으로 아쉬워한다. 엄마의 가슴이나 등 대신 보행기에 앉혀진다. 돌이 지나며 어린이집에 맡겨지고, 더 자라면 각종 학원에 맡겨진다.
　돈이라는 게 참 편리하다. 조기교육을 앞세워 엄마들에게 자유시간이 생겼다. 모든 것을 돈으로 해결하려는 버릇이 생긴다. 편의주의가 빠진 우리는 돈이라는 사료로 아이들을 사육하고 있지는 않는지 생각해봐야 한다. 그러고 보니 옛날의 우리는 너무 행복하게 자랐다.
　기러기는 머릿속에 어미를 새기지만 사람은 가슴에 새기고 산다.
　내 아이에게 나는 무엇인가? 내 아이의 가슴속에 나는 어떤 모습으로 남아 있을까? 우리는 병아리나 기러기를 기르는 것이 아니라 사람을 기르고 있다. 사람은 돈이란 사료로 길러지지 않는다. 먼 훗날 내 아이가 나는 동물처럼 사육되어 자랐다고 한다면 어찌해야 할까.

죽음의 그림자

✺

'모리와 함께한 화요일'이란 책 가운데 이런 말이 있다. '모두들 죽게 된다는 것은 알고 있지만 자기가 죽는다고 믿는 사람은 없다.'

우리는 하루의 삶 속에서도 수많은 죽음들을 목격한다. 그럼에도 나와는 상관없는 것처럼 지나친다. 중요한 것은 우리가 죽음을 어떻게 인식하든 죽음의 문제는 피할 수 없는 문제라는 것이다.

나이가 들수록 죽음의 그림자는 우리 곁으로 바짝 다가오고 있다.

세월의 속도는 나이에 비례한다는 말이 있다. 시인 김달님은 세월 따라 늙어가는 인생의 덧없음을 한탄하며 60세는 해마다 늙고, 70세는 달마다 늙고, 80세에는 날마다 늙고, 90세에는 시마다 늙는다고 말한다.

허진호 감독의 '봄 날은 간다'라는 영화가 있다. 사랑도 생로병사와 같은 것, 꽃피고 따뜻한 아름답던 계절도 어느덧 지나간다. 사랑에도 한계효용 체감의 법칙이 있다. 즉 유통기한이 있다는 것이다.

요즈음 말하는 쿨한 사랑이란 작업의 달인들이나 추구하는 짓. 그런 사랑이란 유통기한이 아주 짧다. 그러니 마음은 늘 외로워진다. 그래서 쿨한 사랑을 또 찾아 작업을 한다. 천하의 바람둥이들은 혼외정사를 소변보는 일 정도로 여길 만큼 여성편력이 심하다. 인간은 내가 누군가를 영원히 사랑하기는 원치 않으면서도 누군가가 나를 그렇게 사랑해주기를 바라는 이기적 욕망을 가진다.

'가을비'란 도종환의 시다.

어제 우리가 함께 사랑하던 자리에 오늘 가을비가 내립니다.
우리가 서로 사랑하는 동안 함께 서서 바라보던 숲에 잎들이 지고 있습니다.
어제 우리 사랑하고 오늘 낙엽 지는 자리에 남아 그리워하다
내일 이 자리를 뜨고 나면 바람만이 불겠지요.
바람이 부는 동안 또 많은 사람들이 서로 사랑하고 헤어져 그리워하며
한 세상 살다가 가겠지요.

세상에 악한 부모는 없다

소학에 '천하무불시저부모(天下無不是底父母)', 천하에 악한 부모 없다는 말이 나온다. 모든 아버지는 자식을 지키고 가르치고 키우는데 있어서 하나같이 최선을 다한다. 시인 김현승은 '아버지의 마음'이라는 시에서 '아버지의 눈에는 눈물이 보이지 않으나 아버지가 마시는 술에는 눈물이 절반이다'라고 했다.

얼마 전 캄보디아에 추락한 비행기 잔해에서 시신을 수습하던 중 KBS 기자 조종옥씨와 생후 아홉 달 된 아들이 조종석 바로 뒷좌석에서 꼭 끌어안은 채 숨져 있는 것을 발견했다. 아버지는 한쪽 팔로 아들의 몸을 둘러 겨드랑이에 품고 있었다. 혈육에게 들이닥친 죽음을 그 마지막 순간까지 막아보려 했는지 아버지의 한 팔은 떨어져나가 있었다. 최후를 맞으면서도 아이를 감싼 눈물겨운 부정에 수습할 생각도 잊은 채 한동안 멍하니 바라만 보고 있었다고 한다.

어머니가 부드러움과 자애라면 아버지는 엄격함의 상징이다. 그렇다고 아버지의 사랑이 어머니만 못할 리 없다. 그걸 표현하기가 서툴 뿐이다. 겉으론 무뚝뚝해도 안으론 항상 자식들이 안쓰럽다. 부정이란 곰삭은 정, 속 깊은 정이다.
　가시고기는 자식을 위해 몸을 내어준다. 죽을 때도 새끼들이 있는 쪽으로 머리를 돌리고 죽는다고 한다. 조종옥씨 부자의 마지막 모습에서 아버지의 무조건적인 사랑, 무한한 사랑을 다시 본다.

스스로 나는 약자라고 생각하고 그것을 바꿀 수 없다고 생각하는 순간 운명이 된다.
'하늘이 내린 재앙은 오히려 피할 수 있으나
인간 스스로 부른 재앙은 회복할 수 없다'고 한다.

매몰비용(sunk cost)

※

　매몰비용이란 회수가 불가능한 비용으로 현재 다시 쓸 수 없는 비용을 말한다. 경제학에 있어 매몰비용은 이미 지출되었기 때문에 합리적 선택을 할 때 고려되어서는 안 되는 비용이다. 파생시장에 참여했다가 손실된 투자액 또한 회수 불가능한 비용으로 보고 잊어야 하는데 본전생각이 머리에서 떠나지 않는다.
　손실된 본전생각을 잊지 않고서는 시장의 변화를 읽을 수 없어 손실만 눈덩이처럼 불어날 뿐이다. 차라리 시장에서 떠나야 맞다.
　가령 엄청난 시간과 정성을 쏟아 부었다고 해서, 손실된 본전이 아까워서 아니란 걸 알면서도 매매를 계속한다면 그게 바로 매몰비용에 대한 집착이며 함정이다.

　연인관계를 예로 들어보자. 더 이상 사랑하지 않거나 상대방에게 극복할 수 없는 문제가 있는 줄 알면서도 그 동안 함께 보낸 시간이 아까워 헤어지지 못하는 연인들이 많다. 함께한 나날들, 엄청난 교제비용, 그와 싸우며 뜬 눈으로 지새운 수많은 밤, 내 욕망을 포기해가며 기꺼이 감수했던 희생, 연애에 몰두하느라 다른 일을 아무것도 못했다는 억울함, 남 주기는 아까운 상대의 알량한 조건들, 이제 헤어지면 또 다른 사람을 만날 수 있을까 하는 불안감 등 하지만 아닌 건 아니다. 더는 신뢰하지 않으면서도 떠나지 못하는 이유가 정 때문이라는 사람이 있다. 그 동안 함께 보낸 추억과 시간도 소중하지만 현재의 내 행복이 더 소중하지 않은가?

　바둑 10계에는 버리라는 계명이 많다. 사소취대(捨小取大), 작은 것을 버리고 큰 것을 취하라. 봉위수기(逢危須棄), 위기가 닥치면 과감히 돌을 버려라. 우리 인생사에도 적용되는 삶의 경구이지만, 채우려면 비워야 한다는 것이다.

부자의 대열에 서라

※

　탈무드에 보면 '가난해도 부자의 대열에 서라'는 말이 나온다.
　세상에는 부자와 가난한 자가 있게 마련이다. 부자가 되려면 부자와 친해져야 한다. 부자의 대열에 서라는 것은 가진 것도 없이 무절제하게 살라는 이야기가 아니라 부자가 생각하는 방식을 배우고 부자가 행동하는 방식을 따라 행하라는 이야기이다. 그들의 근검절약을 배우고, 그들이 종자돈을 만들어 부를 늘리는 방식을 따라하는 것이 지름길이기 때문이다.
　사람은 누구나 부자가 되고 싶어 한다. 가난해질수록 부에 대한 열망은 증가한다. 우리의 현실이 힘들고 어려울수록 부를 얻고자 하는 열망은 더한다. 어떻게 하면 부자가 될 수 있을까?
　부자들의 기본적인 재테크 마인드와 방법을 따라 하고 그들을 벤치마킹하는 것이다. 그리고 부자처럼 생각하고 부자처럼 소비하고 부자처럼 투자하는 습관을 길러야 한다. 부자는 바라기만 한다고 해서 이루어지는 것이 아니다. 자신이 할 수 있는 현실적인 방안을 궁리하고 필요한 정보 수집을 게을리하지 말아야 한다.

　알리바바의 창업자 잭 마윈은 50세에 중국의 최고갑부가 되었다. 그의 일대기는 매우 드라마틱하다. 대학입시에서 연달아 낙방한 후 세 번째에 그의 고향 항저우 사범학교에 겨우 입학했고 졸업 직후 KFC매장 매니저를 포함해 여러 군데 지원서를 냈지만 모두 거절당했다. 영어 강사로 겨우 연명하다가 컴퓨터의 컴자도 몰랐던 그가 인터넷 사업의 가능성을 믿고 '알리바바'를 세웠고, 구글에 이어 세계 2위의 인터넷 기업으로 뉴욕 증권시장에 상장하면서 초대박을 쳤다. 그의 인생 및 경영철학을 담은 명언이 있다.
　"다른 사람이 모두 달려갈 때는 너의 기회가 아니다. 다른 사람이 가지 않을 때가 바로 너의 기회다."

외롭고 불안한 시대

※

 오늘날은 속보다 겉을, 마음보다 몸을 중시하는 시대다. 몸을 중시하는 것은 땅의 논리다. 그래서 사람들은 천국이라는 것을 염두에 두지 않는다. 땅의 논리에서는 물질적 가치를 중시하므로 천국이 아닌 돈을 목표로 삼고 살아간다. 떡은 하나밖에 없는데 남이 먹으면 난 굶어야 하므로 경쟁은 필연적이다.

 물론 경쟁을 하면 발전하게 된다. 물질문명이 엄청난 속도로 발전한 것은 치열한 경쟁의 덕분이다. 친구도 경쟁자가 되기 때문에 마음을 나눌 친구가 없어진다. 그래서 친구에게 좋은 일이 일어나면 "축하한다"고 말은 하면서도 얼굴은 일그러진다. 반면 친구에게 나쁜 일이 생기면 "안됐다"고 말하지만 입은 벌어진다.
 그래서 친구하고 마음으로 어울리지 못하고 그냥 어영부영하다가 집에 일찍 가서 개하고 논다. 개는 스트레스를 주지 않기 때문이다.
 그래서 인간보다 개가 좋은 시대다. 할아버지가 돌아가셨는데 울지 않다가도 개가 죽었을 때는 목놓아 우는 시대가 되고 말았다.

 이런 시대는 연애를 할 때도 마찬가지다. 어떤 사람이 10억을 가지고 있다는 사실을 알면 열심히 사귀다가 30억 가진 사람이 나타나면 재빨리 상대를 바꾼다. 그냥 쿨 하게 헤어진다. 그러니 연애를 하고 있어도 외롭다. 내가 그 사람을 바꿀 수 있듯이 그 사람도 언제 상대를 바꿀지 모르기 때문에 항상 불안하다.
 결혼을 해도 안심이 안 된다. 한 집에 사는 부부인데도 재산을 공동명의로 한다. 지금은 부부가 한평생 한집에서 살아도 외롭고 불안한 시대다.

 외로움은 같이 사느냐, 떨어져 사느냐의 문제가 아니다.
 마음의 문을 닫으면 외로워지는 것이다.

스팩보다는 스토리를 만들어라

※

경상도 사람 이자익은 어려서 부모를 잃고 가난에 찌들어 굶어죽게 될 지경이었다. 그런 그가 전라도 평야지대 금산에 와서 대부호 조덕삼의 마부로 머슴살이를 하게 되었다. 그리고 미국 선교사 테이트가 조덕삼의 집에 잠시 머물면서 복음을 전했을 때 지주 조덕삼과 머슴 이자익은 함께 예수를 믿게 되었고 세례를 받았다.

1908년 그들이 다니던 금산교회에서 장로를 선출하게 되었는데 머슴인 이자익은 장로로 선출되고 지주 조덕삼은 떨어졌다.
이때 조덕삼은 앞자리로 나아가 이렇게 말했다.
"여러분, 감사합니다. 저의 마부 이자익을 장로로 선출해주신 것을 참으로 감사합니다."
이 일이 있은 후 금산교회는 점점 더 부흥했고, 그 다음에는 조덕삼도 장로로 선출되었다. 금산교회는 말할 것도 없고 금산리에 사는 마을 주민 모두가 좋아했다.

이자익은 조덕삼의 후원으로 신학공부를 한 후 금산교회 2대 목사로 부임했으며, 한국장로교 역사상 3번(13,33,34대)이나 총회장을 지냈다. 6·25전쟁 당시 금산리 마을이 불바다가 되어 온 마을 주택이 전소되는 사건 속에서도 금산교회는 불에 타지 않았는데 좌익이나 우익이나 한결같이 '저 교회는 우리교회'라는 마음을 갖고 있었기 때문이라고 한다.

이자익 목사도 훌륭하지만 조덕삼 장로처럼 할 수 있겠는가?
조덕삼은 죽기 전 유언으로 자녀들에게 이자익 목사를 잘 섬기라는 당부를 아끼지 않았다고 한다. 우리는 이래도 저래도 한세상이라는 삶보다 감동을 주는 아름다운 스토리를 만들어야 한다. 고난과 실패를 감동으로 승화시킬 수 있다면 멋진 인생으로 남는다.

어머니의 삶

하루 종일 밭에서 죽어라 힘들게 일해도
어머니는 그래도 되는 줄 알았습니다.
찬밥 한 덩이로
대충 부뚜막에 앉아 점심을 때워도
어머니는 그래도 되는 줄 알았습니다.
한겨울 냇물에서 맨손으로 빨래를 방망이질해도
배부르다, 생각 없다, 식구들 다 먹이고 굶어도
어머니는 그래도 되는 줄 알았습니다.
손톱이 깎을 수조차 없이 닳고 문드러져도
아버지가 화내고, 자식들이 속 썩혀도, 끄떡없는 어머니
어머니는 그래도 되는 줄 알았습니다.
한 밤중 자다가 깨어 방구석에서
한없이 소리 죽여 울던
어머니를 본 후론
어머니는 그러면 안 되는 줄 알았습니다.

― 작가 심순덕 ―

솔직히 엄마의 인생을 엄마의 입장에서 생각해 본 적이 없었다. 항상 아들의 입장이었고, 받기만 하는 입장이었다. 내게 그저 어머니는 자식들 뒷바라지하며 사는 것이 운명인 사람이었고, 당신의 삶이나 행복은 안중에도, 심중에도 없었던 것이다. 이제와 생각해보면 나는 참 못난 아들, 매정한 아들이었던 셈이다.

내가 어머니 나이를 쫓아가니 이제 엄마를 이해할 것 같다. 늘 입버릇처럼 "나는 배부르니 너나 먹어라. 나는 아플 틈도 외로울 겨를도 없었다"고 말씀하시던 어머니를 생각하니 눈물이 솟구치고 가슴이 미어진다. 입관할 때 뵈었던 파리하게 창백한 어머니의 마지막 모습이 밀려올 때가 있다. 그 때마다 목이 터져라 불러보고 싶다.

살찐 오리

☀

덴마크의 실존주의 철학자 키에르케고르가 들려준 오리에 관한 이야기이다. 어느 늦가을 야생 오리들이 어느 집 농장에서 큰 잔치를 벌였다. 혹한을 피해 멀리 남쪽으로 길을 떠나기 전 배불리 곡식을 먹고 힘을 비축하려는 것이었다.

이튿날 출발할 시간이 되었다. 다른 오리들은 모두 남쪽을 향해 출발을 시작하는데 한 오리만 그대로 농장에 남아 있었다. '곡식들이 너무 맛있군. 나는 조금 더 먹고 떠나야지' 하며 홀로 남은 것이다. 처음에는 딱 하루만 더 있으려고 했으나 곡식이 너무 맛있어 그만 날짜 가는 줄 몰랐다.

'조금 더 있다가 따뜻한 남쪽으로 떠나야지. 조금만 더, 조금만 더.' 오리는 그런 생각을 하며 곡식 먹기에 정신이 팔려 있었다.

곧 차가운 겨울바람이 불어오기 시작했고 추위를 견디기 어려웠다.

"이제 떠날 때가 되었군." 오리는 그제서야 날개를 힘껏 펼치고 날아올랐지만 그동안 살이 너무 쪄서 멀리 날아오를 수가 없었다. 오리는 하는 수 없이 평생 집오리로 살아가야 했다.

포기 한다는 것, 버린다는 것은 아무래도 조금은 서운한 일이다. 그러나 한편 생각해 보면 버린다는 것은 상추를 솎아내는 것처럼 더 큰 것을 키우기 위한 손질이기도 한 것이다.

노자의 도덕경에 나오는 말이다 '공수신퇴천지도(功邃身退天之道)' 라. 공을 이룬 뒤에는 떠나는 것이 하늘의 이치라고 한다.

공을 세웠으면 다음 무대를 위한 재충전의 준비를 해야 한다. 한 무대가 아무리 뛰어나고 멋있다고 해도 끝없이 이어지는 앙코르는 결국 열광하는 관객들을 지치게 만든다. 모든 것은 기울 때가 있는 법이다. 태양도 아침에 뜨면 정오의 작열한 열정을 태우고 서서히 서쪽 하늘로 기운다.

국화(菊花)

한 송이 국화꽃을 피우기 위하여
봄부터 소쩍새는 그렇게 울었나 보다
한 송이 국화꽃을 피우기 위하여
천둥은 먹구름 속에서 또 그렇게 울었나 보다
그립고 아쉬움에 가슴 조이던
머언 머언 젊음의 뒤안길에서
이제는 돌아와 거울 앞에 선
내 누님같이 생긴 꽃이여
노란 네 꽃잎이 피려고
간밤에 무서리가 저리 내리고
내게는 잠이 오지 않았나 보다

- 시인 서정주 -

 어제는 고향의 죽마고우와 함께 고창 선운사에 들렀다가 미당 서정주 시인의 생가와 시문학관을 둘러보았다.
 시인은 86세로 세상을 마감하기 두 달 보름 전에 아내를 먼저 보내고 식음을 전폐하다가 2000년 12월 24일 눈을 감았다고 한다.

아내와 나는 가구처럼 자기 자리에
놓여 있다 장롱이 그렇듯이
   (중 략)
본래 가구끼리는 말을 많이 하지 않는다.
그저 아내는 아내의 방에 놓여 있고
나는 내 자리에서 내 그림자와 함께
육중하게 어두워지고 있을 뿐이다.

시인 도종환의 '가구' 라는 시다. 그의 또 다른 시 '접시꽃 당신' 을 읽으며 눈물을 흘리는 사람이 '가구' 를 읽으면서는 고개를 끄덕인다고 한다.

'접시꽃 당신' 이 절절한 사랑이라면, '가구' 는 사랑의 다른 이름인 애잔한 정이 된 것 아닐까.

지금 하세요

✺

지금 하세요
내 뜰에 꽃을 피우고 싶으면 지금 뜰로 나가 나무를 심으세요
지금 나무를 심지 않으면 향기로운 꽃내음을 맡을 수 없습니다.
당신은 언제나 꽃을 바라보는 사람일 뿐
꽃을 피우는 사람은 될 수 없으니까요
지금 고백 하세요
친절한 한 마디가 생각나면 당신이 머뭇거리고 있는 동안
그는 다른 쪽으로 가버릴 것이고 다시는
똑 같은 기회가 오지 않을지 모르니까요
지금 말하세요
사랑하고 싶으면 지금 사랑한다고 말하세요
지금 사랑하세요
부모님은 아쉬움에 떠나고 아이들은 너무 빨리 커버려
사랑을 전할 시간이 얼마 남지 않았으니까요
지금 뿌리세요
좋은 사람이 되고 싶으면 좋은 생각의 씨앗을 마음 밭에 뿌리세요
지금 뿌리지 않으면 내 마음에 나쁜 생각의 잡초가 자라
나중에 아무리 애써 좋은 생각의 씨앗을 뿌려도
싹조차 나지 않을지도 모르니까요
지금 쓰세요
그리운 이가 있으면 지금 편지를 쓰세요
지금 시작하세요
하고 싶은 일이 있으면 지금 시작하지 않으면
그 일은 당신으로부터 날마다 멀어져
애써 손을 뻗어도 닿지 않는 날이 가까이 다가오고 있으니까

- 작가 미상 -

'즉시현금 갱무시절(卽時現今更無時節)'이라. 바로 지금, 다시 시절은 없다는 말이다. 한 번 지나 가버린 과거를 가지고 되씹거나 아직 오지도 않은 미래에 기대를 두지 말고 바로 지금 그 자리에서 최대한으로 살라는 말이다.

우리가 사는 것은 지금 여기다.
이 자리에서 순간순간 자기 자신답게 최선을 기울여 살 수 있다면 결국 후회하지 않을 인생을 보내게 될 것이다.

나의 주례사

✸

지난 주말에 내 제자의 아들 결혼식 주례를 보게 되었다. 주례의뢰를 받고 선뜻 나설 일이 아니라는 생각이었지만 피할 처지가 아니어서 어쩔 수 없이 허락한 일이다.

주례사란 짧을수록 좋은 것 중 하나다. 사실 아무도, 심지어 신랑 신부도 귀담아듣지 않는 말을 길게 한다는 건 일종의 자아도취다.

그러나 아무리 줄이고 다듬어도 절대 생략할 수 없는 순서가 있다.

바로 혼인서약이다. 이 신성한 약속을 받아낼 때마다 나는 신랑 신부의 눈을 응시하게 된다.

그들은 잠시의 주저함도 없이 "예"라고 대답한다.

나는 다시 한 번 더, 아니 여러 차례 다짐받고 싶지만 식장분위기 때문에 그냥 넘어간다. 만약 내가 "진심이냐"고 되물으면 아마도 식장 분위기는 웃음바다가 되거나 아니면 썰렁해질 게 뻔하니까.

어떠한 경우라도 항시 사랑하고 존중하겠는가?

어른을 공경하겠는가?

진실한 남편과 아내로서 도리를 다하겠는가?

이 세 가지 약속이 얼마나 지키기 어려운지를 환기시키려고 애가 타는 내 심정을 짐작이나 할는지. 내가 이 사람과 결혼하면 얼마나 행복해질까 보다 오히려 어느 선까지 불행해지는 것을 참아낼 수 있을까를 가늠해보라고 당부하고 싶었지만, 주례사는 짧을수록 좋다는 사실 때문에 생략했다.

두 사람이 살다 보면 의사결정 과정에서 의견이 달라질 수 있다.
작은 일은 어느 쪽을 따라도 무방하니 서로 양보하는 미덕이 해결해 준다.
그러나 결정적 순간의 큰일에서 의견차이가 생긴다면
신랑은 반드시 신부의 의견을 따라야 한다.
이것은 인생 선배들이 경험적으로 드리는 간곡한 충고다.
부모를 버리고 떠나야 결혼이 된다.
그리고 둘이 하나 되어 뗄래야 뗄 수 없는 한 몸이 되어야 결혼이다.

4

건강과 행복을 위해

행복과 불행은 한 자매라서 두드리는 문을 열어주면 같이 들어온다. 행운 뒤에 불운이 나란히 찾아올 때도 있고 기쁨과 영광의 시간도 추락과 눈물의 시간이 될 수도 있다. 자신이 견딜 수 없이 미울 때가 있고 정말 너무 억울하고 분할 때도 있다.

그러나 행운 뒤에 불운이 함께 예비 되어 있는 것이라면 그것까지 감당해야 한다. 감사한 시간과 그 뒤의 쓰라림이 내게 같이 주어지는 것이라면 그것도 받아들여야 한다. 혹독한 추위와 시련을 주신 뒤에 꽃피는 날을 보게 하는 것처럼 충만한 결실을 주신 뒤에 겨울이 오게 하는 데도 어떤 섭리가 있을 것이다.

모든 것에 앞서 건강을 지켜내지 못하면 아무 소용이 없다.

나이 들어 병들면 요양병원 신세를 지는데 거기서의 삶이란 생즉비생(生卽非生)이다. '사는 게 사는 게 아니다'라는 말이다. 삶은 누구나 사는 게 사는 게 아닌 삶을 살다가 생을 마감하는 것이 아니라, 사는 게 사는 게 아닌 시간을 지내야 마침내 인생의 끝에 도착한다.

현대 서양의학의 아버지 히포크라테스는 "음식이란 약이 되기도 하고 독이 되기도 한다"고 했다. 음식으로 고치지 못하는 병은 약으로도 고칠 수 없다고 한다. 내가 내 몸을 지키는 방법은 적당량의 음식과 규칙적인 운동 그리고 웃음이다.

삶과 죽음

흔히들 죽음은 생의 끝에 있는 것이라고 생각하지만, 실은 생과 동시에 어깨동무를 하고 있다. 삶 속에 죽음이 항상 숨어 있다는 말이다. 1995년 삼풍백화점이 붕괴되면서 502명이 죽었다. 그들 중 누구도 자신이 죽게 되리라고 미리 알지 못했다. 세월호에 승선한 사람 중 자신이 죽을지도 모른다고 생각한 사람 또한 없었을 것이다.

이처럼 우리는 길모퉁이를 돌아서면 죽음과 마주치게 될 날이 내일일지 1년 후가 될지 아무도 알 수 없다. 그러니 평소에 죽음에 대해 성찰하고 준비해야 한다고 하면 모두 다 귀를 막는다.

이웃나라 일본에서는 초등학교부터 죽음학을 가르치고 장례식장에 현장실습을 간다고 한다. 유럽은 중고생 때부터, 미국은 대학에서 죽음학을 가르친다. 내가 고등학생이었을 때 큰아버지께서 돌아가셨다. 시신의 손발톱을 깎으라는데 손이 떨려 깎을 수가 없었던 기억이 지금도 잊혀지지 않는다.

옛날 이집트의 귀족들은 잔치가 벌어질 때마다 그 자리에 '관'을 갖다 놓는 관습이 있었다. 관을 든 사람은 회식자리의 한 사람, 한 사람에게 나무로 만든 실물 크기의 시체를 보이면서 "이것을 보시면서 마음껏 술을 드시고 즐기십시오. 당신도 죽으면 이러한 모습이 되어버릴 테니까요"라고 말한다. 누가 봐도 진짜 시체를 연상하게 했다. 이집트인들은 죽음을 삶의 현장 속에 끌어들임으로서 생의 강력한 불꽃을 타오르게 한 것이다.

우리는 천년만년 살 것처럼 살아가기 때문에 생의 의미를 상실해 가고 있다. 집을 나오며 내가 다시 이 집에 돌아올 수 없을지도 모른다는 생각으로 살아야 한다는 말이다. 그래야 어영부영 살지 않게 된다.

내 몸은 내가 지켜낸다

※

건강을 잃으면 모두를 잃는다. 건강은 건강할 때 지켜야 한다.

법정 스님은 그의 저서 '아름다운 마무리'에서 "우리가 건강을 잃고 눕게 되면 그때서야 우리의 삶에서 무엇이 본질이고 무엇이 비본질인 것인지를 스스로 알아차리게 된다"고 말했다. 무엇이 가장 소중하고 무엇이 아닌지 저절로 판단이 선다는 뜻이다.

그런데 우리가 몸을 잃는 이유는 무엇일까?

욕망과 능력의 간극이 크게 생기면 스트레스를 받게 되고 이것이 모든 질병과 번뇌의 원천이 된다. 능력은 따르지 않는데 욕심만 앞서가기 때문에 건강을 잃는다. 동의보감을 쓴 허준은 마이너스 건강법을 중히 여겼다. 그때는 지금처럼 잘 먹고 많은 것을 즐길 수 있는 시대가 아니었음에도 덜 먹고, 덜 쓰고, 덜어내고, 배설해야 한다는 마이너스 건강법을 강조했다.

우리는 쉬어야 할 때 쉬지 않기 때문에 건강을 잃는다. 현대인들은 도통 깊은 잠을 자지 못한다. 밤에도 쉬지 않고 일하는 것을 굉장히 능력 있고 부지런한 것으로 여기며, 성공의 조건인 것처럼 생각하지만 착각에 불과하다. 동의보감에서는 수명을 호흡이라 했다. 호흡의 숫자만 잘 갈무리해도 120세를 살 수 있으며 이것이 인간의 자연스런 수명이라는 것이다. 호흡이 빨라지는 순간 우리는 의도적으로 브레이크를 걸어야 한다. 그게 바로 쉼이다. 밤에는 우리 몸 안의 모든 장기가 휴식국면으로 들어가는데, 그것을 깨워 움직이게 하면 당연히 호흡의 숫자가 빨라질 수밖에 없다. 또한 분노할 때도 호흡이 빨라진다. 술, 흡연, 불안, 섹스 등을 조절할 수만 있어도 요절할 사람을 장수하게 만드는 일이다.

우리 몸이 원하는 것은 다름 아닌 순환이다. 오장육부가 순환되고 생리와 심리가 잘 순환되면 만사가 막힘없이 풀리는 것이다.

불안은 욕망의 병이다

※

불안은 마음이 편치 않고 조마조마한 상태로 한의학에서는 허심증(虛心症)이라 한다. 심장에 피가 말라 기운이 빠지는 현상이다.
인간은 누구나 불안을 안고 살아가며 불안을 겪지 않은 사람은 없다.
태곳적에는 천재지변의 위험 때문에 불안했고
농경사회에서는 먹을거리가 떨어질까 불안했고
산업사회에서는 경쟁에서 뒤쳐질까 불안했고
오늘 날에는 지금 누리고 있는 것들을 잃을까 불안해한다.

경영의 신이라 불리는 마쓰시타 고노스케는 말한다.
"바람이 강한 때에야말로 연을 날리기에 가장 좋다."
우리의 삶도 마찬가지다. 어느 곳이든 도사리고 있는 불안의 언덕을 유연하게 타고 넘어야 하는 것이다. 안중근 의사가 하얼빈 역에서 이토 히로부미를 기다릴 때 지독했을 불안감을 한번 상상해보라. 그러나 그는 불안을 뚫고 전진해 역사를 만들었다.
광장 공포증 환자가 사람들로 붐비는 지하철을 타야하고, 고소 공포증 환자가 높은 탑에 올라가야 그 병이 치유될 수 있다고 한다.
독일의 심리학자 리만은 "피할 수 없다면 불안과 함께 걸어가라"고 한다. 불안을 이기려면 불안에 대면하라는 말이다.

'느리게 사는 즐거움' 이라는 책을 쓴 젤린스킨은 걱정의 40%는 절대 일어나지 않고, 불안의 56%는 이미 일어났거나 극히 사소한 것이며, 4%만이 대처 할 수 있는 진짜 사건이라고 한다. 그러니 내가 불안해한다고 고민한다고 미국의 다우지수가 오르거나 떨어지겠는가. 상상하지도 못할 부의 축복을 받은 사람이 놀랍게도 아직 모자란다고, 충분치 않다고 여긴다. 그러면 한마디로 불안은 끝이 없다. 불안의 노예가 되지 말고 주인이 되어야 한다.

족함을 모른 두 도적

※

경기도 파주시 용미리와 고양동을 잇는 혜음령이란 고개가 있다.

옛날에는 한양에서 개성이나 평양, 의주 등 서북쪽으로 가려면 벽제역을 거쳐 혜음령을 넘어야만 했다. 한마디로 요충의 길목이었다. 그래서 도둑들이 극성을 부렸다고 한다.

그 혜음령에 예로부터 내려오는 두 도적 이야기가 있다.

옛날 두 도적이 고개를 넘던 사람들을 해치고 빼앗은 장물들이 더 이상 숲속에 숨길 곳이 없을 만큼 많아졌다.

그러자 두 도적은 서로를 죽일 생각에 빠졌다. 물론 장물은 나누어 가져도 충분했지만 두 도적은 그것을 나누는 것이 성에 차지 않았다. 그래서 둘 다 서로를 죽일 생각에 골몰했던 것이다.

어느 날 한 도적이 다른 도적을 죽일 요령으로 독이 든 술을 구하러 갔다. 그것을 안 다른 도적은 그가 돌아오면 단칼에 베리라 마음먹고 칼을 갈았다. 결국 독이 든 술을 갖고 오던 도적은 숲에 숨었다가 달려든 다른 도적의 칼을 맞고 목이 날아갔다. 하지만 그렇게 칼을 쓴 도적 역시 장물들을 독차지하게 된 것에 들뜬 나머지 흥에 겨워 무심결에 독이 든 술을 마시고 말았다.

결국 그 역시 죽었다. 족함을 모른 두 도적은 모두 죽게 되었다.

족함을 아는 것이야말로 최고의 행복 비결이며, 족함을 모르는 것은 병중 가장 큰 병이고 불행 중 가장 큰 불행이다. 족한 마음에 크고 작은 복이 깃드는 것 아니겠는가.

진수성찬에 배불리 먹고도 부족하고, 좋은 술을 마시고도 부족하고, 비단 병풍을 치고 잠을 자면서도 부족하고, 아리따운 여성과 한껏 즐기고도 부족해 한다.

세상은 온통 부족하다고 모두가 아우성이다.

한탄조(恨歎調)

※

보게!
자네 내 말 들어보래
자식도 품 안에 자식이고
내외도 이부자리 안에 내외지

야무지게 산들 뾰족할 거 없고
덤덤하게 살아도 밑질 거 없다
속을 줄도 알고 질 줄도 알아라

니 주머니 든든하면 / 날 술 한잔 받아주고

내 돈 있으면 / 니 한잔 또 사주고

너요 내요 그렇게 뭐고 / 거물거물 서산에 해지면
자넨들 / 지고 갈래 안고 갈래
- 시인 박목월의 '한탄조' -

"인생에서 가장 중요한 때는 바로 지금 이 순간이며, 인생에서 가장 중요한 사람은 지금 바로 내 앞에 있는 사람이고, 인생에서 가장 중요한 일은 바로 내 앞에 있는 사람을 위해서 가장 좋은 일을 하는 것이다"라고 톨스토이는 말했다.

성경은 "내일 일을 걱정하지 말라, 내일 걱정은 내일에 맡겨라, 하루의 괴로움은 그날에 겪는 것만으로 족하다. 누가 걱정한다고 해서 자기 키를 한 자나 더 크게 할 수 있겠느냐"고 말한다.
걱정은 거리의 작은 돌멩이 하나도 옮길 수 없다.

이룰 수 없는 꿈

※

그 꿈 이룰 수 없어도 그 싸움 이길 수 없어도
그 슬픔 견딜 수 없다 해도 그 길 험하고 험해도
나 포기하지 않고 싸우리라 잡을 수 없는 별일지라도
힘껏 팔을 뻗으리라
꿈 없고 또 멀지라도 멈추지 않고 돌아보지 않고 가네
저 별을 향하여
이룰 수 없는 꿈을 꾸고 이루어 질 수 없는 사랑을 하고
이길 수 없는 적과 싸우고 견딜 수 없는 고통을 견디며
잡을 수 없는 저 하늘의 별을 잡자

- 돈키호테 -

 이룰 수 없는 꿈을 꾸는 것이 미친 게 아니라 꿈을 포기한 것이 진짜 미친 것이다. 우리의 생명력은 끊임없이 자신을 갱신할 수 있는지의 여부에 달려있다. 꾸준하게 몸과 마음을 수양할 수 있어야 매일 아침 일어날 때 새로운 생명을 몸으로 체험하고, 가슴 가득한 열정을 새로운 생활에 투입할 수 있는 것이다.

 예수는 요한복음에서 "진실로 네게 이르노니 사람이 거듭나지 아니하면 하나님 나라를 볼 수 없다"고 했다. 내가 죽어 새롭게 되지 않으면 아무 것도 얻을 수 없다는 것이다.

 독일 출신의 작가 미하엘 코르트는 행복을 위한 기본조건이 비움이라고 했다. 우리를 얽매는 채움이 아니라, 우리를 자유롭게 하는 비움의 삶이 행복의 조건이라는 것이다.
 흔히 바둑을 인생의 축소판이라 한다. 매 순간 선택의 기로에 서야 하고, 변화무쌍해 앞길을 알 수 없기 때문이다. 흥망성쇠, 희로애락이 담겨 있다. 무리수, 자충수를 두지 말고 정도를 걸어야 한다.

차면 덜어내라

※

공자가 노나라 군주 환공의 사당에 들렀을 때의 일이다.

사당 안에 의기(敧器), 한쪽으로 비스듬히 기운 그릇이 놓여 있었다. 공자가 그것을 보고 묘지기에 물었다

"이건 무슨 그릇인가?"

"공이 생전에 자리 곁에 놓아두었던 그릇 유좌기(宥坐器)입니다. 이 그릇은 비면 기울고, 중간쯤 차면 바로서고, 가득 차면 엎어집니다. 이것을 보며 경계를 삼으셨습니다."

"그랬구려."

제자를 불러 그릇에 물을 붓게 하니 과연 그 말과 꼭 같았다.

공자께서 탄식하셨다.

"아! 가득 차고도 엎어지지 않는 물건이 어디 있겠는가?"

제자 자로가 물었다.

"가득참을 유지하는 방법이 있습니까?"

"덜어내면 된다. 더 채우려 들지 말고 더 덜어내야 한다."

가득 차면 엎어지기 직전인데도 사람들은 욕심 사납게 퍼 담기만 한다. 그러다가 한 순간에 뒤집어져 몰락한다. 가득 참을 경계하라. 차면 덜어내라.

환공은 이 그릇을 책상 좌우에 두고 의기가 주는 교훈을 곱씹었다고 한다. 가득참을 경계하라는 '지만계영(持滿戒盈)'에 관한 얘기는 순자의 '유좌편'에 나오는 글이다.

열매가 되고자 하는 씨앗은 자신을 바닥에 던져버려야 한다.

명심보감에 '지족가락 무탐즉우(知足可樂 務貪即憂)'라 했다.

족함을 알면 가히 즐거울 것이요,

탐욕에 힘쓰면 근심이 있을 것이다.

아픈만큼 성숙해진다

※

    정신적으로 성숙해진다는 것은 생각이 깊다는 것이고 철이 들었다는 것을 의미한다. 철이 든 사람은 생각이 깊고 남을 배려할 줄 알며 보다 가치 있는 삶을 살아간다.
    반면 철이 들지 않은 사람은 생각이 깊지 못하고 기분대로 살아간다. 자기밖에 모르고 쾌락만을 추구하며 삶을 낭비한다.
    우리가 살아가면서 언제 생각이 깊어졌는지 한 번 생각해보자.
    그것은 다름 아닌 고통스럽고 힘든 때였다.
    힘들고 고통스러운 상황이 정신적으로 성숙하는데 도움이 되는 것이다. 어느 유행가 가사처럼 아픈 만큼 성숙해지는 것이다.
    이것이 고통의 순기능이다.

    급하고 중요한 순간에는 누구나 최선을 다한다.
    그러나 정신적으로 성숙한 사람은 급하지 않을 때도 최선의 삶을 산다는 점이 다르다.
    고통을 경험할 때 우리 뇌는 생존을 위협받는 것으로 받아들이며 최대로 활성화되고 위기를 모면하기 위한 반응을 시작하게 된다.
    이런 과정을 통해서 고통에서 벗어나려는 능력이 형성되는데 이것이 바로 정신적 성숙인 것이다.
    고통의 의미에 대해서 더욱 깊이 생각하게 된다.

헬렌켈러는 인간의 정신은 편안한 생활 속에서는 발전할 수 없다고 했다.
시련과 고통을 통해서만 인간의 정신이 단련되며, 어떤 일을 올바로 판단하는 힘을 길렀을 때 비로소 더욱 큰 야망을 품고 그것을 성공시킬 수 있다고 했다.

쾌락 적응

심리학자들이 말하는 '쾌락적응'이란 어떠한 변화로 좀 더 행복해질 수는 있지만, 우리의 의식이 빠르게 적응하고 익숙해져 얼마 못가 당연한 일상이 되어버린다는 것이다. 자신이 못생겼다고 생각하는 여성이 성형수술만 받으면 행복해질 거라고 생각하지만 수술 후 그녀가 느끼는 행복은 오래가지 않는다. 복권에 당첨된 사람들의 행복이 한 달을 넘기지 못했다는 연구 결과도 있다. 환경요인이 행복에 미치는 영향력이 10%이하인 이유도 바로 이것으로 설명된다. 누구든 돈을 더 벌거나 지위가 올라가면 좀 더 행복해지는 것은 사실이다. 문제는 그것이 지속되지 않는다는데 있다.

다이어트의 핵심은 이제 무엇을 하느냐가 아니라, 무엇을 하지 않느냐다. 뚱뚱한 사람에게 무엇을 먹어야, 무슨 주사를 맞아야 살이 빠진다는 이야기는 매력적으로 들리겠지만 사실 성공한 다이어트의 핵심은 살을 찌게 하는 행동을 더 이상 하지 않는 것이다. 그것이 밥을 덜 먹는 것이든, 탄수화물 섭취를 줄이는 것이든, 밤에 군것질을 하지 않는 것이든 말이다. 우리가 행복해지려면 무엇을 자주하는 것보다 무엇을 더 이상 하지 말아야 할지를 먼저 찾아야 한다.

평균수명이 하위권인 나라들 중 60세인 방글라데시나 49세인 소말리아 사람들에게는 무엇을 먹으면 장수할 수 있다고 알려주는 것보다 당장 수명을 단축시키는 요인부터 없애는 게 우선이다. 오염된 식수를 사용하지 말라거나 전염병을 옮길만한 행동을 하지 말라고 해야 옳다. 행복주택, 국민행복연금같이 '행복'이라는 말을 붙인 제도가 아무리 많아도 근본적으로 국민이 행복해지는 것은 아니다. 이름만 붙인다고 진짜 행복을 위한 제도가 될 수는 없다. 집이나 돈 같은 환경적 요소들은 일시적이고 제한적인 행복만 주기 때문이다.

성은 곽씨요 이름은 탁타

※

아주 오래 전 중국에 나무를 잘 키우는 이가 있었다. 성은 곽씨요, 이름은 탁타로 등이 낙타처럼 굽었다 하여 붙여진 이름이었다.

그는 나무심기의 달인이었다. 어떤 나무건 그가 심기만하면 다 잎이 무성해지고, 튼실한 열매를 맺었다.

다른 사람들이 그 비법을 훔쳐내고자 갖은 노력을 다했으나 도무지 알아낼 수가 없었다. 결국 그들은 탁타에게 그 비결에 대해 물었다.

탁타는 이렇게 답했다.

"저는 나무를 오래 살게 하거나 잘 자라게 할 수는 없습니다. 단지 나무의 섭리에 따라 그 본성에 이르게 할 뿐입니다. 본성이란, 뿌리는 펼쳐지려 하고 흙은 단단하게 되고자 하는 것입니다. 그렇게 해준 뒤에는 건드리지도 말고, 걱정하지도 말며, 다시 돌아보지도 않습니다."

하지만 탁타가 보기에 다른 이들은 이렇게 하지 않았다.

뿌리를 뭉치게 할 뿐 아니라 흙을 돋아줄 때도 지나치게 하지 않으면 모자라게 한다. 그렇게 하고도 마음이 놓이지 않아 아침에 들여다보고 저녁 때 어루만진다. 심지어 나무의 껍질을 손톱으로 벗겨 보고 살았는지 말라 죽었는지 시험하고, 뿌리를 흔들어서는 흙이 단단한지 부실한지 관찰하기까지 한다. 그러니 나무가 자신의 본성을 잃어버려 제대로 자랄 수가 없는 것이다.

'종수곽탁타전(種樹郭橐駝傳)'을 읽으면서 참으로 리얼함을 느낀다.

자식을 가르치는 것도, 가정을 꾸리는 것도, 사업을 하는 것도 다 같은 것 아닌가 싶다. 시장흐름을 통째로 길게 보는 지혜가 있어야 한다. 기다리고 서두르지 말아야 한다. 모든 사물에는 생로병사가 있는데, 그 흐름을 깡그리 무시하는 것은 욕망이요 죽음이다.

인생의 3대 불행

※

첫째, 초년의 조기성공이다. 젊어서 일찍 성공하면 인격적으로 성숙함이 없어 교만해지기 때문이다. 교만해지면 지켜야 할 규칙, 규범을 무시하기 쉽다. 무너지기 쉬운 전제 조건이다. 벼락성공은 오래 가지 못하고 머잖아 파멸로 갈 수 밖에 없다. 우리의 삶 중에서 초년에 성공했다고 자랑하던 청년이나 우리 아들 조기성공 했다고 자랑하던 부모들이 후반부에 고통당하는 모습을 흔히 보게 된다.

둘째, 중년의 상처이다. 홀아비로 산다는 게 얼마나 외롭고 불행한가. 더구나 자식이 부모를 부양하는 시대는 옛날이고 최후에 남는 것이 배우자라 믿었는데 상처라니. 인간이 받는 최고의 스트레스가 배우자의 죽음이라고 한다. 우스갯소리에 한 남자가 재혼을 하고 어느 날 갑자기 심장마비로 의사의 사망진단이 내려졌는데, 냉동실로 옮기는 도중 죽었던 남편이 살아나 아내를 찾았다. 이때 아내는 의사가 죽었다는데 무슨 말이 많으냐며 모포로 덮어 버리더란다.

셋째, 노년 무전이다. 나이 들어 돈은 없고 몸에 병까지 들어 아파 온다. 자식들이 거들어주지 않으니 웃어도 안 예쁜 얼굴로 짜증내고 신경질적이 된다. 부모님 말씀에 유익함이 있을 것이라고 무릎 꿇고 앉아 듣는 아들 없다. 부모님 치아가 몇 개 빠져 있는지 아는 자식 없고, 틀니 해주고 임플란트 해주는 자식 흔치 않다. 건강 잃고 돈 없으면 절약한다고 전등도 끄고 어둠 컴컴한 골방에 앉아 쥐새끼처럼 살게 된다. 자기 노후는 자기가 준비하고 책임져야 하는데 보험 든다 생각하고 자식 뒷바라지 했던 노인들 땅을 치고 후회한다. 절대로 자식에게 올인 하지 말라. 중년의 병든 자식을 데리고 병원을 찾은 노년의 어머니는 의사의 진단에 내 아들 살려야 한다고 애원하지만, 병든 노년의 어머니를 모시고 병원을 찾은 중년의 아들은 의사의 진단을 듣고 아무 말 없이 집으로 돌아간다.

영원한 채무

※

　세계적인 역사학자 아놀드 토인비는 "한국의 가장 아름다운 전통은 효도이다"라고 말한 적이 있다. 성경에는 "네 부모를 공경하라, 그리하면 네 하나님이 네게 준 땅에서 네 생명이 길다"고 했다.

　냉정히 말해 효도는 생색낼 일도 아니고 상 받을 일도 아니다. 당연한 의무이며 베푸는 차원이 아니라 빚을 갚는 것이다. 부모 없이 누구도 이 땅에 태어날 수 없다. 그래서 생명의 빚을 진 것이다. 그리고 양육의 빚을 진 것이다. 우리가 여기까지 오는데 어버이의 수고와 희생이 얼마나 컸을까?

　혹여 부모가 나를 위해 아무것도 해준 일이 없다 해도 부모라는 이유만으로도 우리의 존중과 사랑을 받을 자격이 있다. 부모가 존경 받을만한 분이든 그렇지 않든 간에 이 땅에 태어난 자식이라면 영원히 갚지 못할 빚을 진 채무자다. 살아 계시는 동안 그 사랑의 빚을 조금이라도 갚아보려고 노력해야 한다.

　어느 해 어버이날 발표 되었던 글의 일부를 소개하고 싶다.
　"내가 아프면 나 보다 더 아픈 사람, 내가 슬프면 나 보다 더 슬픈 사람, 내가 기쁘면 나 보다 더 기쁜 사람, 그 사람이 누구일까?
　주고도 또 주고도 더 주지 못해 미안하다 하시는 부모님이시다."

상거래의 기본은 자기가 준 것보다 더 받는 것이다.
그러나 삶의 계산법이 어찌 상거래 계산법과 같겠는가?
한 가난한 아들이 시골집을 방문해 어머니 가방에 살짝 만 원짜리 한 장을 넣어드렸다.
자식은 사랑하는 어머니에게 만원이라도 드렸다는 뿌듯함을 느꼈다.
집에 돌아와 보니 책갈피 속에 그 만원이 그대로 들어 있었다.
어머니의 사랑 표현은 상거래상 제로다.

욕망의 무게를 덜어내자

☀

6천 년 전 이집트에 세워진 한 피라미드에 이런 비문이 적혀있다.
"인간은 자신이 먹는 양의 4분의 1로 산다. 나머지 4분의 3은 의사를 배부르게 한다." 비문이 말하고자 하는 것은 결국 과식으로 병이 생기고 의사는 그 덕에 먹고 살고 있다는 뜻이다. 무려 6천 년 전부터 과식의 위험성을 인식하고 있었던 것이다.

건강에 관심이 있는 사람이라면 일본 최고의 장수촌이었던 오키나와 사람들에 대한 이야기를 들어봤을 것이다. 그들의 장수비결은 적게 먹는 것이었다. 하지만 놀랍게도 최근 이곳의 평균수명은 일본 내에서도 26위로 내려앉았다. 식생활의 변화 때문이다. 미군 주둔 이후 패스트푸드 같은 고열량 음식이 유행하면서 그들의 수명도 짧아졌고 건강을 잃게 되었다.

종교 사상가로 유명한 다석 유영모는 "하루 세끼 음식을 먹는 것은 짐승의 식사법이요, 두 끼 먹는 것은 사람의 식사법, 한 끼를 먹는 것은 신선의 식사법이다"라는 충격적인 말을 남겼다. 그는 자신의 호를 세끼를 합쳐서 저녁을 먹는다는 뜻에서 '다석(多夕)'으로 정하고, 죽는 날까지 무려 40년 동안 하루 한 끼 식사를 지켰다. 문필가이자 사상가인 함석헌 역시 평생 1일 1식을 실천한 사람이다.

발상을 전환하자. 우리는 두 끼를 버리는 게 아니라, 그럼으로써 온전한 한 끼를 얻게 되는 것이고, 욕망의 무게를 덜어내는 법을 배울 수 있는 것이다. 사실 열정을 갖고 일에 몰입하면 밥 먹을 생각조차 나지 않을 때가 많다. 정말 배가 고프면 견과류 같이 간단하게 먹을 수 있는 것을 섭취하면 된다. 굳이 한 상을 차릴 필요가 없다는 말이다. 건강이 나빠지고 있는 쪽은 먹고 살자고 하는 일이라며 식사를 거르지 말자고 제안하는 사람이다. 일하는 게 겨우 먹고 살기 위함인가? 그렇다면 그 인생은 얼마나 초라하고 불쌍한가.

도대체 행복이 무엇인가

✹

  원하는 것을 갖게 된 상태를 행복이라 한다면 사랑하는 여인과 결혼한 남자들은 모두 행복해야 한다. 한강변 50평짜리 아파트를 사기 위해 일생을 분투한 사람의 행복감은 왜 입주 후 환경호르몬의 영향이 채 가시기도 전에 사라지고 만다.
  심리학자들의 연구에 따르면 원하던 것을 손에 넣었을 때 느끼는 행복은 그리 오래가지 않는다고 한다. 자동차, 집, 돈 등 원하던 것이 막상 손에 들어오면 떨듯했던 처음의 기쁨은 금세 사라지고 새로운 갈망이 시작되기 마련이다. 그것을 보통 권태라 부른다. 권태가 수반되지 않는 진짜 행복을 얻으려면 시간이 경과해도 처음의 기쁨이 퇴색하지 않는 대상을 획득해야 한다.
  결국 행복은 결과가 아니라 과정에 있는 셈이다. 이는 매력적인 이성을 만날 때도 마찬가지다. '간절한 것은 손에 넣지 않는 것' 이 행복의 공식이라면 계획된 것의 결과에 매달릴 것이 아니라 그 과정을 위해 애쓰고 있는 중이어야 하는 것이다.

  첫눈이 사람을 들뜨게 하는 것은 신선함 때문이다. 다음 내리는 눈이 아무리 풍성해도 첫눈 내리던 날의 감동에 미치지 못한다. 폭설이 계속되면 하루 빨리 봄이 오기를 기다리는 게 사람의 마음이다.
  현명한 사람은 갖고 싶다고 해서 다 가질 수 없다는 것을 알기에 적은 것에도 만족할 줄 안다. 탐욕과 쾌락은 언젠가는 반드시 대가가 따른다. 사소한 삶 자체가 기쁨이 될 수 있어야 한다.
  돈을 많이 쌓아놓고 사는 사람은 근심도 함께 쌓아놓고 산다. 세상 지위가 높아지면 높아질수록 마음의 불안이 더 깊어진다고 한다. 참된 기쁨과 평안은 마음을 잘 지킬 때 임하게 된다.
  성경 잠언서에 "모든 지킬만한 것 중에 더욱 네 마음을 지켜라. 생명의 근원이 이에서 남이니라"고 했다.

인생 후반전 승자가 되라

※

현재의 평균수명이 83세다. 평균이라는 말에 속으면 안 된다. 80만 살면 다 살았다고 생각해서는 안 된다는 말이다. 당신이 50대라면 나머지 50년의 인생준비를 위해 판을 새로 짜야 한다. 지금 80세 안팎의 사람들이 장수 1세대다. 불행하게도 이들은 자신이 이렇게 오래 살 줄 몰랐던 첫 세대다. 그랬기에 전혀 장수대비를 못했다.

우리 주변에서 무거운 리어카를 끌고 폐지를 모아 생계를 유지하고 있는 노인들이 많다. 파고다 공원에 가면 무료 지하철을 타고 와 공원에서 나누어주는 무료급식으로 점심을 때우고 장기를 두며 하루를 보내는 노인들이 즐비하다. 그들 중에는 명문교를 나온 전 기업인, 전 관료출신도 허다하다. 지난해 말까지 100세가 된 노인이 1200명을 넘겼다. 앞으로 기하급수적으로 늘어날 것이다.

장수가 축복이 되느냐 재앙이 되느냐는 준비하기에 달렸다. 준비되지 않은 장수는 재앙이다. 본인뿐만이 아니라 가족이나 나라에도 큰 짐이 된다. 서러운 노인이 되지 않으려면 죽을 때까지 현역으로 살아야 한다. 평생 생산하고 소비하고 성장하며 살아야 한다. 100세까지 내 발로 걸어야 하고, 치매에 걸리지 않게 뇌 활동에 힘쓰며, 100세까지 우아하고 멋지고 섹시하게 살아가야 한다.

경영학의 대가 '피터 드러커'는 95세로 사망할 때까지 현역으로 일했고, 그가 80대 후반까지 쓴 책만도 100여권에 이른다.
인생은 전반적 승자보다는 후반전 승자가 되어야 한다.
아직도 멋진 황혼의 시간을 채워 갈 기회는 있다.
지나간 날에 너무 아파하지 말라.
끝이 좋으면 모든 게 다 좋은 것이다.

얼마큼의 땅이 필요한가

☼

　자기 땅을 갖는 것이 소원인 농부가 있었다. 피땀 흘려 일해 봐야 소작료를 물고 나면 자기 몫은 늘 모자랐지만 열심히 일한 끝에 자기 땅을 조금 갖게 되었다. 그런데 그토록 소원이던 자기 땅을 막상 갖게 되자 좀 더 가지고 싶은 욕심이 생긴다. 그는 우연히 한 나그네로부터 자기 고향에는 기름진 땅이 무한정 있어 많은 사람들이 이주해오고 있다는 얘기를 듣는다. 농부는 애써 가졌던 땅과 가재도구를 팔아 그 고장으로 옮겨갔다. 그는 많은 땅을 차지했고 부자가 되었지만 거기에 만족하지 못하고 더 많은 것을 원했다. 농부는 지금보다 더 풍요롭고 넓은 땅이 있다는 소식을 듣고 다시 들뜬다. 그곳에서는 일천 루불만 내면 하루 종일 걷는 만큼의 땅을 차지할 수 있었다. 단, 해가 떨어지기 전에 출발지점에 돌아와야 한다.

　농부는 뜬눈으로 밤을 새우고 그 마을 촌장의 전송을 받으며 기름진 초원을 향해 출발했다. 장차 자기 것이 될 땅의 곳곳에 말뚝을 꽂으며 바삐 걸었다. 한낮이 되어 걸어온 길을 되돌아보니 엄청난 넓이의 땅이었다. 이제 출발했던 지점까지 돌아가는 길만 남았다. 그러나 땅을 너무 넓게 잡았기 때문에 해 떨어지기 전에 돌아갈 겁이 나기 시작했다. 그는 지친 걸음으로 몇 번이고 넘어지면서 걸었다. 땀투성이 몸에 구두를 벗어 던진 발은 베이고 찔려 제대로 걸을 수조차 없었지만 쉴 수가 없었다. 그는 해가 막 지려는 순간 출발지점에 간신히 도착했고, 그 자리에 쓰러지고 말았다. "허허, 장하구려. 땅을 완전히 잡으셨소" 하고 촌장이 소리쳤다. 머슴이 달려가 그를 부축하고 일으키는 순간 그의 입에서는 피가 쏟아져 나왔다. 그는 죽고 말았다. 머슴은 괭이를 들고 주인의 머리에서 발끝까지 치수대로 여섯 자의 땅을 팠다. 그의 묘를 쓰기 위해……

　톨스토이의 민화집을 읽으며 인간의 끝없는 탐욕에 대해 생각했다.

절대로 포기하지 말라

※

　당신이 기울인 최상의 노력에도 불구하고 역경은 예고 없이 찾아온다. 그런데 역설적이게도 역경의 상황에 맞서 그것에 효과적으로 대응하고 그것으로부터 뭔가를 배우지 않고는 진화하고 성장할 수 없다. 중요한 것은 역경이 없다면 당신은 목표를 이룰 수 있는 사람으로 성장할 수 없다는 것이다. 위대한 사상가들은 '역경은 가치 있는 것을 성취하기 위해 반드시 통과해야 하는 시험대'라고 결론 내린다. 고대 그리스 철학자 헤로도토스는 "역경은 동면하고 있을 한 인간의 강인함과 자질을 끌어내는 효과를 가지고 있다"고 말했다.

　대부분의 사람들은 역경과 고난을 이겨낼 인내심이 부족해 성공 직전의 순간 포기한다. 인내심이란 계속적으로 좌절상황에 맞서고 절망적인 곤경에도 도전을 계속할 수 있는 능력을 말한다. 이제 그만 포기하고 싶다는 유혹을 받거나 노력을 중단하고 싶은 사람에게 여기 작자 미상의 시 한편을 소개 하고 싶다.

간혹 그랬듯이 모든 일이 어렵게 진행될 때
당신이 힘겹게 가고 있는 길이 가파른 경사로만 이어질 때
자산은 적고 부채는 높아만 갈 때
미소 짓고 싶지만 한숨을 쉴 수밖에 없을 때
걱정이 마음을 짓누를 때
그러나 포기 하지 마라

　우리에게 다가온 좌절의 순간이 다시 사라질 수도 있는 법이다. 참고 견딜 수 있다면 이겨낼 수도 있다. 더딘 속도로 가더라도 포기하지 말라. 또 한 번의 시도로 당신은 성공할 수 있다. 성공이란 실패를 뒤집어 놓은 것과 같다.

　가장 힘든 상처를 입었을 때도 싸움을 포기하지 말라. 모든 것이 최악으로 보일 때에도 절대 포기하지 말라. 사망의 골짜기는 머무는 곳이 아니라 통과하기 위한 곳이다.

복이 있을 때 아껴라

✨

지금 고통에 아파하고 있는 이들에게 말해주고 싶다.
이 또한 곧 지나갈 것을 믿고 세상을 미워하지 말라고.
지금 잘 나간다고 어깨를 들썩이며 우쭐해 하고 있는가.
그들에게 말해주고 싶다. 지금이라도 걸음의 속도를 조금 늦추고 고개를 숙여보는 것은 어떠냐고.
그런 것쯤은 말 하지 않아도 이미 알고 있다는 그들에게 그래도 전하고 싶다. 명심보감에 이런 구절이 있다

복이 있다 해서 다 누리지 말라.
복이 다 하면 몸이 빈궁에 처하게 된다.
권세가 있다고 그것을 다 부리지 말라.
권세가 다하면 원수를 만나게 된다.

복이 있을 때 복을 아끼고, 권세 있을 때 공손하고 겸손하라는 뜻이다. 문제는 이 말이 필요 없는 이들은 이미 이 말을 잘 알고 있으며, 정작 필요한 이들은 아무리 말해도 알아듣지 못한다는 것이다. 그렇기에 우리는 수시로 전해야 한다.

살다 보니 세상 이치가 그러하다. 세상에 영원한 것은 어디에도 없다. 애끓던 사랑도, 죽을 것만 같았던 이별도. 삶의 고비고비 머지 않아 내게서 멀어져 간다.
저 보름달도 하루가 지나면 기울기 시작할 것이다. 저 아름다운 꽃도 열흘이 되기 전에 질 것이고 저 억수 같은 장대비도 곧 그치리라.

오늘 9시간 걸려 원주 치악산 종주의 긴 산행을 했다. 명심보감의 좋은 글들을 곱씹으며 험하고 긴 산행을 지루하지 않게 무사히 마치고 돌아왔다.

의지력과 실천력

※

　국내 최고정상의 피아니스트 강충모 교수는 국내유일, 세계적으로도 그 유래가 드물게 바흐의 전곡을 연주해냈다. 음악 애호가들로부터 최고의 찬사를 받으며 한국 피아노 연주사에 큰 획을 그었는데, 그는 연습하다 잠들면 꿈속에서라도 연주를 끝냈다고 한다.
　한국인 최초로 히말라야 16좌를 완등한 산악인 엄홍길은 말한다. "정말 제대로 미치지 않고서는 어떤 일도 할 수 없다. 내 꿈은 산의 정상에 있다. 가는 과정에 죽을 수도 있지만 이 과정을 거치지 않고는 정상에 오를 수 없다."
　안나푸르나 등반 중에 엄홍길은 다리가 부러지는 사고를 당해 수술을 받았고, 걸어 다닐 수는 있지만 산은 오를 수 없다고 했다. 그러나 그는 사고 5개월 만에 북한산을 올랐고, 10개월 만에 안나푸르나 등정에 성공했다. 최악의 상황에 직면했을 때조차도 목표에 대한 희망을 버리지 않는 엄홍길의 모습에서 목표를 갖고 노력하는 것이 얼마나 중요한지 알 수 있다.

　미치도록 열심인 사람은 잠을 자면서도 그 일에 대한 꿈을 꾼다. 꿈속에서 떠오른 아이디어를 즉시 메모한다. 인간이 인간다워질 수 있는 힘은 그의 재능이나 이해력에 있는 것이 아니다. 스스로의 강력한 의지력과 실천력이 그 사람의 운명을 결정짓는다.
　당신에게만 찾아오는 슬픔이나 고통은 없다. 운명은 당신에게만 잔인하지 않다. 지금 당신이 어떤 고통을 겪고 있든 이미 과거의 누군가는 똑 같은 고통을 이겨내었고 지금 이 순간도 누군가는 이겨내고 있는 중이다. 밤새 술을 퍼마셔도 바뀌는 것은 아무것도 없다. 변화가 있다면 쓰린 속뿐이다. 세상에 슬프지 않은 이 없고 남에게 말 못할 사연 하나쯤 안 가진 사람 없다. 문제가 마술처럼 해결되기를 기대하지 마라. 결국 내 삶은 내가 풀어가야 하는 것이다.

레이스의 원칙을 지켜라

※

누구나 살아가면서 레이스에 임하는 나름의 원칙이 있을 것이다.
시장에 참여하는데도 몇 가지 원칙을 지키라고 말하고 싶다.

첫째, 자기 페이스를 잃지 말라. 이 말은 오버 페이스를 하지 말라는 것이다. 초반부터 전력 질주하는 사람이 있다. 하지만 그들 중 8할은 중도에서 주저앉는다. 자신의 강점이 뭔지, 인내심과 지구력이 어느 정도인지를 잘 알아야 한다.

둘째, 레이스의 구간기록을 체크하라. 한 숨에 달리려고 하지 말고 시장 전체 구간을 토막 내서 한 구간씩 차근차근 나아가야 한다. 구간마다 성취와 성공만이 아니라 실수와 실패도 담겨있기 마련이다. 그것들을 기록하고 기억해야 미래를 대비하고 새로워질 수 있다.

셋째, 이미 지나간 레이스에 집착하지 말라. 지나간 것은 이미 지나간 것이다. 시선은 앞을 보면서 정작 생각은 발뒤꿈치에 잡혀 있다면 무슨 수익이 나겠는가. 지금 레이스에 집중해야 이길 수 있다.

넷째, 남의 시선을 의식하지 말라. 주위의 시선을 넘어서지 못하면 오버 페이스를 하기 쉽다. 당신이 고수라면 자기 페이스를 잃지 않도록 주변의 시선을 의식할 필요가 없다.

다섯째, 가장 소중한 것을 위해 레이스를 펼쳐라. 어느 순간 지금 내가 왜 이렇게 힘들게 싸우고 있는지 후회가 봇물처럼 몰려 올 때가 있다. 모든 것을 내려놓고 죽고 싶을 때가 있다. 이 때 나에게 가장 소중한 것이 무엇인지 심사숙고해야 한다. 소중한 것은 거창한 것이 아니라 가족이다. 아내와 아이들이다.

끝으로, 상대를 보지 말고 목표를 보라. 토끼와 거북이의 레이스를 잘 알 것이다. 토끼는 상대를 보고 뛴다. 거북이는 산 정상의 깃발을 보고 간다. 토끼를 보지 않는다. 거북이에게는 목표가 있어 희망의 끈을 놓지 않는다. 족함을 모르면 큰 불행이다.

무엇이 위기를 부르는가

이 세상 누구나 성공과 실패, 사랑과 증오, 복수와 응징 등 파란만장한 삶을 겪으며 살아가고 있다. 이렇듯 경제도 부침이 반복된다. 호황과 불황이 교차하고, 상승기가 있으면 하강기가 있게 마련이다. 문제는 정상적인 싸이클이 어느 순간부터 변하기 시작하면서 경제적 위기가 닥치는 것이다. 1997년 국가부도의 위기에 몰렸던 외환위기가 그렇다. 왜 경제적 위기는 오는 것일까? 그것도 주기적으로 반복되고 더 잦아지는 이유는 무엇일까? 그 위기의 원인은 쏠림에서 온다. 풍선에 바람을 넣으면 장력이 허용되는 범위까지 불어나 언젠가는 터지는 것과 같은 것이다. 금융과 실물(산업)이 따로 노는 상황이 되면 생산적인 투자가 아니라 투기적인 머니 게임이 벌어진다. 2000년대 우리나라도 부동산, 벤처주식, 해외펀드, 골프회원권, 등에 자금이 몰릴 때마다 가격이 폭등과 폭락을 겪으면서 수많은 사람들이 손해를 보았다. 애덤 스미스가 "밀물이 들면 모든 배가 똑 같이 떠오른다"고 한 것은 거품이 끼면 우량자산 비우량자산 할 것 없이 덩달아 들썩인다는 비유로 한 말이다.

윌리엄 비브라는 미국 과학자가 있었다. 1921년 그는 남미의 정글에서 한 무리의 병정개미들이 400m에 달하는 큰 원을 그리며 맴돌고 있는 희한한 장면을 목격한다. 이 행진은 이틀 동안 쉼 없이 계속됐고 대부분의 개미가 지쳐 죽고 말았다. 앞선 개미가 흘린 화학물질을 따라 이동하는 습성 탓에 선두 개미가 경로설정을 잘못하면 '죽음의 행진'을 계속할 수밖에 없다는 것이다. 이런 현상을 '원형선회'라고 하는데 '앞선 자를 따르라'는 평소 개미 사회를 지탱해 주던 진리였지만 조금만 어긋나도 자칫 개미 사회 전체를 파멸로 이끄는 장송곡이 될 수 있는 것이다. 오로지 한 방향으로만 움직이는 사회는 다양한 움직임이 있는 사회보다 건강하지 못하다.

구방심

※

 '구방심(求放心)'은 맹자의 말로 잃어버린 마음을 찾자는 말이다. 욕심 때문에 흐트러진 마음을 다시 챙기자는 뜻이다. 사람들이 집에서 기르던 고양이나 개, 한 순간도 손안에서 떠나지 않는 스마트 폰을 잃어버리면 마치 뜨거운 가마솥 안의 개미처럼 허둥대며 찾아 나선다. 그런데 그보다 몇 만 배나 더 소중한 마음을 잃어버리고는 허둥대기는커녕 찾을 생각조차 잊고 살아감을 개탄하는 말이다.
 인(仁)은 사람의 본래 마음이요, 의(義)는 사람이 마땅히 가야 하는 길이다. 그 의로운 길을 버리고 가려 하지 않으며, 그 선한 마음을 잃어버리고 찾을 줄 모르니 애처롭기만 하다.

 우리가 학문을 하는 목적은 다른 데 있는 게 아니다. 바로 잃어버린 본래 인간의 선하고 착한 마음을 되찾는 것에 있다. 모든 것을 마음에 초점을 맞추고 인격 수양에 힘쓴다면 잃어버린 마음 뿐 아니라 고양이도 개도 모두 찾게 되어있는 줄 모르고 살아가기 때문에 미래는 더 불안해지는 것이다. 남의 시선에 보이는 포장된 나, 가식과 위선으로 시시각각 변하는 나는 불혹을 지나서도 정체성의 혼란을 겪고 있다면 무엇을 찾을 수 있단 말인가.
 사람들은 그림자를 피해 빨리 달리지만, 그늘진 곳에 머물면 그림자는 절로 사라진다는 것을 알지 못한다. 한 걸음만 물러서면 보지 못하는 것을 볼 수 있고, 두 걸음만 물러서면 더 높고 더 멀리 볼 수 있다는 것을 알지 못한다. 모두가 조급해져 허둥대기 때문이다.

 인간의 과거사가 다 그렇다. 그 때 내가 왜 그리도 과욕을 부렸을까 한다. 예수는 "무엇을 먹을까, 무엇을 마실까, 무엇을 입을까, 염려치 말라"고 했다. 염려함은 처한 상황을 개선할 능력이 전혀 없으며 마음의 상처만 남는다. 먼저 네 마음을 구해라.

폭 풍

※

폭풍이 지나가기를 / 기다리는 일은 옳지 않다
폭풍을 두려워하며 / 폭풍을 바라보는 일은 더욱 옳지 않다

스스로 폭풍이 되어 / 머리를 풀고 하늘을 뒤흔드는
저 한 그루 나무를 보라 / 스스로 폭풍이 되어
폭풍 속을 날아 오르는 / 저 한 마리 새를 보라

은 사시나뭇잎 사이로 / 폭풍이 휘몰아치는 밤이 깊어 갈지라도

폭풍 지나가기를 / 기다리는 일은 옳지 않다
폭풍이 지나간 들녘에 핀 / 한 송이 꽃이 되기를
기다리는 일은 더욱 옳지 않다

- 시인 정호승 -

   얼마 전 온라인상에 미국의 90세 이상 노인들을 대상으로 "인생을 돌아보았을 때 가장 후회되는 것은 무엇인가?"라는 설문에 "좀 더 모험을 해보았으면 좋았을 걸"이라는 대답이 압도적 우위였다는 게시물이 화제가 된 적이 있다. 제니 니콜라스가 쓴 '후회 없는 인생을 위한 40가지 방법'이라는 책에는 '새로운 것을 시도하고, 좀 더 위험을 감내하고, 모험적으로 살라'는 대목이 있다.

   어쨌거나 삶 자체가 모험이다. 위험을 두려워하지 않는 것이 잘 살아가는 방법이 될 수도 있다. 노인들이 뒤늦은 후회를 한다.

사춘기와 사추기(思春期와 思秋期)

✺

　인생에도 춘하추동이 있다. 인생의 봄을 맞을 즈음 누구나 예외 없이 거치는 시기가 사춘기다. 우리 때는 중고등학교 시절이 사춘기였지만 요즘엔 조숙해져 초등학교 4-5학년에 사춘기가 시작된다고 한다. 그런데 인생에는 사춘기만 있는 게 아니라 사추기도 있다.

　사춘기의 특징이 '반항' 이라면 사추기의 특징은 '우울' 이다. 여성들의 경우는 폐경기를 전후해 우울증이 동반되지만 남자들의 경우는 사회활동이 축소되거나 정지되면서 급격히 우울해지기 쉽다. 더 이상 올라갈 일은 없어 보이고 내리막만 있는 것 같으니 의욕도 안 나고 살맛도 없어지는 게 당연하다. 후배들은 밑에서 치받으며 올라오는데 자신은 여전히 답보하다 못해 퇴보하고 있다고 생각하는 때다. 정작 몸은 늙은 게 아닌데 마음은 주눅 들고 가라앉는 상태다. 세상에 만만한 것들이 하나도 없어 뭣하나 결단도 결정도 못한 채 시간만 흘려보내 괜한 곁눈질만 는다. 살아도 산 것 같지 않고 놀아도 논 것 같지 않다. 이래저래 잘못 산 것 같아 화만 치민다.

　사춘기는 '성장통', 사추기는 '정지통' 을 겪는다. 시들어 가는 자신의 모습에 주눅 들고 좌절하고 끝내는 스스로를 닫아버리며 무너져 내리기까지 한다. 사춘기에는 가출이라도 한다. 춥고 배고프면 집으로 들어오는 가출은 부모나 친구들의 관심을 끌기 위한 술책의 하나이기도 했던 것 같다. 하지만 사추기는 다르다. 아내도 자식도 아비 속이 어떤지는 관심도 없다. 어디에 마음 둘 곳이, 어디에 눈 둘 곳이 있겠는가? 어디에도 맘 붙일 곳이 없어 탈출하고 싶은 것이다. 그래서 탈출하는 만만한 비상구가 산이다. 대한민국이 산 많은 나라였기에 망정이지 그렇지 않았다면 속 터지는 사추기 남자들이 거리에 숱하게 널렸을 법하다. 주말도 공휴일도 아닌데 서울 북한산과 도봉산은 사추기 등산객들로 인산인해를 이룬다.

그 사람을 가졌는가

✺

만리길 나서는 길 처자를 내맡기며 맘 놓고 갈 만한 사람
그 사람을 그대는 가졌는가
온 세상이 다 나를 버려 마음이 외로울 때에도 "저 맘이야"
하고 믿어지는 그 사람을 그대는 가졌는가
탔던 배 꺼지는 시간 구명대 서로 양보하며 "너 만은 제발 살아다오"
할 그 사람을 그대는 가졌는가
불의의 사형장에서 "다 죽여도 너희 세상 빛을 위해 저만은 살려두거라"
일러줄 그 사람을 그대는 가졌는가
잊지 못할 이 세상을 놓고 떠나려 할 때 "저 하나 있으니"
하며 방긋이 웃고 눈을 감을 그 사람을 그대는 가졌는가
온 세상 찬성보다도 "아니"하고 가만히 머리 흔들 그 한 얼굴 생각에,
알뜰한 유혹을 물리치게 되는 그 사람을 그대는 가졌는가

- 함석헌 -

　내가 시를 읽고 있는 것이 아니라 시가 내게 큰 소리로 외쳐 묻는 느낌이다. 나를 위해 진정으로 울어줄 사람이 몇이나 될까 싶다. 두려움으로 가득 찬 알 속에 자신을 가두지 마라. 용기 있는 자만이 그 알의 껍데기를 깨고 나올 수 있고, 그 알의 껍데기를 깨는 자만이 진정한 자유를 누릴 수 있다.

　영국의 낭만파 시인 페시 셸리의 시 '서풍의 노래' 5편 마지막 구절은 "겨울이 왔으면 어찌 봄이 멀 것이랴?(if winter comes, can spring be far behind?)"이다. 고통 뒤에는 반드시 성공이 기다리고 있다는 시적 표현이다. 자연은 계절의 순서를 배열할 때 춥고 고달픈 겨울 다음 가장 생기발랄한 봄을 오게 했다. 역설적이지만 겨울은 봄을 위해 존재한다.

　맨몸으로 펜 하나 들고 군사혁명 정부에 항거한 고 함석헌 선생은 셸리의 이 시를 무던히도 좋아했다고 한다.

100세 대비 몸을 만들어라

※

"어차피 천년만년 살 것도 아닌데 지금 좋아하는 걸 하면서 살래."

비겁한 말이다. 담배 피우는 사람, 매끼 과식하는 사람, 종일 꼼짝 않고 TV만 보는 사람이 어느 날 갑자기 죽는 게 아니다. 병은 '쾌락의 이자'라는 말이 있다. 그렇게 살아온 사람들은 몇 년 혹은 몇십 년 병의 무게를 짊어지고 살아야 할지 모른다.

얼마나 오래 사느냐가 아니라, 어떻게 살 것인가에 초점을 맞추어야 한다. 젊은 나이부터 삶의 방식을 바꾸어가야 한다. 혹시 아는가, 100세를 넘기며 살게 될지. 재수 없는 놈은 120도 살지 모른다.

나이를 먹는 건 괜찮다. 헌데 산소탱크가 달린 휠체어에서 살아야 한다면 어떻겠는가? 지금 알아서 막을 수만 있다면 무조건 막아야 한다. 나이 들면 인생을 훨씬 더 느긋하게 즐길 수 있는 기회가 생기는데 말이다.

몸에 해로운 것들이 쌓이면 나중에 그 여파는 반드시 드러나기 마련이다. 젊은 나이에 몸을 어떻게 다루었는가도 나이가 들면 고스란히 나타난다. 지나친 흡연, 음주, 약물은 모두 몸을 망치게 만든다.

모든 사람은 어떤 이유로든 죽는다. 하지만 만성질환으로 느리고 고통스러운 단계를 거치며 죽어야 할 이유는 없지 않은가. 심장병, 당뇨병, 폐질환 같은 병들은 갑작스러운 죽음을 유발하지 않는다.

'병은 말을 타고 들어와 거북이를 타고 나간다'는 속담이 있다.

서서히 몸이 쇠약해지고 오랫동안 병이 진행되는 것이다. 누구든 할 수만 있다면 그런 상황은 피하고 싶을 것이다. 언제 죽을지는 선택할 수 없지만 건강하게 살다 떠날지, 육체의 고통을 하염없이 이고 살다 떠날 것인지는 선택할 수 있다.

광교산 팔각정

※

내가 용인으로 이사 오면서부터 1주일에 두 번 이상은 꼭 오르는 산이 광교산이다. 비가 오나 눈이 오나 가장 가깝게 찾는 산이 되었다. 혼자 가는 경우가 많지만 집사람이나 손녀들과 함께 다닌다.

한 달이면 12번 이상 오르니 1년이면 144번, 10년이 지났으니 줄잡아 1,000번은 족히 넘게 다닌 산이다. 도시락을 먹는 곳, 누워 쉬는 곳, 책을 읽기에 안성맞춤인 곳을 눈을 감고도 찾을 정도다.

첫 번째 봉우리 형제봉에서 잠시 쉬었다 간다. 다시 종루봉을 거쳐 시루봉 정상에 머물다 되돌아오는 길에는 꼭 종루봉 팔각정에 올라간다. 나옹선사의 시를 읊어 보고 싶어서이다.

청산은 나를 보고 말없이 살라하고
창공은 나를 보고 티없이 살라하네
탐욕도 벗어놓고 성냄도 내려놓고
물같이 바람같이 살다가 가라하네
세월은 나를 보고 덧없다 하지말고
우주는 나를 보고 곳없다 하지않네
번뇌도 벗어놓고 욕심도 벗어놓고
강같이 구름같이 말없이 가라하네

장자크 룻소는 "걸음을 멈추면 생각도 멈춘다. 내 마음은 언제나 다리와 함께 작동된다"고 했다. 그가 쓴 책들도 산책 중에 구상했다. 에스키모인들은 화가 나면 무작정 앞으로 걷는다. 걸어간 거리를 통해 분노의 강도를 짐작한다고 한다. 걷기는 이렇게 사람의 정신과 마음을 다스린다. 그 뿐만 아니라 꾸준한 걷기는 신체저항력을 키우고 몸속의 독소를 제거하여 노화와 심장병을 예방한다.

나는 이렇게 산에서 많은 것을 얻는다. 그리고 남은 생을 어떻게 계획해야 할지 깊게 생각한다.

곡강(曲江)

※

호랑나비 꽃 속 깊은 꿀을 빨고
물 위 점 찍는 듯 잠자리 한 쌍
세상 모든 것은 변하여 가는 것
잠시나마 서로서로 어울려 보세

  중국의 시인 두보가 쓴 시로 마음속에 깊은 뜻을 품었으나 기회가 오지 않아 매일 술이나 취하도록 마시고 꽃구경이나 하면서 허송세월하는 자신의 울적한 심사를 표현하고 있다. 실의한 나날들 속에서도 봄은 어김없이 찾아와 흐드러지고, 꽃 사이를 날아다니는 나비와 물 위를 날고 있는 잠자리는 아름답다. 아름다운 봄빛이여, 흘러가는 시간이여 멎아다오. 나와 함께 잠시라도 즐겨보자고 한다.

  '우생마사(牛生馬死)', 홍수가 났을 때 소는 살아남지만 말은 죽게 된다는 고사성어다. 저수지에 빠진 소와 말은 둘 다 헤엄쳐 뭍으로 나온다. 물론 힘이 센 말이 소보다 두 배는 빨리 헤엄쳐 나온다. 그런데 문제는 홍수가 났을 때다. 몸뚱이를 제대로 가누기 어려울 만큼 세찬 물살을 만났을 때, 소는 마침내 살아 나오지만 말은 빠져 죽는다. 그 이유가 무엇일까? 힘이 센 말은 제 힘으로 거센 물살을 거스르며 살겠다고 발버둥 치다가 서서히 기력이 빠져 탈진 상태로 죽고 마는데 반해, 소는 물살을 거스르기 보다는 오히려 등지고 물 흘러 가는대로 둥둥 떠내려가다가 나뭇가지에 기대거나 지붕위로 올라가 물이 다 빠진 다음 뭍으로 나온다는 것이다.

  환경을 내 뜻대로 바꿀 수는 없다. 세상이 내 뜻대로 되지도 않는다. 세상의 일들을 정확하게 예측하는 기준은 20%를 넘기기 힘들다는 통계가 있다. 예측할 수는 없지만 지금 벌어지고 있는 상황에 대처하는 것은 가능하다. 진정한 능력이란 환경을 통제하거나 예측하는 것이 아니고, 닥쳐오는 상황에 바르게 대처하는 능력이다.

내려가는 연습

✺

    한국인으로는 세계에서 가장 높은 히말라야를 정복한 산악인 엄홍길은 이렇게 말한다.
    "내려가야 다른 고봉(高峯)을 올라갈 수 있다."
    또 다른 정상에 우뚝 서려면 내려가는 연습이 필요하다는 뜻이다.
    인생도 마찬가지, 비즈니스도 다르지 않다.
    항상 정상에 설 수는 없는 것이다.

    "조금 지나면 금방 좋아지겠지" 란 헛된 기대를 포기해야만 한다.
    멀리 가길 원하는가?
    그렇다면, 가까운 곳부터 시작하라.
    높이 오르려고 애쓰는가?
    그렇다면 낮은 곳에도 임할 줄 알아야 한다.

    내려가는 연습이란 버티지 말고 버리고 가는 것이다.
    그래야 다음 고봉을 오를 수 있다.
    준비하는 사람에게는 언제나 위기는 기회다.
    패자는 걸림돌에 넘어진 것이고,
    승자는 걸림돌을 단지 디딤돌로 여기고 일어선 것뿐이다.

    토정비결에 보면 '흉즉대길(凶則大吉)' 이라 했다.
    신수가 아주 나쁠 때 실제로는 아주 좋은 일이 있다는 위로의 말이다.

'무지개원리'를 쓴 차동엽 신부는 어려울 때일수록 안 좋은 생각을 하고 부정적인 말을 쓰게 되는데 그럴수록 불안은 더 계속된다고 한다.
어떤 경우도 살아남는다는 자기다짐을 하면 그대로 된다.
세상만사 음 안에 양이 있고 양 안에 음이 있다는 것이다.

채찍과 당근

✦

사람을 움직이는 방법으로 채찍과 당근이 있다.

채찍은 금지하고 벌하는 것이다. 이것에 순응하는 사람도 있지만 반발하는 사람도 나온다. 로미오와 줄리엣처럼 하지 말라면 더 하고 싶고 간절해지는 게 사람심리다.

당근은 상금과 보너스다. 사람들을 직접 규제하는 게 아니라 스스로 이해득실을 계산해 행동하게끔 만든다. 나그네의 외투를 벗기는 것은 비바람이 아니라 따사로운 햇살이었다는 이솝 우화는 당근의 효과를 잘 보여준다.

경제학에서 말하는 인센티브는 경제적 유인이다. 즉 사람들은 채찍보다는 당근에 더 잘 반응한다는 것이다. 대중의 시각으로 보면 당근보다는 당장의 채찍이 잘 통할 것 같다. 금지법규를 만들고 범죄형량을 높이는 것이 훨씬 효과적으로 보인다. 그러나 정부가 정책을 만들면 사람들은 금세 대책을 만든다.

1995년 도입된 쓰레기 종량제는 당근의 효과를 내고 있다. 그 전에는 재산세 납부액을 기준으로 쓰레기 처리 수수료를 부과했다. 아무리 쓰레기를 줄여도 나가는 비용은 똑같으니 줄이려고 노력할 필요가 없었다. 그러나 쓰레기 종량제 실시로 쓰레기를 많이 버릴수록 비용을 더 부담하게 했더니 봉투구입비를 아끼려고 철저히 분리수거를 했고, 쓰레기 발생량이 30~40퍼센트 급감했으며 재활용수거는 2배 이상 늘었다. 쓰레기가 많으면 비용이 늘고 줄이면 비용이 줄어 이득이 되는 당근효과를 이용한 것이다.

하지만 당근(성과급, 스톡옵션의 인센티브)도 과도하면 개인적인 이익에만 몰두하게 만들어 공동체가 무너질 수 있다.

무엇이든지 지나치면 모자람만 못하다.

최소저항이란

한 개인이 성공을 이루어가는 과정에서 가장 치명적인 해를 끼치는 적의 실체는 이른바 '최소저항의 법칙'을 통해 설명할 수 있다.

물이 높은 곳에서 낮은 곳으로 흐르는 것처럼 대부분의 사람들은 자신의 행동에 대한 장기적인 전망을 고려하지 않고 원하는 것을 얻기 위한 가장 빠르고 손쉬운 길을 찾으려 한다.

보다 수월한 방법을 택하려는 사람들의 경향은 어떻게 보면 자연스러운 것이라 생각할 수도 있다. 하지만 실제로 그것은 그들이 성인이 되어 맞게 되는 실패 상황과 저조한 실적을 설명하는 근거가 되기도 한다.

개인적인 면에서나 직업적인 면에서 자신을 개발하는 쪽에 더 많은 시간을 할애해야 한다. 뿐만 아니라 매일 매일 마음을 다져 매사를 편한 방법으로 대응하려는 유혹을 물리쳐야 한다.

영국의 속담에 '잔잔한 파도는 훌륭한 뱃사공을 만들지 못한다' 는 말이 있다. 인생에서 거친 파도를 만나거든 불평하지 말고 오히려 감사해라. 그 과정을 거치고 나면 당신은 반드시 훌륭하고 강한 사람이 될 것이다.

러시아의 육군 장교였던 알렉산드르 솔제니친은 문서날조 혐의로 체포되어 재판을 받고 시베리아에 있는 수용소로 보내져 11년의 세월을 보낸다. 그곳에서 엄청난 고문과 고통에 시달린다. 하지만 이후 솔제니친은 그 경험을 바탕으로 '수용소군도' 라는 책을 썼고, 1970년 노벨상을 받는다. 이 비극적인 사건에서도 그는 긍정의 씨앗을 본 것이다. 그는 책 속에 다음과 같은 고백을 했다. "감방이여 고맙다" 라고. 어느 쪽을 바라보느냐에 따라 인생이 달라진다.

표적이 이동하면 사냥꾼도 이동해야 한다.

돌하르방 식당

※

지난 주말에 제주 올레길 트래킹을 갔다.

출발 전 올레꾼들이 자주 찾는 각재기국과 멜국을 맛보자고 해 제주시 일도 2동 주택가 골목길, 식탁 6개 놓인 돌하르방 식당을 찾았다. 여기는 아침 10시에서 오후 3시까지만 문을 연다고 한다.

우리가 10시에 도착했는데 이미 줄을 서서 기다린다.

각재기는 전갱이를. 멜은 멸치를 가리킨다.

등 푸른 생선 전갱이를 국으로 끓이면 비린내가 심할 것 같은데 전혀 아니다. 실한 전갱이 한 마리가 들어간 각재기국은 뜻밖에 담백하고 개운했다. 배추에서 우러난 단맛과 구수한 된장이 어우러진 덕분인 것 같다. 멜국은 더 고소했다. 이렇게 드문 맛이 한 뚝배기에 6천원이다. 얼마 전에 천원이 오른 값이란다.

주인장 강영채 할아버지는 올해 일흔여덟이다. 빨간 티셔츠에 야구 모자를 쓰고서 영업시간 내내 주방 일을 도맡는다고 한다. 손님이 사진을 찍을라치면 잠시 조리 기구를 내려놓고 하트사인을 그려 보이는 장난기 많고 쾌활한 사람이다.

할아버지는 "쓸 만큼만 벌겠다"며 오후 3시면 문을 닫고, 주말과 공휴일엔 꼭 휴식을 취한다고 한다. 참으로 부러운 고집이다.

올바른 생활습관으로 제2의 건강유전자를 만들고 작은 것이라도 가슴 설레며 하고자 하는 일이 있을 때 우리에게도 이런 삶이 주어질 것이다. 햇살이 눈부신 날, 아름답고 평화로운 제주의 풍광에 취해 피곤한 줄 모르고 걷고 또 걸었다.

실패하거나 지쳤을 때 어리석은 사람은 방황하지만
현명한 사람은 배낭을 짊어지고 여행을 떠난다.

탯줄을 끊어라

밤에 배를 채우고 자는 것처럼 우매한 짓은 없다. 배를 비우고 자는 것이야 말로 축복이다. 옛날에는 부엌이 자는 곳에서 멀리 떨어져있기 때문에 자다가 주섬주섬 먹는 어리석음이 없었다. 하여튼 옆에 있는 냉장고가 현대인의 질병을 부추기는 것 같아 씁쓸하다.

지구상에서 인간만이 과식을 한다. 야생의 동물은 아무리 식욕이 돋는 먹이가 있어도 일정한 양(80%)을 채우면 더 이상 먹지 않는다. 적을 만나면 뛰어야 하기 때문이란다. 인간을 위시한 인간 근처의 동물들만 많이 먹으려다 병이 든다.

가장 많이 먹는다는 돼지도 소화제 먹는다는 소리는 듣지 못했다.

호랑이는 돌을 던지는 사람을 향해 달려온다. 그런데 똥개는 먹을 것을 던지는 줄 알고 돌을 잡으려고 달려간다. 명견은 주인이 먹지 말라고 하면 3일도 굶는다. 똥개는 보면 먹는다.

적당히 먹고 잘 소화시킬 수 있다는 게 축복이고, 잘 싸고 잘 잘 수 있다면 얼마나 황홀한가. 자기 두 발로 걸을 수 있다는 것은 세상을 다 얻은 것처럼 위대한 일이며, 자기 두 눈과 귀로 보고 들을 수 있다는 것이 얼마나 경이로운 일인지를 우리는 잊고 산다.

사람은 모두 어머니 뱃속에서 자라 세상 밖으로 나온다. 그 때 우리는 누구도 예외 없이 최초의 단절을 경험하게 된다. 바로 탯줄이 끊기는 것이다. 탯줄은 어머니의 자궁과 태아의 심장을 연결하는 끈으로 아이의 성장에 필요한 모든 에너지를 공급 받는다.

그러나 10개월이 지나면 상황은 달라진다. 탯줄을 너무 늦게 자르거나 그대로 놔두면 치명적인 위험이 따른다. 탯줄을 제때 꼭 끊어주어야 엄마도 아이도 건강할 수 있다. 탯줄을 자르고 엄마와의 단절을 경험해야 비로소 자궁 밖 새로운 세상과 만날 수 있다.

단절은 새로운 시작을 위한 진통이다.

지구력이 문제다

☀

　나는 높은 산을 오를 때 입이 마르는 것을 막기 위해 사탕을 입에 넣고 걷는다. 오래 오래 먹으려고 하는데 몇 번 빨다가는 금세 아드득 아드득 깨물고 만다. 입 안에서 저절로 녹아 없어질 때까지 참지를 못한다. 깨물어 먹든 녹여 먹든 어느 쪽이 좋고 나쁘다고 말 할 수는 없지만, 그러나 사탕을 먹는 방식으로도 그 사람이 가진 기질의 차이를 따져볼 수 있다.

　나는 성격이 급한 편이다. 눈깔사탕 하나 입 안에 넣고 녹일만한 참을성이 모자란다. 우선 감질이 나고, 갑갑하고, 싫증이 나서 저절로 녹기를 참고 기다릴 수가 없다. 작은 문제 같지만 깨물어먹는 사람은 녹여먹는 사람과는 기질과 지구력이 다르다.

　톨스토이의 '전쟁과 평화', 로맹 롤랑의 '장크리스토퍼'와 같은 대작들은 지구력 없이는 쓸 수도, 읽을 수도 없는 책이다. 이런 책들은 젊을 때가 아니면 읽을 엄두도 못 낸다.
　피카소는 나이 일흔을 넘어 스무 살의 신부를 맞이했다. 노망해서가 아니라 그만한 지구력과 스테미너가 있었기에 가능한 일이다.
　환갑을 지나서 이루어진 걸작들도 많다. 괴테의 '파우스트'는 여든 살에 출판되었고, 빅토르위고의 '레미제라블'은 예순 살, 도스트예프스키의 '카라마조프가의 형제들'은 쉰일곱 살에 착수한 것이다.
　우리는 우선 지구력의 기질이 따르지 못한다. 웨렌 버핏을 봐라. 지구력이 대단한 사람이다. 웬만해서는 꿈쩍도 않는다.
　우리 모두는 조로현상이 온 듯 50대인데 80대처럼 늙어있다.

높이 나는 새는 몸을 가볍게 하기 위하여 많은 것을 버린다.
심지어 뼛속까지 비워야 한다. 무심히 하늘을 나는 새 한 마리가 주는 가르침이다.

변화의 원리

주역에서 말하는 변화의 원리 가운데 가장 중요한 것이 무엇인가?
바로 곤궁하다는 의미의 '궁(窮)'이다. 모든 변화의 출발점은 편안하고 잘 될 때가 아니라 어렵고 위기에 몰렸을 때라는 말이다. 속된 말로 궁지에 몰리게 되면 누구나, 할 수 없이 변해야 한다.
등 따시고 배부르면 누가 변하려 하겠는가. 춥고 배고플 때 먹고 살기 위해서라도 변하고자 하는 것이 바로 인간이다.

그러니 지금 스스로 괴롭고 어려운 처지에 있다고 해서 위축될 이유가 없다. 바로 그것이 나를 다시 일으켜 발전시키는 원동력이 될 수 있다고 보는 것이 옳다. 그것이 주역에서 말하는 변화의 핵심인 것이다.
실제 인류를 대표하는 걸작들도 대가들이 가장 곤궁할 때 출현하는 경우가 많다. 러시아의 대문호 도스토예프스키는 그가 도박으로 빚에 몰려 숨어살던 시절에 '죄와 벌'을 썼다.
물론 궁한 처지를 비관하고 남의 탓만 하는 경우에는 기회가 오지 않는다. 어려울수록 변할 수 있는 기회라고 생각하는 용기가 없으면 망하는 길 밖에 없다. 개인이나 기업이나 정당도 마찬가지다.
그러니 곤궁한 처지를 탓하지 말라. 그 곤궁 속에 우리가 오래 살아남을 수 있는 비결이 숨어 있을지 모른다.
오늘 당신이 곤궁하다고 느껴진다면.

인터넷 기업 알리바바의 창업자 잭 마윈의 인생 및 경영철학이다.
오늘 너무 비참하고, 내일은 더 비참할지라도 모레는 반드시 찬란한 날이 온다.
그러나 내일 밤에 포기해 버리면 모레의 태양을 보지 못하게 될 뿐이다.

줄탁동시(啐啄同時)를 아는가

※

'줄'은 병아리가 알에서 나오기 위해 껍질 안에서 공략부위를 톡톡 쪼는 행위이고, '탁'은 어미가 밖에서 쪼아 구멍을 내주는 행위이다.
어미가 품에 안은 알 속에서 조금씩 병아리가 자랐다.
이제 세상 구경을 해야 하는데, 알은 단단하기만 하다.
병아리는 알 속에서 나름대로 공략부위를 정해 쪼기 시작하지만 힘에 부친다. 이때 귀를 세우고 소리 나기만을 기다려온 어미 닭은 그 부위를 밖에서 동시에 쪼아준다. 답답한 알 속에서 사투를 벌이던 병아리는 어미의 도움으로 비로소 세상 밖으로 나오게 된다.

안과 밖에서 동시에 해야 일이 완성될 수 있다는 고사성어를 '줄탁동시'라 한다. 참으로 세상을 살아가는 데 꼭 필요한 가르침이자 매력적인 이치가 아닐 수 없다. 행복한 가정은 부부가 '줄탁동시' 할 때 이루어지고, 훌륭한 인재는 스승과 제자가 '줄탁동시' 할 때 탄탄해지며, 세계적인 기업은 노사가 '줄탁동시' 할 때에 만들어진다.

이렇듯 '줄탁동시'를 이루어내기 위해서는 조건이 있다.
첫째, 내가 먼저 준비하고 대비해야 한다.
둘째, 안에서 나는 소리에 귀를 기울이고 경청해야 한다.
셋째, 타이밍을 놓치지 않고 상대가 갈망하는 때를 잘 맞추어야 한다.
넷째, 성과가 나올 때까지 지속적인 노력이 있어야 한다.
안과 밖에서 나와 너, 이 둘이 만나 새로운 열정과 에너지를 창조하는 원리다. 자식에게 도움을 줄 때도 줄과 탁이 맞닥뜨려야 그 빛을 발한다. 부모의 일방적인 도움은 자식을 더 힘들게 하기 마련이다.

구하라 그리하면 너희에게 줄 것이요. 찾아라 그리하면 찾을 것이요,
두드려라 그리하면 열릴 것이다.

즐기는 사람이 프로다

일은 누구나 한다.
먹고 살아야 하고, 아이들 키우고, 부모님 모시고, 노후대비 해야 하고, 여유가 있다면 재미있게 놀아야 하기 때문이다.
만약 돈 벌이가 되는 그 일이 무엇이든 즐겁기까지 한다면 금상첨화다. 이런 사람을 프로라 한다.
애널리스트, 공무원, 요리사, 엔지니어, 의사, 세일즈맨 등 무슨 직업이든 그 일이 좋아 즐기면서 한다면 진정한 프로가 된다.
행복한 삶을 원한다면 일이 먼저가 아니라 놀이가 먼저다.

싸이는 유튜브에 올린 뮤직비디오 하나로 지구촌 가수가 되었다.
그는 노래를 즐기는 가수다.
그런데 나는 음치다.
노래나 음악을 좋아해도 함께 즐기지를 못한다.
노래방에 가면 분위기를 깰까 봐 탬버린만 열심히 흔들다가 차례가 가까이 오면 무대 뒤편에 있는 화장실로 간다. 민폐를 끼치지 않으려는 내 방식이다.

바람이 불면 사물이 각자 다른 소리를 내는 것처럼, 사람도 저마다의 방식으로 세상과 부딪쳐 제각기 색깔이 다른 삶을 살아가고 있다.
무엇을 하고 살든 즐기는 자에게 경쟁력이 있다고 공자는 말한다.
지지자불여호지자 (知之者不如好之者)
호지자불여락지자 (好之者不如樂之者)
아는 자는 좋아하는 자만 못하고, 좋아하는 자는 즐기는 자만 못하다.

파스칼은 말한다. "고뇌에 복종하는 것은 치욕이 아니다. 인간의 가장 큰 치욕은 쾌락과 탐욕에 복종하는 것이다."

5

공부는
마지막 순간까지다

공자는 논어에서 '학이시습지불역열호(學而時習之不亦說乎)'라 했다. 배우고 때로 익히면 또한 즐겁지 아니한가라는 말이다.

공부할 때가 따로 있는 게 아니라 틈만 나면, 시도 때도 없이 무시로, 숨 쉬고 있을 때, 그때가 바로 공부할 때라는 것이다.

율곡 이이는 '사람들은 공부하는 것이 일상생활 가운데 있음을 알지 못하고 망령되게도 높고 먼데 있어 행하기 어려운 것으로 생각 한다'고 했다. 그리하여 공부는 특별한 사람이나 하는 것으로 간주하고 포기해버림을 안타까워했다.

정약용은 유배지에서 아들에게 편지를 쓴다.

"이제 가문이 망했으니 네가 참으로 독서할 때를 만났구나."

진정 대단한 아버지다. 보통 아버지들 같으면 당장 가문을 살릴 방도를 마련해 보라고 닦달을 할 터인데, 정약용은 아들에게 마침내 독서의 찬스가 왔으니 절대 놓치지 말라고 한다.

이 황당한 아버지에 따르면 독서! 이 한 가지 일은 위로 성현과 짝할 수 있고 아래로는 뭇 백성을 깨우칠 수 있으며, 귀신과 통할 수 있고 우주를 지탱할 수 있는 것이다. 그러니 부디 책을 손에서 놓지 말라고 당부하고 또 당부한다.

정약용이, 그것도 유배지에서 자기 아들에게 헛말을 했겠는가?

시대를 앞서가는 전략

　포유류 가운데 가장 몸집이 큰 코끼리. 맹수들도 꺼려하는 이 거대한 동물을 사람들은 어떻게 길들였을까? 먼저 코끼리를 어려서부터 튼튼한 말뚝에 묶어놓는다. 아직 힘이 약한 아기 코끼리는 몇 주 동안 말뚝에서 벗어나기 위해 안간힘을 쓰지만 번번이 실패한다. 그렇게 한 달여를 무수히 시도한 코끼리는 탈출이 물거품이 되자 자신이 어떻게 해도 상황은 바뀌지 않는다고 판단한다. 몇 년이 지나 크게 자란 코끼리는 충분이 말뚝을 뽑을 수 있는 힘을 가졌음에도 불구하고 여전히 온순한 코끼리로 머문다. 이와 같이 초기의 계속된 실패로 인해 나중엔 충분이 그것을 이룰 수 있음에도 불구하고 시도 자체를 포기하고 마는 것을 '학습된 무기력'이라 한다.

　경영학의 석학 게리 하멜의 '시대를 앞서가는 미래 전략'이라는 책에 소개된 이야기다. 4마리의 원숭이를 방에 넣고, 긴 장대의 꼭대기에 바나나를 매달아 두었다. 배고픈 한 마리의 원숭이가 그것을 먹으려고 장대를 타고 올라가자 샤워기에서 찬물이 뿌려졌다. 깜짝 놀란 원숭이는 바닥으로 떨어졌다. 나머지 원숭이들도 바나나를 먹으려고 시도했지만 장대를 오를 때마다 번번이 찬물이 쏟아졌다. 이 일이 반복되자 원숭이들은 바나나를 먹으려 시도하지 않았고, 포기해 버렸다. 그 다음 4마리 중 하나를 새로운 원숭이로 교체했다. 신참 원숭이가 바나나를 보고 장대위로 올라가려 하자 고참 원숭이들이 소리를 질렀다. 고참들의 메시지에 위축된 신참은 결국 포기, 그 이후 차례로 원숭이가 교체되었지만 포기현상은 반복되었다. 이제 샤워기를 제거했다. 그러나 어느 원숭이도 감히 장대에 오르려고 하지 않았다. 아무 이유도 모른 채…… 실패한 뒤 포기하면 끝이지만 실패를 분석하고 배우면 성공으로 올라갈 수 있는 계단이 된다. 원숭이처럼, 코끼리처럼 '학습된 무기력'에서 벗어나라.

덜 갖고 더 존재하라

※

　미국의 저명한 교수 스콧 니어링은 그의 자서전에서 "덜 갖고 더 많이 존재하라"고 말한다. 조금만 덜 가지면 더 오래 살아남을 수 있다는 말이다. 우리는 너무 많은 것을 들고 있으면서도 더 가지려고 애를 쓴다. 조금만 삐끗해도 들고 있는 것들이 한꺼번에 쏟아져 버릴 지경이다. 노자는 "그릇은 비워야 쓸모가 있다"고 했다. 비워야 채울 수 있는 법이다. 비움으로써 우리는 다시 진정한 삶의 자양을 채울 수 있다. 내려놓아야 새로 들 수 있다. 멈춤 없이, 비움 없이, 내려놓음 없이는 누구도 진정한 삶의 가치를 실현할 수 없다.

　미움을 양손에 들고 있다면 사랑을 껴안을 수 없다. 미움이란 먼데 있는 사람, 낯선 사람을 향하기보다는 자기 가까이 있는 사람들을 향해 있는 경우가 훨씬 더 많다. 가장 가까이 있는 아내와 남편 그리고 자식이 속을 태울 때가 더 많다. 미움을 내려놓으면 사랑을 껴안을 수 있다. 오기만큼 백해무익한 것도 없다. 하지만 우리는 때로 그것을 신념이나 의지로 호도하며 움켜쥐고 있기 일쑤다. 원망은 스스로의 무기력함을 자인하는 못난 일이기도 하지만 힘없는 사람이 할 수 있는 몸부림이기도 하다. 이것도 오래가면 한으로 남는다. 분노는 총구가 자신을 향해 있는 총과 같다. 결국 분노는 자신을 쏘는 것이다. 과욕은 내 배는 채울지언정 내 영혼을 궁핍하게 만든다. 과욕의 숟가락을 놓아야 한다.
　또한 좋은 것도 내려놓아야 한다. 스스로 일궈낸 성취와 그 감격, 그 흥분도 너무 오래 들고 있으면 추해진다. 나무가 지난 여름 무성했던 잎들을 낙엽으로 내려놓듯 우리도 뭔가 성취했다면 담담함으로 그것들을 내려놓아야 한다. 내려놓는다는 것은 용기요 결단이다. 그리고 겸손에의 의지다. 내려놓을 수 있다는 것은 포기가 아니라 또 다른 희망이요, 새로운 도전의 의지다.

목계(木鷄)의 교훈

목계의 교훈은 장자의 '달생편'에 나오는 이야기다.

중국 주나라 선왕은 닭싸움을 몹시 좋아했다. 왕은 싸움닭을 조련하기로 유명한 기성자라는 사람이 있다는 소문을 듣고 그를 어전으로 불렀다. 선왕은 싸움닭 한 마리를 주면서 기성자에게 훈련을 부탁한다. 그리고 열흘이 지난 다음 선왕이 물었다.

"닭 훈련은 어찌 되었는가?"

그러자 기성자가 대답했다. "아직 멀었습니다. 지금 자신의 기세만 믿고 한창 허장성세를 부리고 있는 중입니다."

또 열흘이 지나 선왕이 묻는다. "어떤가, 이젠 훈련이 되었겠지?"

"아직 멀었습니다. 다른 닭의 울음소리나 그림자만 봐도 싸우려고 난리를 칩니다."

다시 열흘이 지나 선왕이 또 묻는다.

"아직도 훈련이 덜 되었습니다. 적을 오직 노려보기만 하는데 여전히 살기가 가시지 않습니다."

그리고 또 열흘이 지났다. 기성자는 마침내 자신 있게 말했다.

"이제는 대충 된 것 같습니다. 상대 닭이 아무리 살기를 번득이며 덤벼들어도 조금도 동요되지 않습니다. 멀리서 바라보면 마치 나무로 만든 닭 같습니다. 싸움닭으로서 덕이 갖춰졌습니다. 다른 닭들이 보고는 더 이상 반응이 없자 다들 그냥 가버립니다."

이것이 나무로 만든 닭, 목계에 대한 이야기다.

장자는 여기서 무엇을 말하려고 했을까? 어떤 세파에도 흔들림이 없어야 한다는 경영자의 자세를 목계의 우화를 통해 알리려고 한 것이다. 삼성을 창업한 고 이병철은 목계의 그림을 집무실에 걸어놓고 늘 상기하며 인생과 사업의 교훈으로 삼았고, 아들 이건희에게 유산으로 남겼다고 한다.

나이아가라 폭포

※

작은 것으로도 만족할 줄 알라. 크고 많은 것을 원하면 채울 길이 없다. 현재에 만족하고 행복할 줄 모르면 더 주어도 행복해질 수 없다. 미국 나이아가라 폭포에서는 가끔 어이없는 장면이 목격된다. 세상에서 가장 강한 날개를 가진 독수리가 맥없이 폭포 밑으로 추락해 박살나는 장면이다. 왜 그럴까? 강력한 날개를 가진 독수리가 왜 추락하는 것일까?

나이아가라로 향하는 강의 지류에 죽은 양이 박힌 커다란 얼음 덩어리가 떠내려가면 독수리들은 그것을 향해 하강한다. 독수리는 예리한 발톱을 얼어붙은 양의 털에 깊숙이 박고 양고기를 뜯기 시작한다. 독수리가 죽은 양의 살코기에 탐닉할 즈음 거대한 물줄기가 천 길 낭떠러지 나이아가라 폭포로 떨어지는 굉음이 들려온다. 독수리는 그것을 조금도 두려워하지 않는다. 강력한 날개를 펴서 창공으로 날아오르면 그만인 것이다. 이제 달콤한 파티는 모두 끝났다. 얼음덩이 위엔 양의 뼈만 앙상하게 남았다. 독수리는 공중으로 날아오르기 위해 날개를 활짝 폈다. 그런데 발톱이 빠지지 않는다. 독수리는 날개를 퍼드덕거리다가 양의 사체와 함께 폭포에 추락해 산산조각이 나고 만다. 쾌락의 양고기에 취해 자신이 점점 죽음의 폭포로 향하고 있음을 망각한 독수리의 비극적인 최후다.

어찌 독수리의 경우만 해당될까? 달콤한 돈의 유혹에 너무 깊숙이 빠져 지내다 문득 정신을 차렸을 때는 이미 돈에 박힌 발톱이 빠지질 않는 것이다. 얼음덩어리에 박힌 양고기처럼 먹음직하고 보암직하지만 그 결과는 어김없이 파멸로 이어진다.

세상에서 성공했다는 사람들의 추락을 얼마나 자주 목격하는가.

정상에서 추락하지 않으려면 초심을 잃지 말아야 한다. 세상의 달콤한 것들은 찰나의 미각에 불과하다. 추락의 원인일 뿐이다.

공자의 일생

　공자는 고난의 삶을 살았다. 60대 노인과 10대 처녀 사이에서 축복받지 못한 자식으로 태어났다. 오죽하면 역사가 사마천이 공자를 야합의 자식이라고 표현했겠는가.
　공자는 세 살 때 아버지를 여의고 홀어머니 밑에서 자랐다. 젊어서는 창고지기나 가축을 기르는 험난한 일을 하였는데 공자는 스스로 어린 시절 미천했기에 천한 일을 할 줄 아는 게 많다고 했다.
　그러나 공자는 나쁜 환경을 탓하지 않고 적극적으로 대응하며 성장과 성숙의 발판으로 삼았다. 가난하여 학교나 스승에게 학문을 배울 기회를 얻지 못했기에 생활 속에서 또는 사람들과의 사귐을 통해 그 이치를 터득해 갔다. 마침 15세 때 노나라 권력자였던 숙손씨 집안의 아이들을 가까이 할 기회가 생겼고, 그 집에 쌓여있는 책들을 빌려보면서 그의 학문세계는 점점 그 영역을 넓혀갈 수 있었다. 그는 30세에 정식으로 서당을 열어 역사상 최초의 사립학교를 세웠고, 20년 동안 인재양성에 헌신했다. 뒤늦게 길이 열려 51세에 도지사, 52세에 건설장관, 54세에 외교장관, 대법원장 등 출세가도를 달렸으나 인생은 새옹지마라 했던가. 번성한 노나라를 시기한 제나라가 미인계를 활용하자 군주와 실권자들이 여기에 휘말려 정치를 돌보지 않았고, 그는 정계에서 은퇴한다.

　공자는 55세에 14년 동안 천하를 방랑하며 자신의 등용을 꾀했으나 기회가 오지 않았고, 68세에 고향으로 돌아와 다시 후진양성에 매진함으로 만세의 스승이 되었다. 이처럼 공자는 다양한 인생체험을 통해 자기수양과 인간관계의 달인이 되었다. 그는 제자들을 가르치며 고전문헌을 정리했고 시경, 서경, 춘추 등을 저술하였다.
　그리고 73세를 일기로 생을 마감한다. 공자의 삶을 보면서 젊어서 고생은 사서라도 해야 한다는 선조들의 지혜가 새삼 느껴진다.

빈자와 부자의 차이

※

아침 산행을 하려고 나서는 길목에 인력시장이 있다. 그날 일당을 벌기 위해 모인 사람들이 하나같이 건강에 해가 되는 줄 알 터인데 담배를 피우고 있다. 허한 마음을 달래기 위함인가? 가난한 사람들이 훨씬 담배소비를 더 한다. 그런데 부자들은 담배회사 주식을 산다.

요즘은 버스정류장에서도 지하철에서도 남녀노소불문하고 스마트폰에 정신이 팔려 있다. 심지어 걸어가면서까지 폰을 쓴다. 대부분 가난한 사람들이 할 일 없이 훨씬 많은 시간을 뺏기고 있다.
그런데 부자들은 스마트폰 제조회사 주식을 산다.
어떤 투자자는 시골에서 밭을 매는 아주머니들도 스마트폰을 사용하게 될 것이라고 예측했다. 스티브 잡스는 자신의 자녀에게는 폰 사용을 철저히 금지시켰다고 한다.

가난한 사람들은 돈을 쓰고 부자들은 돈을 번다.
뉴욕의 지하철에서는 몇 개 역을 빼고는 폰 사용을 제한하고 있다. 그래서 책을 보는 사람이 대부분이다.
일등 국가가 그냥 되는 게 아니다.

'냄비 속의 개구리' 라는 우화를 들어본 적이 있는가?
뜨거운 물이 들어 있는 냄비에 개구리를 넣으면 곧장 튀어나온다.
하지만 그냥 물이 들어 있는 냄비에 개구리를 넣고 서서히 수온을 올리면, 개구리는 가만히 떠 있다가 결국 체온이 높아져 하늘로 배를 뒤집어 죽고 만다.
이렇게 부자들이 들이미는 달콤한 쾌락에서 벗어나기 힘들어 가난한 사람들은 더 가난을 면하기 어렵게 되어 있다.
이 불평등한 사회구조에 누가 균형을 잡아 줄 것인지……

변하고 싶은가

존재한다는 것은 변하는 것이고, 변한다는 것은 성숙한다는 것이다.
성숙한다는 것은 자신을 무한히 창조한다는 것이다.
이러한 변화, 성숙, 창조의 기초에는 공부가 있다.
변하고 싶은가? 아니, 살아 있는 생명이고 싶은가?
그렇다면 변해라! 변화가 잘 되지 않는다고? 그 때가 바로 공부할 때이다. 삶의 창조적 진화는 공부하는 자에게서만 일어난다.
공부란 세상을 향해 질문의 그물망을 던지는 것이다.
'크게 의심 하는 바가 없으면 큰 깨달음이 없다' 는 말이 있다.
그러므로 질문의 크기가 곧 내 삶의 크기를 결정하는 것이다

중용에 '인일능지백지(人一能之己百之) 인십능지천지(人十能之己千之)' 라 했다. 남이 한 번해서 그것에 능하다면 나는 백 번 할 것이다. 남이 열 번해서 그것에 능하다면 나는 천 번 할 것이라는 말이다. 그러기 위해서는 恒心(항심)과 下心(하심)이 있어야 한다.

항심이란 밥을 먹고 물을 마시듯 꾸준한 것이며, 하심이란 늘 처음으로 돌아가는 겸손함이다. 공부에 필요한 조건은 오직 이 두 가지뿐이다. 사람이 허물 많은 게 부끄러운 것이 아니라, 배우고 익혀 잘못을 고칠 줄 모르는 게 부끄러운 것이다.

더 배우고 익혀 지금의 자신을 뛰어 넘지 못하면 제자리걸음만 하다 결국 도태되고 만다. 치열한 시장 환경 속에서 우리가 물리쳐야 할 대상은 시장이 아니라 바로 나 자신이다. 자신을 뛰어넘을 수 있는 사람만이 발전할 수 있고, 끝없이 자신의 한계에 도전하는 사람만이 오랫동안 시장에 살아남게 될 것이다.

'인일시지분 면백일지우(忍一時之忿 免百日之憂)' 라 했다.
한 때의 분을 참으면 백일 근심이 사라진다는 뜻이다.

높이 나는 새가 멀리 본다

※

'갈매기의 꿈'은 누구나 한 번쯤 읽어본 책이다.

한 이상한 갈매기 조나단에 대한 이야기로 다른 갈매기들이 수천 년 동안 오로지 먹기 위해 물고기 대가리를 찾아 쫓아다닐 때 주인공 조나단에겐 더 높이 더 빠르게 나는 일이 더 중요했다. 죽음의 위험을 안고 수천 피트 상공에서 자신의 한계속도를 넘어 수직 하강한다. 만일 실패한다면 자신이 수백만 조각으로 흩어진다는 사실을 알지만 조나단에게 그 속도는 힘이고, 희망이고, 기쁨이었다. 꿈을 가진 사람은 현재의 위기와 시련에 쉽게 굴복하지 않는다.

갈매기 조나단은 어제 날았던 것보다 더 높이 날기 위해 오늘도 폭풍 속을 날아오른다. 더 멀리 보기 위해.

'불위야 비불능야(不爲也 非不能也)', 하지 않는 것이지 하지 못하는 것이 아니라고 맹자는 말한다. "해보기나 했어?"고 정주영 현대그룹 회장의 말이다. 해보지 않고는 그것이 될지 안 될지 알 수 없다. 일단 부딪쳐 보아야 한다. 맨땅에 머리가 깨질 듯이 박치기를 해봐야 안다는 말이다. 지금은 정해진 길만을 뚜벅뚜벅 걸어가는 사람이 성공하는 시대가 아니다.

소위 남들이 가지 않는 길로 걸어가는 사람, 규정된 규칙에 깽판 치는 사람이 성공하는 시대다. 남들과 다른 길로 가는 것, 큰 도전을 하는 것에 주저해서는 결코 미래를 열 수 없다.

안정이 곧 멸망의 길을 인도하는 시대가 되었다. 도전해야 한다. 일단은 해보아야 한다. 그러면서 끊임없이 자신의 가능성을 모색해야 한다. 안정은 쉼 없이 움직이는 역동성 속에서 나온다.

위험을 감수하고 도전하면 광개토대왕처럼 거칠지만 희락이 넘치는 삶을 살 수 있다.

뜻이 붓보다 먼저다

'의재필선(意在筆先)'이란 붓질보다 뜻이 먼저라는 말이다.

중국 청나라 때 문인 왕학호는 여러 차례 과거에 낙방하고 대강남북을 여유롭게 노닐며 그림으로 생계를 이어갔는데, 그림의 격이 워낙 높아 사대부들이 다투어 높은 값에 그의 그림을 사들였다.

그가 자신의 화첩에 이렇게 썼다. '그림의 여섯 가지 방법과 한 가지 원리는 단지 '사(寫)'란 한 글자로 귀결된다.' 즉 그림 그리는 일은 뜻이 붓보다 앞선 후 본 것을 곧장 따르는데 있다.

구상이 선 뒤에야 붓을 드는 법이다. 그렇지 않다면 속된 화공의 그림과 무슨 차이가 있겠는가? 의욕을 앞세워 덮어놓고 달려들면 아까운 화선지만 버린다.

서예의 성인으로 불리는 왕희지는 '글씨를 쓰려는 사람은 먼저 벼루와 먹을 앞에 두고 정신을 모은 채 생각을 가라앉혀야 한다'고 했다. 서예가는 글씨를 쓰기 전에 곰곰이 헤아려 보고 어떻게 뜻을 세워 글을 쓸 것인가를 고려해야 한다. 의욕만 앞세우고 덤벙대는 붓질보다 차분히 생각을 가다듬는 일이 먼저다. 뜻이 머리에 떠오른 다음에 붓을 들어야 한다. 어디 글과 그림만 그렇겠는가? 세상일이 다 그렇다. 이런 원칙을 깨고 준비 없이 붓을 들면 명필이라 하더라도 낭패를 볼 수 있다.

그런 이야기가 안동에 전해진다. 바로 조선의 명필이었던 한석봉이 선조가 불러주는 '도산서원(陶山書院)'이란 사액현판을 휘호할 때 생긴 일화다. 선조는 '도산서원'을 순서대로 불러주면 쓰는 사람이 주눅이 들것을 염려해 거꾸로 '원'자부터 불러주기 시작했고, 한석봉은 마지막 글자인 '도'자를 받아 쓸 때야 비로소 무슨 뜻인지를 알았다. 아뿔싸, 그러나 어쩌랴. 한석봉은 순간적으로 마음이 흔들렸고, '도'자의 짜임새가 어색하게 되었다고 한다.

주역의 패러다임

※

　부모자식 관계라 할지라도 적당한 상생상극(相生相剋)이 필요하다. 나무에 물을 너무 많이 주면 뿌리가 썩거나 떠버리는 것처럼 자애롭기만 한 어머니는 결국 자식을 죽이게 된다. 나무가 잘 자라게 하기 위해서는 가지를 쳐주듯이 아이에게도 적당한 자극이 필요하다.

　동양에서 말하는 '극(剋)'은 살리기 위한 극이다. 극을 받지 않은 사람의 생명력은 약할 수밖에 없다. 그러므로 이성간이건 가족 간이건 누군가를 사랑하기 위해서는 공부해야만 한다.

　이제 와서 무슨 공부란 말인가? 인간은, 아니 모든 살아있는 것들은 태어나서 죽을 때까지 평생 배우며 산다. 살아있음 자체가 외부와의 교류를 통해 뭔가를 끊임없이 학습하는 과정이라 할 수 있다.

　갓난아기를 보라. 아기에겐 세상 모든 것이 공부의 대상이다. 엄마의 촉감, 눈부신 햇살, 아빠의 목소리, 거울 속에 비친 모습 등등.

　아기는 "엄마"라는 말을 하기 위해 무려 5천 번의 연습을 한다고 한다. 뒤집고, 기고, 걷는 것 역시 마찬가지다. 우리에겐 귀여운 어리광처럼 보이지만 아기에겐 거의 필사적 노력의 산물이다. 아기들의 눈이 그토록 맑은 건 세상에 대한 경이로움과 지적 호기심으로 가득하기 때문이다.

　'인생의 생로병사'가 목전에 펼쳐지고 있다.

　이것들을 지혜롭게 통과해 나가려면 본격적으로 공부를 해야 한다. 그런데 만약 더 이상 배울게 없다는 생각이 든다면 두 가지 중 하나다. 당신은 치매거나, 죽음이 임박했거나.

　변화하는 과정에 살아가는 사람에게 어찌 걱정과 두려움이 없겠는가. 그러나 그 두려움은 자연의 변화에 대한 무지에서 기인하고 두려움은 스스로 굳건하지 못함에서 시작된다. 진실한 마음으로 최선을 다하는 것일 뿐이다.

미쳐야 길이 보인다

※

'불광불급(不狂不及)'이라는 말이 있다. 미치지 않으면 미치지 못한다는 말로 어떤 일을 할 때 그 일에 미쳐야 목표에 달할 수 있다는 뜻이다. 무슨 일이 저절로 이루어지겠는가? 이 정도면 되겠지 하는 적당주의로는 성공할 수 없다. 자신을 던져야 성공할 수 있다.

힘들게 시작해 놓고 그냥 주저앉아버리면 패배자로 전락하고 만다.

다시 부딪쳐 도전해야 한다. 모든 힘을 다해 위기를 기회로 바꾸는데 몰입해야 한다. 불확실성에 대한 공포감을 없애려면 미쳐야 한다. 미치면 길이 보이는 법이다.

그 전에 꼭 생각해야 할 조건이 있다. 먼저 시장을 파악하여 사업성 여부를 살피는 일이다. 그 다음에 내가 덤벼들어서 할 수 있는 능력이 있는지를 따져보아야 한다. 아무리 시장이 크고 탐나더라도 내 능력이 모자라면 과감히 포기해야 한다. 능력이 모자라다 싶거든 더 공부해야 한다. 남들보다 탁월해질 때까지.

영국의 가전업체 '다이슨사'의 제임스 다이슨 회장을 아는가?

그는 먼지봉투 없는 진공청소기 '다이슨 듀얼 사이클론'을 개발하는데 5126번의 실패를 맛봐야 했다. 15번째 모형을 만들었을 때 셋째애가 태어났고, 2627번째부터는 빚더미에 눌려 동전 한 닢에도 민감해졌으며, 3727번째는 급기야 아내가 생업전선에 나서야 했다. 다이슨 회장에게는 영생의 프로젝트가 있었다. 그의 사후에 '다이슨'이라는 이름이 진공청소기를 뜻하는 보통명사이자, 진공청소기로 청소한다는 동사가 되기를 희망하는 원대한 포부였다.

실패를 딛고 도전을 멈추지 않는 사람들이 공통적으로 갖고 있는 특권은 열정, 용기 그리고 자부심이다.

5126번의 실패에도 굴하지 않은 다이슨 회장, 참 대단하십니다.

하늘나라 경제논리

사람이라면 누구나 신이 공평하게 주는 죽음을 피할 수 없다. 그래서 삶의 시작은 비록 불공평해도 신의 뜻으로 그 끝은 언제나 평등하게 마무리된다.

성경에 나오는 유명한 일화가 있다.

이른 아침, 장터로 나간 하늘나라의 포도밭 주인은 하루에 1데나리온을 주기로 하고 몇 명의 일꾼을 포도밭으로 데려온다. 정오쯤에도 장터에 나가 여전히 빈둥거리고 있던 몇 명의 일꾼들을 불러 같은 품삯을 주기로 한다. 오후에 다시 장터로 나간 주인은 또 다른 사람들에게도 같은 품삯을 주기로 하고 포도밭으로 데려온다.

저녁이 되었다. 주인이 일꾼들을 모두 불러 품삯을 나누어 주는데 아침부터 일한 일꾼이건 오후에 온 일꾼이건 모두 같은 품삯을 주는 것이다. 당연히 일찍부터 일한 일꾼들이 불평을 했고, 주인은 이렇게 말한다. "나는 너희들을 부당하게 대하는 게 아니다. 나와 1데나리온을 받기로 합의하지 않았느냐. 똑같이 주는 것은 내 뜻이다."

포도밭 주인은 일을 많이 한 사람이건 적게 한 사람이건 일용할 양식을 구하기 위해서는 같은 품삯이 필요하다고 생각했다. 이처럼 능력이 아닌 필요에 따라 인간의 삶을 공평하게 돌보아주는 것이 하늘나라 포도밭의 경제학이다. 그러나 자본주의 논리는 다르다.

아이의 손에 돈을 쥐어주고 가게에 가 물건을 사오라고 심부름을 시켜본 경우가 있을 것이다. 눈앞에 펼쳐진 수많은 상품의 유혹에 정신이 팔려 어리둥절했던 어린 시절을 지나 아이가 자라고 점차 돈이 필요성을 아는 순간부터 자본주의 속성이 자라게 된다.

우리가 나무로 된 부처상을 그 이상으로 여기고, 쇠로 된 십자가를 그 이상으로 보는 것처럼 알량한 종이 한 장을 종이로 보지 않고 그 이상의 가치로 판단하게 되면서 더 욕심을 부리게 되는 것이다.

낡은 구습에 묶이지 마라

한비자의 오두편에 '수주대토(守株待兎)'라는 말이 나온다.

중국 송나라에 밭을 가는 사람이 있었다.

밭 가운데 나무 그루터기가 있었는데, 풀숲에서 갑자기 토끼 한 마리가 뛰쳐나오다가 그루터기에 부딪쳐 죽었다. 이것을 본 후 농부는 일도 하지 않고 그루터기 옆에 앉아 토끼가 뛰쳐나오기를 기다리지만 두 번 다시 나타나지 않았고, 그 사이 밭만 쑥대밭이 되고 말았다. 어떤 착각에 빠져 되지도 않을 일을 고집하는 어리석음을 비유한 교훈이다.

어쩌다 한 번 일어난 행운을 믿고서 평소의 하던 일을 하지 않으면 어쩌란 말인가. 그 때는 좋았는데, 그 때 그 시절이 다시오면 좋겠는데…… 지난날의 경험만 좋아하다 보면 새로운 시대에 대응하지 못하고 시대착오의 바보짓을 범하게 된다.

잔잔한 바다에 배가 순항할 때는 일반적인 항법대로 운항하면 된다. 하지만 거센 폭풍우를 만나면 풍부한 경험과 노련함으로 폭풍우를 헤치고 나갈 유능한 선장이 필요하다. 많은 경험과 전문성을 가진 사람은 위기상황에서도 적절한 타이밍을 활용해 위기를 성공의 기회로 삼는다.

프로는 산을 만나면 길을 만들고, 물을 만나면 다리를 놓는다.

'봉산개도 우수가교(逢山開道 遇水架橋)'라고 한다.

변화에 대처할 수 있는 능력을 길러야 한다. 공부만이 살길이다.

경제학으로 본 부자의 정의는 지출보다 수입이 많은 것이다.
누구든지 다 아는 상식이다. 문제는 그것을 지속적으로 유지하고 바로
실천에 옮기는 것이 현실에서 만만치 않다는 것이다. 나도 알고 남들도 다 아는 비밀이다.

성공의 함정

하버드대 심리학자 랭거 교수는 과거의 성공에 사로잡혀 몰락하는 '성공 함정'에 대해 설명한 바 있다. 아무리 성장을 거듭한 기업이나 개인이라 하더라도 시장의 변화를 읽지 못하고 과거의 경험과 전략에만 집착하다 보면 순간에 무너질 수 있다는 것이다.

과거 카메라 필름 분야에서 독보적 1위였던 코닥은 디지털 시대의 도래에 대응하지 못해 파산위기에 처했다. 전성기 코닥의 주가는 90$에 육박했지만 2012년 파산 보호 신청을 직전에는 1$미만으로 떨어지는 신세가 되었다. 코닥이 도산 위기에 처할 것이라고 생각한 사람은 아무도 없었다. 하지만 과거의 성공에 취해 디지털 시대를 예측하지 못한 탓에 코닥은 성공함정에 빠진 대표적 회사로 회자되고 있다.

이 같은 함정을 피하려면 항상 위기의식을 갖고 지속적으로 변화와 혁신을 추구해야 한다. 과거의 성공은 분명 자랑스럽지만 그 성공에 취해버리면 미래를 보는 눈이 흐려진다. 과거의 성공이나 실패에 집착하는 것은 현재와 미래에 아무런 도움이 되지 않는다.

인생은 언제나 과거가 아닌 현재와 미래를 향해 열려있어야 한다.

미국의 발명가 에디슨에게 한 기자가 전구를 발명하기까지 천 번도 넘는 실패를 했다고 들었는데 지금 기분은 어떤지를 물었다.

그러자 에디슨은 말한다.

"나는 실패한 적이 없습니다. 전구를 발명하기까지 천 번의 단계를 거치는 실험을 했을 뿐입니다."

성공하는 사람은 실패하지 않는 사람이 아니라 실패에 좌절하지 않는 사람, 실패를 극복하는 사람이다. 실패는 성공을 위해 반드시 거쳐야 할 소중한 과정이다. 항상 햇빛이 쨍쨍하게 내리비추는 날이 계속되면 그 곳은 언젠가는 사막이나 다름없게 될 것이다.

티핑포인트(Tipping point)를 만들자

처음에는 인기가 별로 없었던 조앤롤링의 '해리포터'가 어느 순간 갑자기 세계적인 베스트셀러가 되었다. 이같이 처음에는 미미하게 진행되다가 어느 순간 '탁' 하고 터지는 극점이 있는데 이 순간을 가리켜 티핑포인트라 한다. 비즈니스나 인생에 있어서 이 티핑포인트를 만들기 위해서는 항상 점검해야 할 몇 가지가 전제되어야 한다.

지금 나는 어디쯤 서 있는가?
여기서 어디로 어떻게 가야 하는가?
나는 제대로 된 길을 가고 있는가?
끊임없이 질문하고 답을 찾는 노력이 있어야 한다. 그래야 최대로 레버리지 효과(지렛대 효과)를 올릴 수 있다.

대한민국에 '올레길 신드롬'을 불러일으킨 사람은 서명숙씨다.
그녀의 인생 전반부는 속도중독의 시기였다. 성질도 불같아 별명이 왕뚜껑이었다. 정치부 기자로 출발해 23년간 기자생활을 하며 자신의 몸을 기계처럼 부리다 지친 그녀는 사표를 내고 홀연히 걷기여행을 떠난다. 그리고 쉰 살의 나이에 산티아고 순례길에서 보낸 36일은 그녀의 운명을 바꿔놓았다. 그녀는 자연의 품을 걸으면서 고향 제주도를 떠올렸다. 산티아고 길보다 더 아름다운 길을 제주도에도 만들 수 있지 않을까? 그녀는 귀국 후 곧장 그 일에 나섰고, 남들이 다 말리는 '미친 꿈'에 빠져 만들어 낸 것이 올레길이다.

당신 인생의 지평을 넓혀주고 빛내줄 결정적인 순간 그 순간을 포착하여 현명하게 움직여야 한다. 사람에겐 누구나 터닝포인트는 찾아오게 마련이다. 두 번 또는 세 번도 온다. 그것을 인지하고, 오는 것에 대한 준비가 필요하다.
이것만은 세상에서 내가 제일이라는 한 가지 일을 가져야 한다.

로마의 길과 중국의 만리장성

※

　로마 제국은 역사상 가장 큰 영토를 차지했던 나라다.
　유럽과 중동, 북아프리카까지 광대한 영토를 지배했으며, 1000년이 넘는 역사를 자랑한다. 이렇게 오랜 세월 동안 광활한 영토를 지배할 수 있었던 원동력을 많은 학자들은 바로 '길'에서 찾는다.
　모든 길은 로마로 통한다는 말처럼 로마는 500년에 걸쳐 총 15만km에 달하는 도로를 만들었으며, 이 길은 로마를 중심으로 추운 북해에서 뜨거운 사하라 사막과 대서양까지 도달했다.
　이 길은 사람과 재화가 오가는 통로가 되었으며 유사시에는 이를 통해 군사와 군수물자가 이동했다. 더불어 이는 동서양을 이어준 매개체가 되었고 다양한 문화를 꽃 피우게 하는 양분이 되었다.

　반면 세계 최대 건축물인 중국의 만리장성은 이와 반대다.
　시황제는 춘추전국시대를 통일하고 난 뒤 영토를 침범하는 흉노족을 막기 위해 만리장성을 축조했다. 총 6400km에 달하는 이 성은 후세에 역사적 유산으로 남겨지지만 진나라는 만리장성 축조 후 15년 뒤 망하는 비극을 맞았다.

　이 두 나라의 차이는 극명하게 다르다.
　로마는 밖으로 뻗어 나가기 위해 '길'을 만들었다.
　진 나라는 밖에서 들어오는 길을 막기 위해 '성'을 쌓았다.
　그리고 그 결과는 나라의 흥망을 좌우했다.
　먼 옛날 로마인들이 그러했듯이 세계로 통하는 길을 열어야 한다.
　성을 허물고 길을 닦자.
　성공과 승리는 성을 쌓는 사람이 아니라 길을 닦는 자의 몫이다

세상에 변하지 않는 건 오직 모든 것이 변한다는 사실뿐이다.

교장 선생님의 훈화

원하는 것이 많은 사람은 그 중 하나도 제대로 이루기 힘들다.

하고 싶은 일이 많은 사람은 하고 싶은 일이 아무 것도 없는 것과 같다. 목표가 많다는 것은 목표가 없는 것과 같다.

조회 시간 교장 선생님은 걱정스러운 마음에 이런저런 당부를 많이 한다. 그러나 정작 학생들의 머리에 남는 것은 없다. 당부가 너무 많기 때문이다. 한 시간 훈화를 다 하셨는가 싶으면 "끝으로"라는 말을 반복해 학생들을 지치게 만든다.

마음에 와 닿았던 말도 지루한 이야기의 일부로 묻히고 만다.

하나의 목표를 단 한 줄로 요약하라. 인간의 뇌는 복잡하면 기억 하지 못한다. 한 줄로 정리해야 쉽게 떠올릴 수 있고 항상 그것을 기억 할 수 있다. 단순한 문장일수록 집중력과 에너지를 발휘한다.

몇 해 전 '세계적인 발레리나 강수진의 발'이라는 사진이 신문과 인터넷에서 화제가 된 적이 있다. 빈 말로라도 "예쁘다"라고 말하기 민망할 정도로 상처투성이 발이었다.

아무 설명이 없었다면 병원에 걸린 사진쯤으로 알았을 것이다. 한 발레리나가 그 분야에서 최고가 되기 위해 그만큼 치열한 연습을 한 발이라는 설명을 듣고 난 후에야 세상에서 가장 아름다운 발로 보인다. 그녀는 다시 태어나면 발레를 하지 않을 것이라고 말한다.

이번 생애에서 할 수 있는 모든 것을 다 했기 때문이라는 것이 그 이유이다. 최고의 발레리나가 된다는 간결하고 뚜렷한 단 하나의 목표가 있었기에 가능했던 일이다.

목표가 많으면 오히려 단 하나도 달성하지 못한다.

한 줄로 정리할 수 있을 때까지 단순화하라.

무엇이 필요했던가

☀

　황금을 찾아 서부로 달려가던 골드러시 시대에 있었던 일이다.
　더비라는 한 남자가 반드시 금광을 찾겠다는 결심으로 삽과 곡괭이를 들고 서부로 향했다. 운이 좋았는지 얼마 지나지 않아 더비는 금광을 찾았다. 그런데 삽과 곡괭이로 파는 데는 한계가 있었다. 그는 고향으로 돌아가 돈을 빌려 착암기 등 채광에 필요한 장비를 구입했고, 금광에서 채굴한 금으로 빚은 금방 갚을 수 있었다.
　문제는 그 다음에 일어났다. 갑자기 금맥이 끊겨버린 것이다. 그는 포기하지 않고 끈기 있게 파내려 갔지만 금은 좀처럼 나오지 않았다. 결국 금이 없다고 판단한 그는 고물상에 장비들을 헐값으로 넘기고 고향으로 돌아간다.
　장비를 인수한 고물상 주인은 혹시나 하는 마음으로 광산 기사를 데리고 가 조사를 했다. 그리고 더비가 포기한 지점으로부터 약 1m 아래에서 수백만 달러어치의 가치가 있는 금맥을 발견했다.
　더비는 왜 금 맥을 몰라본 불쌍한 광부가 되었을까? 더비가 성공을 눈앞에 두고도 실패한 직접적인 원인은 지질 단층에 대한 지식의 부족이었다. 그는 삽과 곡괭이만 들고 서부로 갔다가 다시 장비를 구입하느라 시간을 낭비했고, 금광을 찾기 위해 무엇을 알아야 하는지 생각하지 않았다. 만약 더비에게 지식이 있었다면 금이 나오지 않는 지층은 금맥이 시작될 전조임을 알았을 것이다. 오로지 목표와 그에 대한 의욕만 넘쳐 무조건 덤빈 것이다.
　끈기, 의욕은 목표를 향해 나아갈 때 중요한 요소다. 하지만 성공을 위해 무엇이 필요한지 알지 못한 채 시작하면 잘못된 곳을 파는 어리석은 일을 하게 된다. 끈기는 미련이 되고 의욕은 무모함이 돼버리는 것이다. 지식이 없으면 목표 달성을 코앞에 두고 포기해버린 어리석은 광부 더비처럼 사소한 오류로 좌절하게 될 수도 있다.
　무엇이 필요한지 모르면 무엇을 해야 할지도 모른다.

딜레마

　딜레마란 선택해야 할 두 길 사이에서 갈팡질팡하며 결정내리지 못하는 상황을 말한다. 우리 앞에 수많은 갈림길이 있지만 무엇이 정말 옳은 길인지 가보지 않고는 알 수 없다. 어떤 선택을 해도 좋지 않은 결과가 나오는 추론이 딜레마다. 진퇴양난이다. 길을 가다 보면 자칫 엉뚱한 길로 빠지기도 하지만 이미 멀리 와 버렸기에 되돌아갈 수 없는 경우가 많다. 후회란 항상 뒤늦게 오는 법이다.

　이렇듯 삶의 길에는 딜레마를 해결해 줄 확실한 표지판이 따로 없다. 그렇다고 소극적이고 무기력한 채로 주저앉을 것인가. 오히려 딜레마를 내 판단력을 갈고 닦는 부싯돌로 삼아 수많은 갈림길에서 올바른 선택을 할 수 있는 능력을 키워야 한다. 딜레마의 상황에서 가장 중요한 것은 방향감각을 잃지 않고 일단 거기서 빠져나오는 것이다. 잘못된 결정일지라도 결정하지 못하는 것보다 낫다.
　그렇다면 딜레마 탈출의 최고의 적은 무엇일까? 바로 오만이고 고집이다. 오만하면 최악의 수를 둔다. 겸손하면 출로를 열 수 있다. 딜레마 해법의 열쇠는 겸손한 손에 쥐어지는 법이다.

　삼성의 이병철은 운(運),둔(鈍),근(根)을 강조했다. 성공하려면 운이 따라야 하고, 당장 운이 닿지 않으면 우직하게 기다릴 줄 알아야 하며, 용케 운이 닿아도 끈기가 있어야 내 것으로 만들 수 있다.
　누구에게나 운은 온다. 그런데 그것을 기다리지 못하는 것이 문제다. 우리가 분명히 알아야 할 것은 단 하나의 명확한 해답은 존재하지 않는다는 것이다. 선택 속에 내재하는 잠재적 위험과 이점을 명확히 파악해야 다시 새롭게 시작할 수 있는 계기가 만들어진다.

세상에 건너지 못할 강도 없고, 넘지 못할 산도 없다.

뱀에게서 배운다

※

서리가 내리면 뱀은 일시에 모습을 감춘다. 변온동물인 뱀은 추위라는 냉혹한 자연의 시련 앞에서 서로의 몸을 휘감은 채 죽음 같은 긴 잠에 빠진다. 날이 풀리고 대지가 녹기 시작하면 그제야 뱀은 다시 살아난다. 그리고는 육신의 껍질을 벗어던진 채 새로운 몸을 얻는 것이다. 겨울이면 사라졌다가 다시 나타나 껍질을 벗고 성장하는 뱀을 보면서, 인간사의 모든 성장이 무릇 저 뱀의 동면(冬眠)이나 탈피(脫皮)와 같아 보인다.

뱀이 껍질을 벗는 것은 낡은 것을 버리지 않고는 새로운 것을 얻을 수 없기 때문이다. 어찌 고통 없이 옷을 벗듯 훌렁 껍질을 벗겠는가. 말 그대로 제 자신의 모든 것을 버리는 것이다. 쉬운 일이 아니다. 육신의 껍질을 벗는 고통 없이는 인간도 성장할 수 없다.

뱀이 겨울잠에 드는 것은, 때가 아니면 물러나 기회를 기다리라는 인내와 겸허한 자세를 말한다. 뱀이 허물을 벗는 것은, 낡은 습관을 털어버리고 새롭게 다시 태어나는 것이다.

한 개인도, 역사도 연속하여 전진할 수는 없다.

때로 혹독한 시련을 만나면, 뱀이 최대한 활동을 멈추고 겨울잠을 자듯 인간 또한 최소한의 것만을 남기고 위기를 넘겨야 한다. 뱀이 겨울잠을 자는 것은 무능하거나 비겁해서가 아니다. 살아남기 위한 지혜이다. 언제나 돌진하는 것만이 능사가 아니다.

때가 아니면 물러날 줄 아는 것, 웅크릴 줄 아는 것, 이것이 뱀으로부터 인간이 배워야 하는 삶의 지혜다.

독일의 철학자 니체는 이렇게 말했다.

"살아야 할 이유를 가진 사람은 어떻게든 살아낸다."

왜 살아야 하는지를 아는 사람은 그 어떤 상황도 견뎌낼 수 있다.

요약 사서삼경(四書三經)

　우선 유교는 종교가 아닌 군자의 양성을 목표로 하는 교육제도이자 교육기관으로 보아야 하며, 여기서 교육은 나 자신과 남의 관계에서 남의 중요성을 강조한다. 내가 없어도 남이 존재하는 데는 아무런 지장이 없지만 나는 남이 없으면 한시도 살 수 없다. 남을 소중하게 여기기 위해 자신을 수양하고 연마하는 것이 바로 유교이다.

　유교의 핵심 교과서 사서는 대학, 중용, 논어, 맹자이다.
　대학(大學)은 한마디로 공경할 경(敬)이다. 남을 공경하면 사람을 얻고 천하를 얻을 수 있다 하여 인간관계의 중요한 지침서가 된다.
　중용(中庸)은 한 글자로 표현하면 정성 성(誠)이다. 나 자신이 진실하고 성실할 때 남에게 조심하고 삼가하는 삶을 살게 된다.
　논어(論語)의 핵심글자는 어질 인(仁)이다. 인은 논어의 근본이자 공자사상의 핵심으로 사람을 사랑하고 배려하는 마음이다. 공자는 내가 하기 싫은 일은 남에게도 시키지 않는 것이 곧 인이라 했다.
　맹자(孟子)는 공자의 인에 의(義)를 체계적으로 보충하여 인의를 당도정치의 바탕으로 삼았다.

　삼경은 시경, 서경, 역경을 말한다.
　시경(詩經)은 춘추시대의 민요를 중심으로 엮어낸 시집으로 공자가 편찬하였다.
　서경(書經)은 요순임금 때부터 주나라 때까지의 정치역사에 대한 자료문서이다.
　역경(易經)은 주역을 말하는데 한시 한때도 쉼 없이 우주만물을 새롭게 변화시키고 바꿔가는 양과 음의 연속으로, 우리 인간도 이 같은 변화의 자세로 살아가야 함을 강조한 책이다.

소림사의 무술

※

　소림사를 무대로 한 중국 무술 영화를 보다가 생각했다.
　소림사 앞마당에서의 대련이란 상대와 마주보고 인사한 후 대결을 시작하는 것이다. 정해진 규칙에 따라 싸워야 한다. 그러니까 소림사의 앞마당이다. 그 마당에서 기본기를 익히는 것이다
　그러나 실제로 싸울 때는 그렇지가 않다. 실전에 임하면 수많은 경우의 수들을 있고, 소림사 앞마당에서 배운 이론만으로는 대처할 수가 없다.
　내가 밥 먹고 있다고 해서 그럼 너 밥 다 먹고 마당으로 나오면 싸우자 하지 않는다. 밥을 먹고 있는데 표창이 날아오고, 만두 먹고 있는데 갑자기 발차기가 날아온다. 그럼 그걸 막아내야 한다. 걸어가고 있는데 공격해 올 수도 있고, 절벽에서 뛰어내려 덤비기도 한다. 이때 필요한 것이 순발력이다. 순발력이란 평소 기본기와 기초체력이 충분히 다져진 사람에게서 나온다.

　논어와 시경에 '절차탁마(切磋琢磨)' 라는 글이 있다. 자르고, 쪼고, 갈고, 닦아서 빛을 낸다는 뜻으로, 학문과 덕행 뿐 아니라 어떤 기술을 익히거나 사업을 이루기 위해 노력하는 모습을 가리키는 말이다. 옥을 가공할 때는 먼저 옥이 섞여 있는 돌을 잘라야 하는데 이것을 절(切)이라 한다. 돌 속에서 옥을 찾으면 줄칼로 갈아야 하는데 이를 차(磋)라 하고, 옥을 쪼아 반지나 팔찌와 같은 모양을 만드는 것이 탁(琢)이며, 끝으로 옥의 빛깔을 더 아름답게 하기 위해 빛을 내는 것을 마(磨)라 한다.

　무슨 일이든지 시간과 정성을 다하는 절차탁마의 시간이 필요하다.
　병아리는 달걀이 깨진다고 나오는 것이 아니다. 달걀을 품고 인내한 시간을 거쳤을 때 껍질을 깨고 세상 밖으로 나오는 것이다.

이판사판이다

※

　막다른 골목에 몰렸을 때 우린 흔히 "에라 모르겠다. 이판사판이다"라고 말한다. 이판(理判)이 눈에 보이지 않는 본질의 세계에 대한 판단이라면, 사판(事判)은 눈에 보이는 현상세계에 대한 판단이다.
　문제는 양쪽을 종합하는 능력에 있다. 새가 좌우로 날듯이 이판사판의 균형 잡힌 시각을 갖지 못하면 우왕좌왕하게 된다.

　비장한 각오로 금연을 선언한지 불과 몇 일만에 가족들과 동료들 눈치를 봐가며 빠끔거리는 애연가는 여전히 많다. 그 이유는 뭘까? 소크라테스는 이성이 저지르는 일종의 실수로 봤다.
　반면 아리스토텔레스는 가끔 이성이 감정이나 욕망에 압도되기 때문이라고 해석한다. 즉 인간 행동의 많은 부분이 비합리적이라는 의미다. 우리는 이성적 사고에 기반해서 무엇을 할 것인지 결정할 능력이 있지만 그 결정들은 종종 본능적 감정보다 취약한 것으로 판명난다고 한다. 체중을 줄이는 것이 케이크 한 조각을 먹는 즐거움보다 중요하다는 것을 확신 하지만 케이크에 대한 욕구가 이성을 짓누르면서 약간의 과체중은 별 문제가 아니라고 스스로를 설득시킨다는 것이다. 이성과 감성의 균형적 조화를 통해서 사물을 인식하는 습관이 요구된다.

소크라테스의 "너 자신을 알라"
예수는 "저들이 하는 일을 저들이 모른다"
불교에서는 "무명"이라 했다.
이 말들은 모두 '무지'를 잘 표현한 말이다. 무지 자체가 나쁘다는 것은 아니다.
하지만 무지가 탐욕과 결합하면 큰 문제를 야기한다. 근대 문명사에 저질러진
무수한 죄업과 시행착오는 결국 탐욕과 무지가 결합해서 빚어낸 악업인 것이다.
부지런한 도둑놈, 용감한 깡패 같은 말이 생겨난다.

하늘이 나를 내셨으니

※

중국의 시인 이백의 말이다. '천생아재필유용(天生我材必有用)'.
이 말은 아무리 평범한 인간이라도 반드시 남과 다른 한 가지 재주를 가지고 있다는 뜻이다. 하늘이 나를 낳은 것은 반드시 그 재주를 쓸 데가 있어서이다.

돌담을 쌓는데 이쪽저쪽 돌려보아도 아귀가 맞지 않는다.
내 살아온 길도 이처럼 늘 삐걱거렸는데……
틈새로 작은 돌덩이를 끼운다. 그 돌덩이가 아귀를 꼭 잡았다.
아하, 내 몸도 어딘가 끼워두면 저렇게 꼭 맞는 곳이 있을까?
신 들메를 고쳐 매고 폭풍의 언덕을 걷다 보면 잠시 쉬어갈 꽃길이 있을 거야. 손을 닦고 발을 닦으며 다시 일어서본다.

시인 천양희는 '벌새가 사는 법'이라는 시에서 이렇게 썼다.
"벌새는 1초에 90번이나 제 몸을 쳐서 공중에 부동자세로 서고, 파도는 하루에 70만 번이나 제 몸을 쳐서 소리를 낸다. 나는 하루에 몇 번이나 내 몸을 쳐서 시를 쓰나."
우리가 들이마시고 내쉬는 숨은 1분에 16~17번 정도에 불과하고 맥박은 60~70번에 그친다는데. 5㎝ 남짓한 작은 벌새만도, 무심한 파도만도 못하다. 이렇게 게으른 나는 오늘이 더 없이 무상하다.

세일즈맨 조라드는 미국의 한 빈민가에서 태어났다. 어렸을 때부터 신문배달, 접시 닦기, 일용직 등 별 일을 다 해봤지만 번번이 실패만 거듭하다 마지막으로 자동차 세일즈맨의 길을 걷는다. 그는 '나는 할 수 있다. 꼭 성공할 것이다'라는 신념을 가지고 열정을 다해 몰두한 결과 3년 뒤 세계에서 가장 유명한 세일즈맨이 된다.
대기만성이라 했다. 큰 그릇은 늦게 이뤄지는 것이니 당장 눈앞에 성과가 없다고 실망하지 마라.

변 명

탈무드에 나오는 배움에 대한 랍비의 가르침이다.
"평생을 배워도 인간의 머리는 채워지지 않는다."

철학자 쇼펜하우어에게 젊은 제자가 묻는다.
"선생님, 청춘이란 몇 살이 되어야 끝이 납니까?"
쇼펜하우어가 대답했다.
"더 이상 배우고 싶다는 욕망이 생기지 않을 때다."

나이와 가난을 핑계로 무슨 공부냐고 변명하지 마라.
　무엇인가 배우고 있는 한 늙지 않는다는 말은 언제까지나 청춘이라는 뜻이다. 칸트를 읽고 사서삼경을 읽은 사람의 입에서 나오는 말은 싱싱하고 생동감이 넘쳐나는 청춘이다.
　요즘 나이는 청춘인데 이미 노년을 살고 있는 사람이 너무 많다.
　몸은 노년이어도 배우고 있는 사람은 언제나 청춘이며, 세상에 청춘이 감내하지 못할 시련은 없다. 청춘이 이루지 못할 소망은 없다.

　비싼 화장품을 얼굴에 바르고 보톡스로 얼굴 주름을 편다고 젊어지는 게 아니다. 우리 몸 가운데 노화를 겪지 않는 유일한 장기가 바로 뇌라고 한다. 배운다는 것은 뇌를 쓰는 일이다.
　유럽 선진국에서는 20년 전부터 실버교육이 블루오션으로 대접받고 있다. 수십 년 전에 대학을 졸업했던 노인들이 모교로 돌아와 대학원 공부를 진행하고 있다. 배운 것을 꼭 써먹겠다는 것이 아니다. 국가란 무엇이고, 정의란 무엇이며, 공자나 노자는 누구기에 수천 년이 지났음에도 시대의 화두가 되고 있는지 알고 싶지 않은가?

합리화에 있어선 우리 모두가 천재적인 능력을 가지고 태어났다. - 칸트 -

희망은 불확실성을 내포한다

※

대박을 치고 싶다, 그곳에 꼭 가고 싶다, 그 사람을 기필코 만나고 싶다 등 인간이라면 누구나 희망을 갖고 산다.

희망이 동전의 앞면이라면 뒷면은 불확실성(불안)이다. 어느 하나를 제거할 수는 없다. 하나가 제거되면, 나머지 다른 하나도 동시에 사라질 수밖에 없다.

항상 그림자를 곁에 두고 있는 나무를 생각해 보자. 나무가 커지면 커질수록 그림자도 그만큼 커지고 길어진다. 그림자의 검은 빛이 마음에 들지 않는다 해서 크고 웅장한 나무를 자를 수는 없다. 희망도 마찬가지다. 불확실성이 싫어서 그것을 줄이려 한다면 희망자체를 그만큼 잘라내야 한다. 잊지 말자. 나무가 있어서 그림자가 생기는 것처럼, 희망에 따른 미래의 설렘이 있기에 불확실성도 발생한다는 사실을 말이다.

이솝 우화에 '신포도 이야기'가 나온다. 여우는 키가 작아 따먹을 수 없는 포도나무를 보며 어차피 저 포도는 시어서 먹지 못할 거라 포기한다. 포도를 따먹지 못하는 자신의 나약함을 은폐하는 것이다.

그런데 이걸 알고 있는가. 희망을 낮추거나 아예 없애버리는 순간 우리에게 설레는 미래도 사라진다는 사실을.

창의성의 대명사가 된 레오나르도 다빈치는 "쇠붙이에 그치지 말고 면도날이 되라"고 한다. 쇠붙이나 면도날이나 모두 쇠다. 하지만 하나는 종이를 자를 수 있고, 다른 하나는 무엇도 자르기 힘들다.

쇠붙이가 면도날이 되려면 어떻게 해야 할까? 날마다 숫돌에 가는 길뿐이다. 어제와 다르고, 오늘과 다르고, 내일도 달라져야 한다. 그 끊임없는 차이의 지속이 결국 넘볼 수 없는 격차를 만들고, 종국에는 전혀 새로운 질과 차원이 되는 것이다.

궁즉통(窮卽通)이라

약 3천 년 전에 쓰인 중용에 있는 내용이다.
'궁즉변(窮卽變)하고, 변즉통(變卽通)하며, 통즉구(通卽久)' 라 했다.
궁즉변(窮卽變)이란?
인생을 살다가 또는 비즈니스를 하다 보면 때때로 벽이 앞을 가로 막는다. 심지어는 부부지간에도, 부자지간에도, 친족지간에도 친구 간에도 이럴 때가 온다. 그러면 벽 앞에 멍하게 서 있지 말고, 어떻게 되겠지 하며 두 손 놓고 있지 말고 변해야 한다는 뜻이다.
변즉통(變卽通)이란?
변하면 통한다는 말이다. 내가 먼저 변해야 새로운 길이 보인다. 기존의 매뉴얼에만 집착해서는 좀처럼 성공할 수 없다. 새롭게 이기는 방법을 찾아야 한다.
통즉구(通卽久)란?
통하면 오래간다는 것이다. 이 가르침만 깨달아도 인생의 품격이 업그레이드 될 것이다. 벽이 앞을 가로막는다면 나비가 되어 그 벽을 넘으면 된다.

하버드 대학 도서관에 쓰여 있는 낙서 가운데 눈에 확 들어오는 말이 있다. "지금 잠을 자면 꿈을 꾸지만, 지금 책을 읽고 공부를 하면 꿈을 이룰 수 있다."
초야에 묻혀 밭을 갈며 살던 제갈량이 유비의 삼고초려 끝에 세상 밖으로 나온다. 나오자마자 고기가 물을 만난 듯 온갖 지략과 술수로 천하를 쥐락펴락 한다. 특별한 학벌도 경력도 없고, 그렇다고 무슨 검법을 익힌 것도 아닌데 종횡무진 온갖 병법을 다 구사한다. 그 저력의 원천은 대체 무엇일까? 다만 끊임없이 독서했을 뿐이다.
그렇다! 독서야말로 골방에 앉아서도 혹은 초야에서 밭을 갈면서도 천하고금의 이치를 한눈에 꿰뚫을 수 있는 최고의 비결이다.

기미를 포착해라

세상이 너무 빨리 변해가니 미래는 늘 불안하다. 노벨 경제학상을 받은 경제학자의 경제모델도 급변하는 세상에선 무력하기만 하다.

우리에겐 단지 불확실한 예측만 있을 뿐이다.

어제만 해도 치솟던 주식이 다음날 곤두박질친다. 증시가 요동칠 때 방송에 나와 증시를 예측하는 애널리스트의 말은 그저 위안에 불과하다. 그 말을 믿는다기보다는 의지하고 싶다.

이같이 불확실한 미래를 알 수 없는 세상에 대한 고민이 점을 만들었을 것이고, 점을 치는 오래된 책이 사서삼경의 하나인 주역이다.

주역이라 하면 공자다. 그는 이 책에 심취해 있었고 주역을 잘 알았다면 일생에 잘못을 저지르지 않았을 것이라고 여겼다.

주역에서 '역'이란 일과 월로 구성된 음양을 나타낸다. 이 음양의 조화에 따라 천지자연이 바뀌기 때문에 결국 역이란 '변화'를 뜻하는 것이다. 우리가 미래를 내다볼 수는 없지만 다행히도 변화는 어느 한 순간에 이루어지는 것이 아니라 중간 중간 신호를 보낸다는 사실이다. 이것을 주역에서는 '기미'라고 한다.

쉽게 말해 변화에는 낌새가 있기 마련이다. 투자자들이 밤을 세워가며 뉴욕 증권가의 소식에 촉각을 곤두세우는 것은 다음날 우리시장에 미칠 여파를 가늠하기 위해서이다. 이것 역시 기미나, 낌새를 읽고자 하는 것이다.

이런 기미를 읽기 위한 최선의 방법은 관심이다. 사람이든 경제든 관심을 기울이고 바라보면 미세한 변화와 차이가 눈에 들어온다. 이러한 변화를 읽고, 얼마나 많이 공부하고, 깊이 이해하느냐에 따라 변화를 주도하는 사람이 될지 변화에 휩쓸리게 될지가 결정된다. 파도의 방향과 높이를 예측하는 사람은 파도를 타지만, 이를 알지 못하는 사람은 파도에 휩쓸리고 마는 것처럼 말이다.

오프라 윈프리

 오늘날 세계에서 가장 성공한 여성, 유명한 토크쇼의 여왕, 그녀를 모르는 사람은 없다. 시사주간지 타임은 윈프리를 20세기의 인물 중 하나로 선정했고, 98년 월스트리트 조사에서 미국인이 존경하는 인물 3위로 뽑기도 했다.
 사생아로 태어난 윈프리는 9살 때 사촌 오빠에게 강간당했고 이후로 어머니의 남자친구, 친척들에게 끊임없는 성적 학대를 받았다.
 14세에 미숙아를 사산했으며 20대 초반에는 마약까지 상용했다. 그랬던 그녀가 유색 인종에 대한 편견이 여전히 존재하는 미국 사회에서 모든 악조건을 극복하고 당당하게 성공했다.

 그녀가 성공한 비결은 무엇일까? 그 답은 책읽기를 통한 끊임없는 지적 탐구에 있다. 윈프리는 어린 시절 1주일에 꼭 한 권은 읽을 정도로 책을 좋아했다. 오늘날 그녀는 '출판업계의 마이다스'로 불리며 그녀가 추천하는 책은 순식간에 베스트셀러가 된다.
 그녀는 3년 전부터 '오프라 북클럽'을 진행하면서 책을 소개하고 있는데 그동안 30권이 넘는 베스트셀러를 탄생시켰고, 그로 인해 출판업계에 안겨준 매출만도 2억만 달러에 달한다. 그녀는 미국인이 다시 책을 읽게 만들겠다고 다짐하며 이를 실천하고 있다. "독서가 내 인생을 바꿨습니다"라는 그녀의 말에 수백만 명이 책에 관심을 보이고 팬들은 그녀가 골라준 책에 우르르 달려든다.
 미국의 수많은 토크쇼 중 '오프라 윈프리 쇼'는 따뜻해서 더욱 돋보였다. 성폭행, 이혼, 아동 문제 등 누구나 공감할 수 있는 주제와 시사문제를 섞어가며 호스트와 시청자가 함께 울고 웃는다. 그녀의 인기 비결은 한마디로 그녀의 아픈 과거와 이에 대한 그녀의 진솔한 고백이다. 과거에 머물러 있으면서 그 과거가 지금의 당신을 지배하도록 놔둔다면 결코 당신은 성장할 수 없다.

후생가외(後生可畏)

'후생가외'는 논어에 나오는 말로 젊은 세대를 얕보지 말라는 뜻이다.

"젊은 사람이 두렵다, 그들의 앞날이 지금만 못하리라 어찌 알겠는가? 그러나 4~50이 돼서도 이름이 알려지지 않으면 그러한 사람은 무서워할 것이 없다." 앞 문장은 젊은 후학들에게 열심히 공부하라는 권고의 말이다. 그런데 뒤 문장의 4~50이 되어서도 결실이 없다면 역시 두려워할 존재가 못 된다는 말에는 가슴이 철렁하다.

이걸 어쩌나. 50을 넘긴지 오래인데 여전히 이름이 알려지지 않았으니, 나는 이제 다른 사람 보기에 두려워할 것 없는 존재가 되어버린 것인가. 공자는 또 불혹의 나이 마흔이 되었으니 흔들리지 않았다며 상처를 준다. 하루에도 수십 번 흔들리며 살아가는 나는 무엇인가? 나이가 고희에 접어들고도 주위 사람들로부터 손가락질을 받으면 그걸로 끝난 것이나 다름없지 않은가.

내 나이 40을 넘기고도 흔들리며 살았네.
주위 사람들로부터 손가락질 받아가며 살아왔네.
여전히 이름 알려지지 않고 살아왔네.
'부끄러운 줄 알아라' 하지 마시고, 차라리 날 때리시오.
2500년 전에 살다 간 인류의 스승 공자에게 회초리라도 맞고 싶다.

공자가 살았던 춘추전국시대의 평균수명이 40세 정도였고 공자는 72세를 살았다니 지금으로 치면 70세 정도를 말한다. 그러니 나이 40에 흔들리는 것은 아직 나무랄 일이 아니다. 당신이 40대라면 아직 인생 후반기가 남았다. 축구로 치면 후반 45분이 남아있다. 7~80세가 되어 인정받고, 유명해지고, 흔들리지 않으면 되는 거지.

하지만 후생가외한 무서운 젊은이들이 줄을 이어야만 한다.
그래야 결국 가정도, 사회도. 나라도 되는 것이다.

기회 포착

"좋은 기회를 만나지 못했던 사람은 아무도 없다. 다만 그것을 붙들지 못했을 뿐이다"라고 카네기는 말한다. 우리는 알게 모르게 많은 기회와 마주친다. 그러나 그 기회를 놓쳐버리는 아쉬운 순간이 허다하다. 하여 뒤늦어서야 후회하곤 한다.

"왜 나에게는 기회는커녕 위기만 찾아오느냐"며 한숨을 내쉬기도 한다. 기회는 똑같은 얼굴로 찾아오지 않는다. 기회는 늘 변신한다. 기회를 붙잡는 고수들은 패러다임이 변하는 전환기에 기회를 포착한다. 기존의 질서가 해체되고 새로운 질서가 진행하는 격변기에 기회를 잡는 사람이 성공하는 사람이다. 예를 들어 많은 사람들이 공포에 질려 주식을 팔 때 그걸 사는 사람이 끝내 돈을 번다. 가령 많은 사람들이 전쟁을 예견하며 불안에 떨고 있는 상황에서 전시 특수경기를 예측해 상품을 구입해 놓는다면 대박을 터트릴 수 있다.

세계 제일의 부자 멕시코의 카를로스 슬림은 1980년대 초 멕시코 경제가 위기에 빠져 많은 사람들이 멕시코를 떠났을 때, 그는 반대로 어떤 일이 있어도 멕시코는 망하지 않을 것이라며 공격적인 투자에 나섰다. 그 결과 헐값에 사들인 기업 중 그 가치가 매입 당시의 3000배까지 치솟기도 했다고 한다.

위기는 모든 것을 쓸어가 버릴 것 같지만 그런 상황에서도 언제나 기회를 만드는 사람이 있다. 이같이 변화의 흐름을 읽을 줄 안다면 기회를 포착할 수 있는 길이 보인다.

어느 시대를 막론하고 변화의 시기에 고수들은 기회를 엿본다.

'등고자비(登高自卑)'라 했다.
높은 곳에 오르려면 낮은 곳에서부터 천천히 시작하라. 열매가 되고자 하는 씨앗은 자신을 바닥에 던져버려라. 그렇게 버릴 줄 알아야 다시 또 채울 수 있다.

흑묘 백묘(墨猫 白描)

중국의 지도자로 혁명가이자 정치가인 등소평이 주장한 이론이다.

쥐만 잘 잡는다면 검은 고양이든 흰 고양이든 가릴 필요 없다는 의미로, 삶의 질이 높아지고 생산력이 발전된다면 공산주의 방식이든 자본주의 방식이든 가리지 않겠다는 철저한 실용주의 노선을 말한다.

오늘의 중국을 세계 최대 경제대국으로 자리매김 하도록 디자인한 작은 거인 등소평은 150㎝의 단신에 60kg이 채 안되었지만 93년 동안 장수하며 중국대륙의 역사를 바꿔놓았다.

오늘날 중국인들이 가장 존경하는 지도자는 모택동이지만, 실질적으로 고마워하는 지도자는 등소평이다. 그는 검소한 정치인으로도 유명한데, 죽은 뒤에 유품을 정리하던 아내와 딸들이 구멍이 뚫리지 않은 옷이 한 벌도 없음을 보며 목 놓아 울었다고 한다.

등소평은 1904년 쓰촨성 작은 농촌에서 태어났고, 16세의 나이로 프랑스 유학을 떠나 공장 노동자로 일하며 학업을 계속했다. 그 후 중국 공산당에 들어가 모택동의 충성스런 지지자로 일했으나 1950년 경제운동의 실패로 3천만 명이 굶어 죽는 참상을 목격한 뒤로 '흑묘 백묘론' 을 펼쳤다. '먹을 것을 가진 자가 결국 모든 것을 가진다' 라는 실용주의 노선을 주장하며 한 손으로는 공산주의를, 다른 한 손으로는 자본주의를 도입한다.

후진타오를 중심으로 한 오늘의 중국 지도부는 등소평의 정치, 경제 철학을 이어 받아 수행하고 있으며, 국민들의 경제활동의 자유를 보장하면서도 정치적으로는 1970년대 우리나라 박정희 시대의 유신체제를 연상시킬 만큼 공안 국가 형태를 유지하고 있다.

13억 대국 중국 지도자들의 통솔력이 남북 통틀어 1억도 안되고 그나마 반쪽인 이 나라의 골목대장들과는 사뭇 다름을 느끼며, 스스로 부끄러워짐을 어찌 할꼬……

중국의 지도자들

※

지난 해 12월 26일, 공산당 성지가 된 중국 후난성 사오산 마을에 10만 인파가 붐볐다고 한다. 마오쩌둥(毛澤東) 탄생 120주년을 맞아 그의 고향을 찾은 관광객들이다. 주머니가 얇은 서민들조차도 400위안이나 되는 화환을 그의 동상 앞에 세우고 '마오, 우리는 당신을 영원히 사랑합니다' 란 글귀를 내걸었다. 마오가 국가를 대혼란에 빠뜨린 문화혁명 같은 과오를 저질렀지만 91%의 중국인들은 공이 과를 덮는다며 그를 존경한다.

이런 중국인들이 마오보다 더 좋아하는 지도자가 저우(周恩來)다.
마오가 인간을 뛰어넘는 신과 같은 존재라면 저우는 백성의 아픔을 어루만진 인간적인 지도자였다. 몇 년 전 인민일보는 저우의 '6무'를 칭송하는 기사를 썼다. 그는 자식이 없어 축재하지 않았고, 당파를 형성하지 않았으며, 죽어서도 유골과 유언을 남기지 않았다는 것 등이다.

마오, 저우와 함께 존경받는 또 하나의 지도자는 덩샤오핑(鄧小平)이다. 중국인들은 이념투쟁의 시대를 끝내고 시장경제의 길을 선택한 덩을 개혁 개방의 총설계사라 부른다. 특히 첫 경제특구로 지정돼 가난한 어촌에서 가장 부유한 도시로 변모한 광동성 선전 사람들의 덩에 대한 애정은 각별하다. 광안시 중심에 사원(思源)광장을 만들었다. 물을 마실 때는 우물 판 사람을 생각한다는 '음수사원(飮水思源)'이란 말에서 이름을 땄다. 도움을 준 사람을 잊어서는 안 된다는 뜻이다. 이곳에 '덩의 은혜에 감사합니다'라고 쓴 티셔츠를 입은 어린 학생들까지 찾아와 헌화를 하고 있다고 한다.

그들은 자신들의 지도자를 몇 가지 과오로 폄훼하지 않고. 전임자가 쌓은 벽돌 위에 새 벽돌을 올려놓는다. 우리와는 사뭇 대조적이다.

맞불을 놓자

※

　레베카 코스타의 '지금 경계선'이라는 책은 기막힌 일화를 소개하고 있다. 미국 몬태나주 만골치 협곡에서 큰 산불이 났을 때, 닷지 대장이 이끄는 산림 소방대원들은 일상적인 진화 업무에 나섰다. 하지만 순식간에 바람의 방향이 소방관들 쪽으로 바뀌기 시작했다. 닷지 대장은 소방대원들에게 당장 소방장비를 내려놓고 뛰라고 명령했지만 불길이 채 50m도 안 되는 거리까지 다가왔다.
　순간 뭔가를 결심한 닷지는 불길이 오는 방향으로 달려가며 재빨리 성냥에 불을 붙여 맞불을 놓았다. 그리고 맞불을 놓았던 곳 한복판에 엎드리고는 소리쳤다. "모두 엎드려."
　그러자 상상도 못했던 일이 벌어진다. 그 불길이 그들 위로 스쳐지나간 것이다. 그의 말을 따르지 않고 도망간 대부분의 대원들은 모두 불에 휩싸이거나 낭떠러지로 떨어져 죽었다.

　이런 방법은 그 전례가 없었던 것이다. 닷지는 코앞에서 불길이 맹렬한 기세로 덮쳐오는 상황에서 자신도 모르게 순간적으로 떠오른 영감으로 재빨리 행동한 것이다.
　엄청난 불이 몰려왔을 때 그 주변에 맞불을 붙이면 안전지대가 만들어진다는 사실을 그때까지는 아무도 몰랐다. 그 어떤 소방 방법에도 없는 신기한 아이디어로 살아남을 수 있었던 것이다.
　과학자들은 이런 사례를 분석하고 거기에 이름을 붙였다. '아하 체험'이라는 것이다. 지금도 신비주의에 가까운 이러한 이야기를 과학에서도 곧잘 쓴다.

모르는 것은 허물이 아니다.
모르는 것을 아는 척하고, 자신의 궤변을 늘어놓는 일은 허물이 된다.

무수한 고비를 넘긴 사람들

서양 교육의 역사에는 '도제(徒弟)'라는 제도가 있었다. 훌륭한 스승을 찾아가 그 집에 기숙하면서 7~8년 정도 기초를 배우는 제도로 처음엔 물 긷고 마당 쓰는 잡일부터 시작한다. 작업장 청소는 물론이고 선배 도제들의 온갖 심부름을 다 견뎌내고 나면 비로소 스승 곁에 머물며 지식과 기술, 그 뒤에 숨겨진 비결을 배울 수 있다.

이렇게 도제로서의 과정을 마치고 나면 세상으로 나가 지금껏 배운 기술이 세상에 어떻게 도움이 되는지, 또 세상 속에서 그 기술이 어떻게 달라지는지를 경험으로 배우는 '저지맨(judge man, 훌륭한 실력을 갖춘 사람)'으로 살아가게 된다. 마치 여행자가 된 듯이 세상을 떠돌면서 자기가 배운 지식을 이리저리 시험해보는 단계라 할 수 있다.

이렇게 세상에서 오랜 경험을 통해 더 이상 배울 것이 없다고 판단되면 다시 스승에게 돌아와 지금까지 보고 배운 모든 것을 다 쏟아 부어 자신만의 걸작을 만들게 된다. 최고의 걸작으로 평가 받게 되면 이후부터 그 사람은 '마스터'가 되어 도제를 모집해서 가르칠 수가 있다. 언제 끝날지도 모르는 잡일과 여행자가 되어 세상을 떠돌며 경험을 익히는 무수한 고비를 넘기지 못하면 최고의 자리에 올라 마스터가 되는 기쁨을 누리지 못하는 것이다.

당신은 무수한 고비를 넘긴 '마스터'라는 생각이 드는가?
'아웃라이어'라는 책에서 1만 시간의 법칙을 말한 말콤 글래드웰의 주장대로라면 당신의 연습량은 턱없이 부족하지 않을까 싶다.

내가 꾸어야 내 꿈이 된다. 친구가 꾸어주는 꿈은 내 꿈이 될 수 없다.
세월이 가면 친구도 변하여 내 적이 될 수 있다.

기본이 서야 도가 생긴다

추사 김정희가 유배지에서 아들에게 보낸 편지에 이런 내용이 있다.
'모름지기 가슴 속에 문자향(文字香)과 서권기(書卷氣)를 갖추는 것이 예법의 근본이다.' 문자향이란 글 속에서 나오는 향기요, 서권기는 책에서 나오는 기운을 이르는 말이다. 문자향과 서권기는 냄새로 맡을 수 있는 것이 아니고 눈으로 볼 수 있는 것이 아니다. 혹자는 모름지기 책 일 만권의 독서량이 있으면 문자향이 피어나며 서권기가 느껴진다고 한다. 물론 틀린 말은 아니다. 하지만 많이 읽는다고 해서 반드시 그런 것은 아니다. 그 사람의 됨됨이가 바탕이 되어야만 문자향과 서권기가 우러나는 것이다.

다음은 검선 여동민의 말이다. "나에게 칼 세 자루가 있다. 하나는 탐욕을 끊는 칼, 둘은 분노를 끊는 칼, 셋은 색욕을 끊는 칼이다."

그렇다. 검선의 칼은 세상을 향해 분노하며 남의 명줄을 끊겠다고 위협하는 칼이 아니라 자기를 다스리기 위한 칼이다.

인간다움을 바탕으로 검을 찬 신검 여동민을 보고 싶고, 문자향과 서권기를 풍기는 추사 김정희를 닮고 싶다. 한 사람은 글을 쓰고, 한 사람은 검을 쓰지만 그들의 글과 검은 인간 됨됨이가 바탕이었다. 무엇을 하기 이전에 인격을 쌓는 노력이 먼저라는 말이다.

논어에 '회사후소(繪事後素)' 라는 말이 있다. 흰 바탕이 있음으로써 그 위에 그림을 그릴 수 있다는 뜻으로 본질적 갖춤이 있은 연후에 꾸밈이 가능하다는 점을 강조한 말이다.

'기본이 서야 도(道)가 생긴다'고도 했다. 어떠한 일도 인간으로서 지녀야 할 가장 기본적인 바탕이 먼저 이루어져야 좋은 결과를 맺는다는 것이다. 결국 본질적 뿌리 없이 외양이라는 꽃만 아름답게 피어날 수는 없다. 흙이 없으면 뿌리가 없고, 뿌리가 없으면 꽃이 없고, 꽃이 없으면 열매도 씨앗도 없다는 것이다.

직관력을 키워라

✺

이른 봄 냇가에서 돌을 들추며 개구리를 잡는 소년이 있었다.
그는 100퍼센트 확률로 개구리가 숨어있는 돌을 알았다.
그가 돌을 들추면 틀림없이 개구리가 있었다. 어떻게 그렇게 아느냐고 묻자 소년은 이렇게 말했다.
"척 보면 알아요."
그 소년은 오랜 경험을 통해 말로 설명할 수 없는 감을 갖게 된 것이다.

감은 아무에게나 오지 않는다.
계속 현장에서 문제와 씨름하고, 공부하고, 노력하고, 고민하고, 다양한 경험을 할 때 주어지는 선물인 것이다.
갑자기 떠오른 것이 아니라 수많은 경험과 지식의 결과가 순간적으로 발휘된 것이다.

직관력을 키우기 위해서는 순간적 판단에 필요한 고도의 전문성이 뒷받침 되어야 한다. 늘 목표에 대해서 생각하고 고민해야 한다.
직관은 장기적인 학습의 결과이며 극히 짧은 순간에 발현되는 것이다. 한 분야에 오랫동안 관심을 갖고 노력한 사람만이 가질 수 있는 선물이지, 아무 경험도 관심도 없던 사람에게 주어지는 것이 아니다. 엄청난 시간과 노력의 결과로 만들어진 판단력인 것이다.

'장고 끝에 악수 둔다' 는 말이 있다. 고수는 촉이 날카롭다. 어느 정도 고민했으면 결정해야 한다.
평생 자기 느낌에 충실했던 스티브 잡스가 한 말이다.
"나는 남이 보지 못하는 것을 본다."

기적의 사과

※

　일본 아오모리현 키무라씨의 무농약 사과재배 농법이 몇 해 전부터 매스컴을 통해 소개되면서 일본은 물론 모든 나라에서 화제가 되고 있다. 이른바 이 '기적의 사과'는 일체의 농약이나 비료를 쓰지 않는다. 이 사과농법의 키워드는 '자연으로의 회귀'로 함께 일 하는 아내가 농약 알레르기 반응을 보여 농약 없이 재배하는 방법을 연구하기 시작했다. 산에서는 식물이 농약이나 비료의 도움 없이 스스로 자라는 것을 보고 과수원 토질을 산과 같이 만들어 보았지만, 10여 년간의 되풀이 되는 실패에 절망한 그는 생을 마감하기로 작정하고 산에 올랐다가 잠이 든다. 꿈속에서 도토리나무에 사과가 주렁주렁 열려있다. 꿈에서 깨어 바로 앞 도토리나무에 보통 크기보다 더 큰 열매가 달려있는 것을 보고, 나무 밑 땅 속을 파헤쳐 보았다. 흙이 보드랍고 싱그러운 흙냄새가 풍겼다.

　바로 이거다. 이런 흙을 만들면 된다. 지금까지 나무만 보고 흙을 보지 못했다는 섬광 같은 깨달음을 얻고 다시 도전한다. 토지를 자연 그대로 개선시키자 그 토양으로부터 고영양분을 흡수해 스스로 병마를 이겨내는 내성이 길러졌고, 사과가 벌레를 먹지 않고 표면에 생기는 피부병도 스스로 치유해냈다. 1991년 태풍이 아모리현을 휩쓸어 수많은 과수원들이 쑥대밭이 되었을 때도 키무라씨 사과농장의 사과는 낙과가 거의 없었고, 건강한 사과나무로 증명되었다.
　이 기적의 사과는 한입 베어 물면 너무 맛있어 눈물이 나올 정도라고 한다. 이 사과는 오프라인으로만 판매하는데 3개 이상은 팔지 않고, 이 사과로 조리하는 아모리현 프렌치 레스토랑의 사과스프를 먹기 위해서는 6개월 전에 예약을 해야 한다고 한다.
　나무를 보지 않고 흙을 만들기 위해 10년의 세월을 인내하는 농업인을 우리는 언제쯤 만나게 될까 싶다.

나는 보기 위해 눈을 감는다

☀

　면발이 쫄깃하고 맛있기로 이름난 자장면 가게가 TV에 나왔다. 그 집을 찾아간 TV 제작진은 주인에게 그 비결을 묻고, 절대 공개할 수 없다고 버티는 주인을 집요하게 설득했다.
　엄청난 기대감을 안고 밀가루 반죽실로 들어간 제작진은 그만 당혹감에 빠진다. 반죽실이 밀폐된 방이었기 때문이다. 바로 이 깜깜한 공간이 맛있는 면발의 비결이라는 뜻밖의 말을 듣는다.
　쫄깃쫄깃하면서도 탱탱한 면발을 만드는 것이 가장 중요한 포인트인데 불을 켜고 눈으로 보면서 반죽을 하면 반죽의 절대점을 찾을 수 없다는 것이다. 그래서 몇 년을 두고 고심한 끝에 찾아낸 비법이 눈으로 보지 않고 손의 촉감만으로 반죽의 최적점을 찾아내는 것이라고 한다.

　당신이 만약 남들이 보지 못하는 특별한 것을 보고 싶다면 당신도 육체의 눈을 감고 오감의 눈을 떠라. 나는 이 TV 프로를 보면서 프랑스 화가 폴 고갱이 한 말을 생각했다.
　"나는 보기 위해 눈을 감는다."
　보기 위해 눈을 감는다는 것, 이 얼마나 놀라운 역설인가. 육체의 눈을 감고 마음의 눈으로 보아야만 진정으로 볼 수 있다니 말이다. 두 눈을 감고 이 세상에서 가장 소중한 것이 무엇인지 생각해 보라.
　사물을 눈으로만 바라보라는 법은 없다.

　대리석에 갇힌 천사를 발견하고 그 천사를 구하기 위해 정으로 쪼아냈다는 조각가 미켈란젤로의 유명한 말은 고갱의 말과 상통한다.
　대가들은 보통사람들보다 심미안이 다른가보다.
　그들은 우리가 그냥 지나치는 것을 끄집어낸다.

감(感)을 익혀라

※

　북극해를 떠다니는 빙산의 전모를 밝혀내는 과정을 상상해보라.
　빙산의 전체를 제대로 파악하기 위해서는 바다 속으로 직접 뛰어들어 수면 아래에 잠긴 거대한 얼음덩어리를 살펴야 한다. 세상의 복잡한 문제들은 빙산과 흡사한 모습을 띠고 있다. 금세 파악되는 피상적인 부분은 미미한 반면, 해결의 실마리가 되는 본질은 수면 아래 감추어져 있을 때가 많다. 문제 속으로 곧장 뛰어들어 신속 정확하게 본질을 밝혀 낼 수 있는 최적의 루트를 찾아내는 훈련이 필요한 것이다. 해당 문제가 어디부터 어디까지 걸쳐 있고, 중요한 부분과 중요하지 않은 부분이 어떻게 구분되어 있는지 등을 알아내기 위해서는 전체를 한눈에 바라보는 부감적 시야를 확보해야 한다. 부감적 시야란 문제의 본질을 구성하는 핵심 요소들 간의 상호관계를 빠른 시간 안에 유추해보는 것으로 이때 필요한 것이 직관, 속칭 통밥이다. 일일이 모든 요소를 훑지 않고 바로 결론에 도달하는 것으로 요즘같이 빠르게 돌아가는 세상에서 유용한 기법인 것이다.

　장자에 '윤편'이라는 수레바퀴를 깎는 사람의 이야기가 나온다. 그는 "수레바퀴를 깎을 때 조금 느슨하게 깎으면 바퀴 축이 헐렁해서 쓸모가 없어지고 조금 빡빡하게 깎으면 바퀴 축이 들어가지 않아 쓸모가 없습니다. 그런데 이렇게 더도 덜도 아니게 적당히 깎는 것은 내 손에서 벌어지는 일이고, 내 손에서 나온 감각이 맞추는 것인데 어떻게 말로 설명 할 수 있겠습니까? 그래서 내 아들한테도 이를 전해주지 못해 지금 이 나이가 되도록 수레바퀴를 깎고 있는 것입니다"라고 말한다. 우리가 집중해야 할 것은 오직 자신의 손끝에서 나오는 감각의 완성도, 즉 윤편의 손맛과 같은 감각을 익히는 것이다. 시장에서도 그것만이 큰 수익을 창출한다. 이런 사람을 프로, 고수, 달인이라고 부른다.

민희, 윤희 자매에게

※

　과거에는 공부만이 인생을 바꿀 수 있는 유일한 방법이었다. 하지만 요즘은 세상이 많이 달라졌다. 세계적으로 뛰어난 운동선수가 되면 공부를 잘 하는 것보다 더 큰 부와 명예를 얻을 수 있다. 음악, 미술, 연예 분야에서 성공하는 것도 마찬가지다.
　'강남 스타일' 이란 노래로 세계적인 가수가 된 싸이는 학창시절 부모님께 꽤나 걱정을 끼쳤다. 공부보다 음악과 춤에 빠져 있었다. 미국으로 유학을 떠났을 때도 부모님 몰래 경영학 대신 음악을 공부했다. 싸이의 재능은 춤과 노래와 음악작업을 하는 데 있었다.

　이렇듯 인생을 바꾸기 위해 반드시 공부를 잘 할 필요는 없다. 하지만 공부를 열심히 할 필요는 있다. 공부를 잘해야 성공하는 것은 아니지만 공부를 열심히 하면 성공할 확률이 높아지는 것은 사실이다. 꿈을 심고 키우는 사람은 그것이 공부든 음악이든 미술이든 열심히 한다. 열심히 하다 보면 잘하게 되고, 인생을 바꿀 수 있다. 힘들고 재미없어도 참고 열심히 공부한 사람은 인생의 중요한 고비에서도 흔들리지 않고 최선을 다할 가능성이 높다.
　공부는 먹고 살기 위해서가 아니라 지금보다 더 나은 인생을 살기 위해서이다. 빌 게이츠는 고등학생들에게 "대학 교육을 받지 않았다면 연봉 4만 달러를 기대해선 안 된다"고 충고한다. 대학 졸업장 없이 미국의 중산층이 되기는 어렵다는 뜻이다.
　그리고 "학교를 다니는 동안은 공부밖에 할 줄 모르는 학생을 바보라고 놀릴지 모르지만 사회에 나가는 순간 바로 그 바보 밑에서 일하게 된다"고도 조언한다.
　사다리를 올라가는 동안은 구름 위의 세상이 보이지 않지만 끝까지 참고 오르면 상상할 수 없을 만큼 멋진 세상을 만나게 될 것이다.
　민희야, 윤희야 최선을 다해라.

유화부인의 아들 주몽

※

　고구려를 세운 주몽의 어머니 유화부인이 처녀 때 동생과 들판에 꽃놀이를 갔다가 수염이 하얀 노인을 만났다. 신분이 아주 높은 사람이 타는 마차를 타고, 요즘으로 말하면 노인이 좋은 차를 타고 와서 "난 천제의 아들 해모수다"라며 유혹을 한 것이다.
　유화부인은 이 사람의 말을 믿고 사랑을 나누었는데, 그 이튿날부터 노인은 아무 연락도 없이 사라졌다. 혼인빙자 사기에 해당한다. 이 사실을 부모가 알고, 처녀가 외간남자를 만난데다 아직도 그 남자를 그리워하며 기다리는 것을 참지 못해 딸을 집에서 쫓아내 버렸다.

　마침 금와왕이 사냥을 나왔다가 이 처녀를 발견하고 궁으로 데려가 두 번째 부인으로 삼았는데, 주몽은 두 번째 부인의 아들이므로 적자가 아닌 서자로 태어났다. 그뿐 아니라 나중에는 왕의 아들이 아니라는 소문까지 있어 왕자이면서도 괄시와 천대를 받으며 자랐다.

　그러나 유화부인은 "네 아버지는 해모수다"라면서 떠나버린 남편이지만 늘 공경하는 마음을 가지고 살았다. 그리고 아들이 핍박당할 때마다 "너는 다른 왕자들 보다 더 위대한 해모수의 아들이다. 너는 한 나라를 능히 세울 수 있는 자격과 능력을 가지고 있다"라며 격려를 했다. 결국 주몽이 고구려를 세웠다.

　남편이 있느냐 없느냐가 중요한 게 아니다. 또 가난하다고 문제가 되는 것도 아니다. 엄마가 자신의 현실에 열등의식을 느끼고 있을 때 아이도 열등의식을 갖게 되는 것이다. 남편이 없기 때문에 아이에게 문제가 생기는 것이 아니라 남편이 없으므로 해서 엄마가 외로움을 타고 방황을 하기 때문에 아이에게 문제가 생기는 것이다.
　유화부인은 하룻밤 자고 간 사람도 평생을 믿고 섬기며 살았다.
　이런 믿음이 아들을 건강하게 성장시킨 것이다.

강태공의 기다림

중국 주 왕조 때 여상이라는 사람이 있었다. 그는 뛰어난 능력과 높은 학식을 가지고 있었지만 자신의 능력을 발휘할 시기가 지금이 아님을 알았다. 그는 벼슬에도 돈벌이에도 관심을 두지 않고 강가에 앉아 낚싯대만을 드리우며 세월을 낚고 있었다. 그 곁을 지키던 부인은 생활고를 견디지 못해 친정으로 가버렸고, 여상은 강가에서 홀로 늙어가고 있었다.

마침 인재를 구하고 있던 주나라 무왕이 강가를 지나가다 여상을 보았다. 무왕은 그의 지혜로움에 탄복하고 그를 궁으로 불러 스승으로 삼았는데, 그가 바로 강태공이다.

훗날 강태공이 제나라의 제후가 되었다는 소식을 들은 그의 부인이 찾아왔다. 그리고 다시 부인으로 받아줄 것을 청하자 태공은 바가지의 물을 땅바닥에 쏟아 부은 후 다시 담으면 그러겠노라고 했다.

물을 담기 위해 애쓰는 부인을 보며, 쏟아진 물을 다시 담을 수 없듯이 한 번 떠난 부인은 되돌아올 수 없다고 했다.

여상이 주나라 문왕을 만났던 때가 그의 나이 80세쯤이라고 한다.
그 수많은 세월을 곧은 낚싯대 강물에 던지고 때를 기다렸던 것이다.
강태공이 낚시를 한 것은 물고기가 아니라 자신이 등장할 때를 잡기 위한 것이었다. 그는 멋지게 찬스를 움켜쥔 것이다.

어려웠던 지난 세월 고생을 견디지 못하고 떠난 부인에게 그토록 절박하게 물리친 뜻이 무엇인지 밝힐 수 없어도 늙어버린 조강지처에 대한 배려는 마음에 들지 않는다.

이때부터 엎질러진 물은 주워 담을 수 없다는 '복수불반복(覆水不返復)'이란 말이 생겨났다고 한다.

6

자유를 찾아서

누에는 번데기가 나방으로 변할 때 고치를 뚫고 밖으로 나온다.
　번데기처럼 살려면 모를까 껍질을 깨고 나와야 나방처럼 날개를 달고 날 수 있다. 껍질 속에 갇혀서 죽어가는 애벌레의 신세를 면하기 위해서는 설령 껍질을 깨고 나가 잘못되는 한이 있더라도 시도를 해야 한다. 리스크를 감수하지 않고 열매만 따보겠다는 생각으로는 불가능하다. 껍질을 깨는 용기가 필요하다.

　찰리 채플린은 인생이란 멀리서 보면 희극이지만 가까이서 보면 비극이라고 했다. 필연적으로 남의 인생은 멀리서 보게 되고 자기 인생은 가까이서 보게 되니 남의 인생은 즐거워 보이고 나의 인생은 슬퍼 보이는 것이다. 왜 나만 이렇게 힘이 드는가. 이 나라 온 국민이 그렇게 생각하며 살고 있다. 남들은 잘 나가는데 나만 이렇게 힘들다는 생각은 마라. 우리는 남의 어두운 뒷면을 볼 수가 없어서 그러지 그 쪽은 더 심각할 수 있다.

　작가 김훈은 모든 오르막과 모든 내리막은 땅 위의 길에서 정확하게 비긴다고 했다. 올라 갈 때 힘든 언덕이었을수록 내려 갈 때는 한결 수월하다. 인생에 대입해보면 생의 전반부에서 역경을 잘 헤치고 온 사람일수록 후반부 레이스를 수월하게 마칠 수 있다. 그래서 삶이 공평하다는 모양이다.

죽는 순간까지 변해라

※

　신라의 대장군 김유신과 천관녀의 비극적 사랑이야기가 구전되어 오고 있다.
　엄격했던 유신의 어머니는 더 이상 천관녀를 만나지 말라고 눈물로 호소하고, 유신은 어머니의 뜻에 따르겠다고 맹세한다. 어느 날 유신이 술에 취해 집으로 가는 길, 그의 애마가 옛길을 따라 천관녀의 집 앞에 다다랐다. 유신은 그 자리에서 자신이 아끼던 애마의 목을 내리쳐 베고 돌아선다.

　변화가 두려운 사람, 혁신을 게을리 하는 조직은 미래가 없다.
　실수에서 항상 배우며, 하고 있는 일의 방식을 개선하라.
　무엇이 당신을 힘들게 하는지 모른다고 말하지 마라.
　잘못된 습관을 바꾸지 않으면 가망이 없다.
　어떤 역경에서도 절대로 포기하지 말고 이기는 습관을 기르자.

　아인슈타인은 같은 일을 같은 방법으로 계속하면서 변화를 기대하는 사람은 정신병자라고 말했다. 삶은 변화이고 산다는 것은 변한다는 것이다. 변화 속에 삶의 생명이 있고 그 속에 삶의 예술이 있기 때문이다.
　스페인 태생으로 첼로의 성자로 불렸던 파불로 카자스에게 어느 날 젊은 기자가 물었다.
　"선생님 당신은 이미 세상에서 가장 위대한 첼리스트로 인정받고 있는데, 95세의 나이임에도 하루 6시간씩 연습하는 이유가 무엇입니까?"
　그는 머뭇거리지 않고 이렇게 대답한다.
　"왜냐하면 내 연주 실력이 아직도 조금씩 향상되고 있기 때문이오."

포정해우(庖丁解牛)

※

　장자에 이런 글이 있다. '칼날을 놀려도 여지가 있고, 도끼를 움직이니 바람이 인다.' 뛰어난 요리사는 소의 뼈와 살 사이를 춤추듯 움직일 수 있고, 뛰어난 조각가는 도끼를 휘둘러 사람 콧등에 묻은 석고에 조각을 할 수 있다는 말이다.

　백정이었던 포정은 솜씨가 아주 뛰어났던 고대의 이름난 요리사이며, 해우는 소를 잡아 뼈와 살을 발라내는 솜씨를 가리키는 말이다. 어느 날 포정이 왕 문혜군을 위해 소를 잡고 있었는데 칼을 움직일 때마다 내는 소리가 음절에 맞지 않는 것이 없어 마치 탕임금의 춤곡에 따라 춤추는 것 같기도 했고, 요임금의 음악을 연주하는 것 같기도 했다. 이를 본 문혜군이 감탄하여 말한다.
　"아, 참으로 훌륭하구나! 기술이 과연 이러한 경지까지 도달할 수 있단 말인가!"
　이에 포정은 칼을 놓으며 말했다.
　"제가 좋아하는 것은 도(道)인데, 이것은 기술보다 더 앞선 것입니다. 제가 처음 소를 잡았을 때는 소 전체가 눈앞에 보였습니다. 그러나 3년이 지나고 나니 소를 눈으로 보지 않고도 마음으로 볼 수 있게 되었습니다."

　보통과 뛰어남과 최고의 수준 차이는 무엇일까?
　포정의 경우는 3년이 지나고서야 최고의 경지에 이르렀다. 물론 누구나 3년이 지나면 최고가 되는 것은 아니다. 연구에 연구를 거듭하는 세월이 쌓여야 한다.
　솔거가 황룡사의 벽에 소나무를 그리자 새가 소나무에 앉으려다 벽에 부딪쳐 죽었다는 일화도 있다.
　포정처럼 솔거처럼 되어야 길이 열리는 것이다.

삼성의 후계자 이재용

❊

　이재용은 아버지 이건희 회장이 미국 유학 중인 1968년 워싱턴에서 태어났다. 1984년에 당시 명문가 자제들이 많이 다니던 서울 청운중을 거쳐 경복고에 진학, 학업성적은 항상 상위권으로 특히 영어와 수학성적이 우수했으며 이후 서울대학 인문대 동양사학과에 진학한다. 서울대학교에 입학하면서 학과를 결정하는 데는 할아버지 이병철의 작용이 컸다. 이재용은 서울대학을 졸업한 뒤 일본 게이오대 경영대로 유학, 미국이 아닌 일본을 먼저 공부한다.

　이병철은 "내 생각을 말하기 전에 남의 말을 들어라"는 당부를 자주 해 이건희처럼 이재용도 경청을 늘 화두로 삼았다.
　이병철과 이건희는 '사람을 다스리는 법'의 중요성을 강조해 논어를 필생의 책으로 생각하고 이재용에게도 가르쳤다.
　특히 이건희는 아들 이재용에게 삼고초려(三顧草廬, 유비가 제갈량과 손을 잡기 위해 세 번씩이나 집을 찾아 동참을 간청한 일)의 중요성을 얘기하며 경영자는 사람을 다루는 능력이 뛰어나야 함을 늘 강조했다.

　이재용은 자신보다 아홉 살 아래인 대상그룹 임회장의 맏딸 임세령 과 결혼했고 아들 딸 두 자녀를 가진 잉꼬 커플로 소문났지만 2009년 결혼 11년 만에 이혼을 한다. 그러나 두 사람 모두 자녀에 대한 애정만큼은 각별하다고 한다.

　2014년 1968년생인 이재용은 46세다.
　아버지 이건희가 삼성그룹회장이 되었을 때의 나이가 45세였다.
　삼성가의 외아들로 태어난 이재용은 모든 것을 다 가진 행운아다.
　그렇기에 야성이 부족하다는 평을 받기도 한다.

노블레스 오블리주(Noblesse Oblige)

프랑스어로 '고귀한 신분에 따르는 도덕적 의무' 라는 뜻의 노블레스 오블리주는 유럽의 상류층에 그 뿌리를 두고 있으며 시대와 국가를 뛰어넘어 사회를 지켜가는 버팀목 역할을 해왔다.

로마시대 귀족들은 평민보다 더 많은 세금을 부담하고 전비조달을 위한 국채 발행 시 평민들에게는 부담을 주지 않았다고 한다.
존경받는 지도층을 중심으로 단결하여 강성해진 로마는 유럽을 주도하게 된다. 많은 귀족들이 공공사업에 자신들의 재산을 기부하는 것을 명예롭게 여겼다.

현대 스웨덴의 명문가인 '발렌베리' 가문은 스웨덴 GDP의 약30% 정도를 차지하는 발렌베리 그룹을 이끌고 있다.
이 가문이 기부와 자선에 쏟는 진정성은 생활태도에서도 드러나는데 어릴 때부터 형제자매의 옷을 물려 입는 것 정도는 기본적이고 당연한 전통이다. 사소한 생활에서부터 기업경영에 이르기까지 앞장서 모범을 보임으로써 스웨덴 국민들로부터 존경받게 된 것이다.
이처럼 시대와 나라마다 형태나 분야는 다르지만 지도층이 솔선수범하여 사회에 공헌하는 전통은 그 나라의 힘을 모으고 키우는데 큰 역할을 해왔다.

21세기 한국에도 노블레스 오블리주를 추구하는 다양한 각도의 노력이 절실하다.
경제적인 기부를 통해 사회에 환원하는 것, 또한 어렵게 성취한 수준 높은 경험과 지식을 전수하는 것도 우리 사회에 신선한 감동을 주는 노블레스 오블리주의 중요한 방식이다.

봉이 김선달

연암 박지원의 소설 '봉이 김선달' 초등학생들도 알만큼 유명한 설화이다. 이야기의 주인공은 기발한 아이디어로 대박을 친다.

그가 대동강 물을 마치 자기 소유인 것처럼 속여 한양 상인에게 황소 60마리를 살 수 있는 거금, 4,000냥에 팔아먹은 일화는 혀를 내두르게 한다. 물론 사기다. 협잡꾼이면서 인간 심리를 꿰뚫어보고 세상을 조롱한 재사(才士)라 할 수 있다.

그런데 그가 대동강 물을 판 것이나 요즈음 지하수를 퍼 올려 생수라고 팔아먹는 것이나 사실은 크게 다를 바 없다. 공기도 캔에 담아 판다고 하지 않는가. 이처럼 고정관념을 깨는 발상의 전환이 무언가 새로운 것을 만들어 낸다.

검색 포털 세계1위 기업인 구글도 따지고 보면 수많은 사람들이 만들어 놓은 자료를 인터넷상에서 쉽게 찾을 수 있게 한 것만으로 2012년 매출액 502억 달러 110조원의 순이익을 올렸다.

현대판 봉이 김 선달이라고 할 만하다.

고향집 소를 훔쳐 도망친 정주영이 기업가로 추앙 받는 이유도 마찬가지다. 그는 아무도 갈 엄두를 내지 못한 길을 달려 자동차와 조선 사업을 일으켰다. 아무도 생각 못한 서산 간척지의 유조선 물막이 공법을 고안해 냈으며 온갖 위험을 겪으면서도 물러서지 않고 수출, 고용, 세금 등에서 사회와 국가에 공헌한 바가 엄청나다.

창조는 기존에 안주해온 질서를 파괴해야만 나올 수 있다. 스스로를 버리는 파괴가 없으면 새로운 무언가를 만들어내기 어렵다.

열매를 맺고자 하는 씨앗은 반드시 자신을 버려야 한다.

프로세스

※

　모든 사물은 생성, 변화, 성장, 쇠퇴, 몰락이라는 프로세스를 따른다. 예외는 없다. 우리 개인의 삶 또한 절대 피해갈 수 없는 과정이다. 정상에 선 사람은 스스로 내려올 것인가, 끌려 내려올 것인가를 심각하게 고민해야 한다. 자칫 시기를 놓치면 참담한 결과를 맛보게 된다. 그러므로 잘나갈 때 새로운 길을 준비해야 한다.

　잘나갈 때야말로 무엇인가를 준비할 힘이 있는 시기다.
　개인이든 조직이든 승승장구할 때는 여분의 에너지와 자본이 있기 마련이다. 새로운 시도에 따르는 비용을 부담하기에도 힘이 부치지 않고 위험에 대처하기도 쉽다. 잘나갈 때 준비하지 않으면 곧 내리막길을 걷게 될 것이고, 머지않아 내리막에 가속이 붙을 것이다.
　그러다가는 어떻게도 해볼 수 없는 상태에 도달하고 만다.
　물론 삶이 최저점에 이르렀을 때 다시 치솟아 오르면 된다.
　하지만 그 때의 삶은 너무 참혹하고 고통스러우리만큼 엄청난 인내심을 요구한다. 그것마저 실패하면 남는 것은 몰락뿐이다.

　이어령 박사는 잘나갈 때 준비하라는 말을 이렇게 표현한다.
　"피크를 만들면 내려오는 길밖에 없는 거여. 피크가 눈에 보이는 듯하면 바로 바꿔 타야 해."
　그렇다. 잘 나갈 때는 위험이 눈에 보이지 않는 법이다. 깊은 통찰력을 얻었다는 몇몇 사람의 눈에만 보인다. 그래서 지혜로운 사람들은 장기나 바둑에서 당사자 말고 그것을 지켜보는 사람들이 위험을 미리 감지하는 것처럼, 다른 사람의 훈수를 귀담아 듣고 곰곰이 생각하는데 시간을 들인다.
　그런데 한창 잘나갈 때 새로운 시도를 하고 싶어 하는 사람은 없고 현재를 즐기느라 유야무야 시간을 낭비하고 만다.

인생무상

　인생무상(人生無常)이란 사는 게 덧없다는 말이고, 우리의 삶이란 늘 변하기 마련이라는 뜻이다.
　불가에서는 '제행무상 제법무아(諸行無常 諸法無我)'라 했다.
　세상 모든 것은 변하며 따라서 고정된 나는 없다는 말이다.
　세월이 모든 것을 달라지게 한다. 사물도, 여건도, 인간관계도 다 변하기 마련이다.

　때로는 세월이 약(藥)인 경우도 많다.
　풀리지 않던 난제들이 세월이 가면서 저절로 생각지도 않게 해결된다. 힘든 상황을 맞게 될 때 할 수 있으면 얼마간 시간을 벌어보라고 한다. 그 동안 상황이 변해 고통에서 벗어날 수도 있다.
　마찬가지로 뾰족한 수가 없는 경우 미리 걱정하는 것보다 차라리 느긋하게 기다려보는 게 낫다. 시간이 조화를 부릴 수 있다.

　인생을 살아가면서 바닥까지 추락을 경험하는 일은 다반사다.
　오르막이 있으면 내리막이 있고 흐린 날이 있으면 화창하게 갠 날이 있기 마련이다. 우주자연의 이치다.
　이제 눈을 크게 뜨고 자신의 삶 전체를 보자.
　그러기 위해 인생 곡선을 그려본다.
　지금이 상승곡선인가? 정점인가? 아니면 추락하고 있는가?
　만약 추락의 정도가 바닥이면 올라가는 길이다

　진짜 가난한 사람은 돈이 없어 가난한 사람이 아니라 마음이 가난한 사람이다.
　세네카의 '가난한 사람 되지 말자'는 명언이 무슨 뜻인지 알아야 한다.

무인불승(無忍不勝)

✺

　한 농부가 영하 20도의 냉동실에 보관해둔 참깨 씨앗을 밭에 뿌렸더니 설마 했던 우려를 불식시키고 건강한 싹이 돋아났다고 한다. 이렇게 작은 씨앗 한 알도 햇빛이 비치는 따스한 땅에 뿌려질 날을 기다리며 참고 또 참고 견딘다는 사실 앞에 옷깃을 여미게 된다.
　고려시대의 연꽃 씨앗에서 피어난 연꽃도 있다. 700여 년 전의 씨앗에서 그렇게도 고운 연꽃이 피어날 수 있었다니 놀라지 않을 수 없었다.

　영하 20도에 보관된 참깨씨앗도, 700년 된 연꽃씨앗도 싹을 틔우는데 나는 몇 년, 아니 며칠도 참지 못해 어리석게 속단하고 행동한 부끄럽고 민망한 일이 한둘이 아니다. 10분만 기다리면 버스가 온다는 자막을 보면서도 참지 못하고 택시를 탄다. 아파트 엘리베이터가 조금만 늦게 내려와도 그 순간을 참기 어려워한다.

　베트남 틱낫한 스님은 "화가 날수록 말을 삼가하라. 화가날 때 남을 탓하지 말고 자신의 마음을 다스리라"고 한다. 돌이켜 보면 나에게 가장 불행했던 순간은 참지 못하고 분노할 때였다.

　'무인불승(無忍不勝)'이란 사자성어가 있다.
　참지 못하면 이길 수 없다. 참는 것이 곧 이기는 것이라는 뜻이다. 참을 인(忍)자는 칼 도(刀)자와 마음 심(心)자가 합쳐진 것이다. 가슴에 칼이 꽂힌 상태를 견디어 낸다는 뜻으로 이해된다. 가장 고통스런 한자다.
　칼이 꽂힌 상태로 하루하루 살아간다면 얼마나 고통스러울까?
　그렇지만 참되고 바른 삶을 살기 위해서는 그런 고통을 참지 않으면 안 된다고 가르치는 게 참을 인(忍)자의 참뜻이다.

다 안다고 하지 마세요

'나는 다 알아.'
오만한 사람의 내면을 이만큼 분명히 보여주는 문장은 없을 것이다
오만이라는 감정은 자신이 어떤 것에 대해서 항상 다 잘 안다는 자신감에서 싹트는 것이다.
그런데 오만은 항상 비극으로 끝나기 마련이다.

암벽을 누구보다 잘 안다고 생각하는 사람은 추락하기 쉽다. 오토바이를 누구보다 잘 안다고 생각하는 사람은 오토바이 사고로 죽기 쉽다. 파생시장을 누구보다 잘 안다고 생각하는 사람이 한 순간에 시장에서 사라져간다.
이런 비극적인 결과가 발생할 때 우리는 절로 탄식이 나온다.
도대체 암벽이 무엇이며, 오토바이는 무엇이며, 파생은 또 무엇인가?

사물에만 국한된 것이 아니라 사람의 경우도 마찬가지다.
나를 배신한 사람은 사실 내가 잘 안다고 확신한 사람일 경우가 많다. 암벽도, 오토바이도, 어떤 사람도 내가 더 잘고 있다고 확신한 이유는 무엇일까? 바로 내가 그것(그 사람)을 좋아했기 때문이다.
'좋아한다' 는 말의 동의어는 '알려고 한다' 일지 모른다.
이제 모든 것을 알았다는 생각에 빠지는 순간, 더 이상 알 것이 없다는 오만이 우리에게 배신과 복수를 하는 것이다.
암벽의 상태도, 오토바이의 상태도, 파생시장의 변화도, 내가 잘 아는 그 사람의 감정도, 항상 주의 깊게 제대로 살피는 노력을 기울이지 않고는 오만의 복수를 당할 수밖에 없을 것 같기에 하는 말이다.

서러움에 눈물 흘리며 밥을 먹어보지 않은 사람, 잠 못 이루는 밤 침대에 누워
소리 내어 울어보지 않은 사람은 따뜻한 행복이 주는 고마움을 알 수 없다.

상선약수

※

'상선약수(上善若水)'란 최상의 가치는 물과 같다는 노자의 말이다. 물은 세상에서 가장 부드럽고 약한 것 같지만 물보다 더 강한 것은 없다. 물 한 방울 두 방울이 단단한 돌을 뚫고, 홍수로 변하면 둑을 무너뜨리고, 타오르는 불길을 진화시킨다. 물은 성질상 둥글게 하고자 하면 둥글게 되고 모나게 하고자 하면 모나게 된다. 물은 어떤 환경에서도 적응하는 능력을 지닌다.

물은 생명의 시작이다. 만물의 생명에 혜택을 준다. 메말라 죽어가던 들풀도 비가 오고나면 움이 돋고 생명이 솟아난다. 우리 몸속의 물이 1~2% 부족하면 심한 갈증을 느끼고, 5%정도 부족하면 생명을 잃기도 한다.

물에게는 교만이 없다. 물은 높은 곳에서 항상 낮은 곳으로 흐른다. 그래서 물은 겸손의 상징이기도 하다. 물은 더러운 것을 씻으며 덮어버린다. 물의 이치대로만 살아간다면 다툼이 사라지는 세상이 올 것이다.

노자에 '약지승강 유지승강(弱之勝强 柔之勝剛)'이라 했다. 약한 것이 강한 것을 이기고, 부드러운 것이 억센 것을 이긴다는 말이다.

사람도 생명을 유지되고 있을 때에는 부드럽고 약하지만 죽음을 맞으면 굳고 강해진다. 풀과 나무도 살아있을 때는 부드럽고 연하지만 죽게 되면 마르고 굳어진다. 그러므로 강한 것은 죽음의 무리이고, 부드럽고 약한 것은 삶의 무리이다.

'치망설존(齒亡舌存)'이란 말이 있다. 단단하고 강한 이는 깨지더라도 부드러운 혀는 훨씬 더 오래 남는다는 말로 강하고 모진 것은 망하고, 부드럽고 순한 것은 오래 간다는 노자의 가르침이다. 인간관계에서부터 정치, 경제 모든 분야에서 적용되어야 할 이치이다. 부드럽게! 부드러움이 생명의 파고를 넘는다.

이 사람에게 물어보세요

✹

한 남자가 극심한 절망의 늪에 빠졌다.
평생 모은 돈을 사업에 투자했다가 모두 날려버렸고 설상가상으로 부인은 회사로부터 해고통지를 받았다. 이 남자는 조언을 듣기 위해 평소 존경하던 유명 작가를 찾아가게 되었다.
작가는 이 남자를 거울 앞으로 데려가 거울에 비친 그를 가리키며 말한다.
"이 사람만이 이 세상에서 당신을 일으켜줄 수 있는 단 한 사람입니다. 이 사람을 차분히 관찰하고 이해하도록 노력해 보세요. 그리고 당신이 어떻게 하면 좋을지 이 사람에게 물어보세요."

하는 일이 유난히 벅찰 때가 있다.
모든 것을 내려놓고 싶을 때가 있다.
그러나 모든 것의 열쇠는 자기 자신이 쥐고 있다.
성공도 실패도 결국은 스스로가 결정짓는 것이다
남이 나에게 끼칠 수 있는 영향은 절대적이지 않다.

사람들은 성급함 때문에 일을 망치는 경우가 허다하다.
옛 선인들은 이렇게들 말했다.
달은 가득 차면 이지러지고 그릇은 가득 차면 엎어진다.
끝까지 올라간 용은 후회하리니 만족할 줄 알면 욕되지 않으리라.
권세에 기대서는 안 되며 욕심을 지나치게 부려서도 안 된다.
새벽부터 밤늦도록 두려워하기를 깊은 연못에 임한 듯이, 살얼음을 밟는 듯이 하라.

고개를 숙이면 부딪치는 법이 없다. 나를 좀 낮추면 금방 해결될 일인데도
긴 시간 마음고생, 몸 고생 시간 낭비하게 되는 경우가 허다하다.

문제는 선택이다

✸

"어느새 시간이 이렇게 흘렀어. 몇 시간이 금세 지났네!"
"어, 아직도 한 시간밖에 안 지났네!"
이 둘의 차이는 엄청나게 크다. 무엇엔가 몰입할 수 있는 일이 있어 시간이 짧게 느껴지는 순간들이 많으면 그는 분명 행복한 사람일 가능성이 높다.

그러나 여기에서 중요한 기준은 하고 있는 일의 건전성이다.
하는 일이 잘못된 방향으로 가고 있는데도 욕심만 부리고 있다면 그 대가는 본인이 치러야 한다. 불교에서는 이를 업보(業報)라 한다. 우리는 완벽하지 못하기 때문에 유혹을 뿌리치지 못할 때가 많다. 특히 돈 앞에서 말이다.
하고 싶은 것을 하지 못할 때 괴롭고, 사고 싶은데 살 수 없어 괴롭고, 가고 싶은 데 갈 수 없어 괴로운 것이다.
바로 이럴 때 특효약이 있다. "내가 안하기로 했어!" 라고 말하는 것이다. 못하는 것과 안 하는 것은 크게 다르다. 마음을 괴롭히는 것은 '못하는 것' 때문이다.

그러니 이제 내가 하지 못하는 상황을 안 하는 것으로 바꾸어 생각하면 어떨까? 사고 싶은 것은 많은데 내가 돈이 없어 못사는 게 아니라 안사는 것이다. 욕심을 부린다거나 유혹을 물리치지 못하는 것은 나쁜 것이고, 그렇기 때문에 '내가 하지 않기로 내가 선택한다' 는 것이다. 자신의 선택이 옳은 방향으로 가고 있는지 수시로 점검해야 한다.

뱀은 뱀끼리 싸울 때 끝내 독을 쓰지 않는다고 한다. 독은 천적으로부터 자신을 지키는 마지막 무기일 뿐 동족끼리의 시비에 쓸 수 없다는 것이다.
사람인 것이 자꾸 부끄러워 질 때가 있다.

진짜 자존심

　어느 분야든 특출난 사람은 다른 이들과 같지 않다.
　베토벤 피아노 협주곡을 악보 안 보고 칠 수 있는 사람은 수천 명 있어도 1등은 따로 있다. 음이 틀려서 1등을 못하는 것이 아니다.
　음은 다 맞게 쳤는데 그 안에 혼이 들어있지 않으면 사람들의 눈과 귀가 알아차린다. 참 신기하지 않은가. 사람들이 타인의 내면을 읽어낸다는 것 말이다.

　나는 이순신을 참 좋아한다.
　광화문을 나가면 이순신 동상을 오랫동안 쳐다보며 난중일기를 생각한다. '불멸의 이순신' 사극 드라마를 열심히 봤었다. 그리고 명품 배우 김명민을 좋아하게 되었다. 그는 3년을 하루같이 PD와 작가를 찾아가 인사를 하고 다니며 자신을 알렸던 배우다.
　'자존심, 그건 맨 끝에 결정되는 게 아니던가? 내가 최고가 되면 세상이 나를 찾게 된다'고 생각하며 자존심을 내려놓았던 배우다.
　촬영이 중단된 영화만도 세편이나 되었다고 한다. 단막극 주연으로 캐스팅되어 모든 준비를 해놓고 주연이 바뀌었다는 소리를 들었을 때 그 기분이 어땠을까. 그 정도면 죽고 싶을 정도로 자존심 상하고, 도망치고 싶었을 것이라는 생각이 든다.

　그런 그에게 '불멸의 이순신'이란 기회가 왔다.
　그것은 행운일까? 나는 아니라고 본다.
　삶에 대한 그의 진지함과 세상에 낮게 임하는 겸손한 자세 때문이다. 자신에게 최선을 다한 과거의 시간들, 보통 사람들이 이해하기 힘든 경지까지 올라 자신의 일에서 최고가 되려는 몰입이 지금의 김명민을 만들었다고 생각한다.

기회를 놓치는 사람들

기회는 누구에게나 공평하게 주어진다.
똑같은 사람인데 차이가 나는 것은 어떤 사람은 기회를 잡고, 어떤 사람은 기회를 놓치기 때문이다.
그 기회를 잡은 사람은 성공할 것이요, 잡지 못한 사람은 성공한 사람의 뒷모습만 보게 된다.
주머니만 채우려 했지 머리를 채우지 못했기 때문이다.

머리를 채운 사람은 결국 주머니도 채울 수 있다.
나는 머리를 채운 사람은 결국 주머니도 채울 수 있다고 확신한다. 머리를 채우지 못한 사람은 이것저것 고려하고 득실을 셈하다가 결단을 내리지 못해 천재일우의 기회를 매번 놓치는 사람이다.

기회를 잡은 첫 2초의 순간적으로 발휘되는 직관력은 머리를 채운 사람에게만 허용된다고 했다. 직관력이란 엄청난 시간과 노력의 결과로 만들어진 판단력이기 때문이다.

결단을 내려야할 때 주저한다는 것은 결국 선택의 문제다.
역사상 많은 사례가 말해주듯 중요한 순간에 과감하게 선택하는 사람만이 최후에 웃는 자가 될 수 있다.
결단을 내려야할 때 주저하면 도리어 혼란만 초래한다.

'군자필신기독야 소인한거위불선(君子必愼其獨也 小人閒居爲不善)'이라 했다.
군자는 그가 혼자 있어도 반드시 삼가며, 소인은 한가하면 옳지 못한 일을 한다는 말이다. 아무도 보지 않을 때, 아무도 보지 않는 곳에서의 자기 모습이 참 인격이다.
사람 앞에서 보여지는 인격은 참 모습이 아닐 가능성이 높기 때문이다.
즉 남에게 보이려고 하는 인격은 겉과 속이 다를 수 있다.

고수에게는 철칙이 없다

※

　이럴 땐 이게 맞고, 저럴 땐 저게 맞다. 이것만이 절대적이라는 인식은 절대 금물이다.
　일정한 수준에 이를 때까지는 비문이나 교육이 필요하다.
　그러나 일정 수준을 넘어섰으면 거기에 이르기까지 사용된 것들을 버리고, 새로운 차원에 맞는 룰을 스스로 만들어내야 한다.

　바둑처럼 매번 다른 상황이 펼쳐지는 상황변화에서 비문은 기본은 되지만 전부는 아니다. 진흙탕 길을 건너는데 장화가 필요하지만 마른 땅에서는 오히려 불편하다. 언젠가 다시 진흙탕 길이 나타날 것을 겁내 장화를 신고 다닐 필요는 없지 않은가. 운전면허를 따기 위해 이론을 익혔지만 실제운전에서는 도로상황이나 기후변화에 따라 운전방식을 달리해야 하는데 이론에 집착해서야 되겠는가.

　금강경은 "강을 건넌 다음에는 뗏목을 버려야 한다"고 말한다.
　강을 건넌 뒤에도 뗏목을 메고 다니는 것은 어리석은 일이다.
　자신은 무사히 강을 건넜으니 그 뗏목은 다른 사람이 사용하도록 내려놓고 가라고 가르친다.
　골프에서 모든 샷은 바로 그때 그 상황에 맞춰 필요했던 것이다.
　상황이 달라지면 지난 샷을 잊어버려야 한다. 지금 가장 중요한 것은 지금 이 순간에 맞는 샷을 날리는 것이다.
　고수에게는 철칙은 없고 직관만 있다.

　버리는 것, 그것은 채운 사람만이 할 수 있는 일이다.
　나무가 꽃을 버려야 열매를 얻고, 강물은 저 흐르는 강을 버려야 바다에 이르는 것이 자연의 섭리다. 때가 되면 내려놓고 또 내려놓아야 한다. 지식도, 습관도, 심지어 사람까지도.

20:80의 법칙

※

　20:80 법칙은 전체 인구 중 20%가 전체 부의 80%를 차지하고 있다는 이론이다. 이탈리아 경제학자 파레토가 처음 주장했고 파레토 법칙이라고도 한다. 이 이론에 따르면 세계화 시대에서는 전체인구 중 20%만이 좋은 일자리를 가지고 안정적인 생활을 유지하는 반면 나머지 80%는 사실상 20%에 빌붙어 살아가게 된다는 것이다.

　빈곤층 80%와 부유층 20%로 사회가 양분되는 부의 불균형 현상을 나타내는 이 이론은 모든 사람이 똑같이 부를 다시 나누어 가져도 수년이 지나고 나면 20:80의 법칙이 재현된다고 말한다.
　그렇다면 어떤 사람이 20%에 해당하는 걸까?
　20%에 속하는 사람들의 한 가지 공통점은 '박학다식' 이었다. 아는 것이 곧 부가 된다는 말이다.

　그렇다면 또 다른 의문이 생긴다. 상위 20%에 속하는 사람들 중에도 학력이 낮은 사람이 적지 않은데 그 까닭은 또 무엇인가?
　아는 지식을 잘 활용하는 사람은 부를 쌓을 것이고, 그렇지 못한 사람은 나머지 80%에 속한다는 것이다. 지식은 그 자체로는 아무 힘이 없다. 중요한 것은 아는 것을 얼마나 잘 하느냐. 지식을 쌓는 것보다 그 지식을 행동으로 옮기는 것이야말로 진정 중요하다.
　똑같이 벤저민 그레이엄의 '투자학 이론' 을 섭렵하고도 워렌버핏은 세계최고의 부자가 되었고 어떤 사람은 사기꾼이 되었다. 똑같은 지식도 그것을 활용하는 사람에 따라 전혀 다른 결과를 낳는다.

　마케팅 측면에서 살펴보면 소수 20%의 사람이 매출의 80%를 차지한다. 어떤 업체를 운영하든 핵심고객 상위 20%를 선택하는 세밀한 노력과 그들에게 필요한 지식과 정보를 제공하는 성실한 서비스가 요구되는 것이다.

잘못된 관성 고치기

※

모차르트에게 피아노 지도를 받고자 하는 이들이 줄을 선다. 그들에게 모차르트는 항상 이런 질문을 한다.
"당신은 전에 어디선가 피아노를 배운 적이 있습니까?"
있다고 하면 수업료가 2배, 없다고 하면 반만 내라고 한다.

그건 도대체 무슨 까닭일까? 그는 이렇게 말한다.
"피아노를 이미 배운 사람들의 경우 그가 가지고 있는 잘못된 찌꺼기를 제거해야 합니다. 왜냐하면 잘못된 바탕 위에 올바른 것을 심을 수는 없기 때문입니다."
새로운 것을 심어주는 것보다 잘못된 뿌리를 뽑아내는 일이 더 힘든 작업이다. 그 사람이 가지고 있는 잘못된 것을 쓸어내는 일이 초짜에게 가르치는 일보다 훨씬 힘든 법이다.

작심삼일(作心三日), 비장한 각오로 금연을 선언한 지 불과 몇 일만에 가족들과 동료들 눈치를 봐가며 빠끔거리는 애연가는 여전히 많다. 그 이유는 뭘까? 소크라테스는 이성이 저지르는 일종의 실수로 봤다. 반면 아리스토텔레스는 가끔 이성이 감정이나 욕망에 압도되기 때문이라고 해석한다.

즉 인간 행동의 많은 부분이 비합리적이라는 의미다. 우리는 이성적 사고에 기초해서 무엇을 할 것인지 결정할 능력이 있지만 그 결정들은 종종 본능적 감정보다 취약한 것으로 판명난다고 한다.
체중을 줄이는 것이 케이크 한 조각을 먹는 즐거움보다 중요하다는 것을 확신하지만 케이크에 대한 욕구가 이성을 짓누르면서 약간의 과체중은 별 문제가 아니라고 스스로를 설득시킨다는 것이다. 이성과 감성의 균형적 조화를 통해서 사물을 인식하는 습관이 요구된다.

풍도의 설시

※

　중국의 5대 정치가중의 하나인 풍도(馮道)는 5왕조 11명의 천자를 30년 동안 섬긴 재상이다. 그는 처세에 능한 인물로 그렇게 오랫동안 정계에 머무를 수 있었던 것은 바로 말을 조심했기 때문이다.
　말이란 잘못하면 비수가 되어 산 사람을 매장시킬 수 있다.
　그러기에 말이란 뱉기 전에 되뇌어야 하며 조심 또 조심해야 한다.
　풍도는 그 유명한 설시(舌詩)에서 이렇게 읊었다.

**입은 재앙을 불러오는 문이요
혀는 몸을 해치는 칼이로다.
입을 다물고 혀를 잘 간수하면
어디 있든지 몸이 편안하리라.**

　혀를 함부로 잘 못 놀려 남의 가슴에 못을 박은 자는 그 형벌이 매우 엄하여 그 죄인을 발설지옥(拔舌地獄, 혀를 뽑아내는 지옥)으로 보낸다고 했다.
　예나 지금이나 이놈의 말 때문에 패가망신하는 일이 많은지라.
　조선 숙종 때 문신 이정보는 말의 폐단을 이렇게 읊조렸다

**말하기 좋다하고 남의 말을 말 것이
남의 말 내 하면 남도 내 말 하는 것이
말로서 말 많으니 말 말을까 하노라.**

　예로부터 입은 화를 부르는 문이며, 혀는 몸을 베는 칼이라고 경계했다.

생각을 조심하라 너의 말이 된다. 말을 조심해라 너의 행동이 된다.
행동을 조심해라. 너의 습관이 된다. 습관을 조심해라 너의 인격이 된다.
인격을 조심해라. 너의 운명이 된다.

희망가(希望歌)

얼음장 밑에서도 고기는 헤엄을 치고
눈보라 속에서도 매화는 꽃망울을 튼다

절망 속에서도 삶의 끈기는 희망을 찾고
사막의 고통 속에서도 인간은 오아시스의 그늘을 찾는다

눈 덮인 겨울의 밭고랑에서도 보리는 뿌리를 내리고
마늘은 빙점에서도 그 매운맛 향기를 지닌다

절망은 희망의 어머니 고통은 행복의 스승
시련 없이 성취는 오지 않고 / 단련 없이 명검은 날이 서지 않는다

꿈꾸는 자여
어둠 속에서 멀리 반짝이는 별빛을 따라 긴 고행 길 멈추지 말라

인생 항로 파도는 높고 폭풍우 몰아쳐 배는 흔들려도 한고비 지나면
구름 뒤 태양은 다시 뜨고 / 고요한 뱃길 순항의 내일이 꼭 찾아온다

- 시인 문병란 -

희망의 반대말은 절망이다.
절망이란 무엇인가? 더 이상 바라보지 않는 것이다.
꿈을 꾸지 않는 것이 절망이다. 눈을 감아버리는 것이 절망이다.
그러나 역사의 수많은 사례를 보듯이 꿈은 반드시 이루어진다.
하지만 거기에는 시간이라는 변수가 들어있다.
다른 것은 사람의 손에 달려있지만 시간은 아니다.
앞길이 막막해 보일 때 요구되는 것은 이루어질 때까지 버티는 것이다.

멈춤이 가장 어렵다

※

  산행에서는 쉬고, 멈추고, 배낭을 잘도 비운다. 그렇게 멈추고 비우면서 2박3일의 지리산 탐방을 가볍게 마치고 돌아왔다.
  그런데 돈 앞에서는 가장 어려운 게 멈춤이다.
  한 번 재미 본 일이라면 멈추지 못하고 그치지 못한다.
  그래서 화를 자초하고 신세를 망친 사람을 무수히 봐왔다.
  '이쯤해서 멈춰야 할 텐데'라고 생각하면서도 그치지 못해 신세를 망치고 폐가 망신하는 사람을 무수히 봐왔다. 도대체 왜 이렇게 멈추지 못하고 그치지 못하는 것일까?
  '멈출 때 멈추고, 그칠 때 그쳐야 하는 것'을 우리는 배워 본 기억이 없기 때문이다.

  중국 수나라의 최고 문장가 왕통은 멈춤(止)과 멈추지 않음(不止)의 차이가 성공과 실패의 분수령이자 경계라고 갈파했다.
  잘나가는 사람에게 멈추라고 하면 누구라도 좋아할 턱이 없다. 하지만 그 멈춤의 때를 아는 것이야말로 진정한 삶의 고수인 것이다.
  나아감만 있고 멈춤이 없다면, 그건 스스로 명을 재촉하는 일과 다름없다. 살면서 사람이 화를 당하는 것은 멈춰야 할 때 멈추지 않기 때문이다. '그칠 때 그치고 멈출 때 멈춤'은 한마디로 생과 사를 가름할 만한 말이다.

  아시아 최고의 갑부 리자청도 멈춤을 안다는 뜻의 한자어인 '지지(知止)'를 집무실에 걸어놓고 조석으로 마음에 새긴다고 한다. 지나치지도 않고 모자라지도 않는 적절한 상태를 공자는 중용이라 하고, 중용을 지키지 못하면 부작용이 생겨 삶의 균형이 깨진다고 했다. 멈출 줄 알고 그칠 줄 아는 것이야말로 지혜의 으뜸이고 살아남는 비책인 것이다.

모두가 마음에서 일어난다

※

불가에서는 '일체유심조(一切唯心造)' 라 하였다.
모두가 마음이 지어낸 것. 즉 마음이 조물주라는 말이다.
이 세상 그 어떤 것도 마음을 떠나 존재할 수 있는 것은 없음으로 마음이 모든 것이다.

원효대사가 한밤중 비를 피하기 위해서 어떤 동굴에 들어갔는데 잠을 잘 자고 아침에 일어나서야 그곳이 무덤이라는 것을 알았다.
고구려식 부여 계열의 무덤은 광개토대왕 무덤처럼 지상에 무덤실을 만들었기에 그곳에 비를 피해 들어갈 수 있었던 것이다.
그런데 이튿날부터 원효대사의 꿈에 자꾸 귀신이 나타났다.
꿈을 통해 원효대사는 깨달았다고 한다.
"무덤인 것을 알기 전에는 잠을 편히 잘 잤는데, 내가 잠든 곳이 무덤이었다고 생각하니 번뇌가 일어나는구나."
모든 게 다 한마음에서 일어난다. 문제가 있다 생각하면 문제가 있고, 문제가 없다 생각하면 없는 것이다.

장자도 인간의 마음이 변화무쌍하여 예측하기 어려우므로 세차게 치달아서 잡아 메어둘 수 없는 것, 그것이 오직 인간의 마음이라 했다.
성경에서는 자기 마음을 다스릴 줄 아는 자가 성을 차지할 수 있다고 한다. 또 모든 지킬만한 것 중에 더욱 네 마음을 지켜라. 생명의 근원이 이에서 남이니라 하였다.

영국의 격언이다. '오만이 앞장서면 치욕이 따른다.'
프랑스 격언은 더 구체적이다. '오만이 앞장서면 망신과 손해가 뒤따른다.'
높은 자리에 오르면 다른 사람들이 눈 아래로 보이기 때문에 오만하기 쉬워진다.

숫타니파타(최초의 불교경전)

소리에 놀라지 않는 사자처럼,
그물에 걸리지 않는 바람처럼,
진흙에 더럽혀지지 않는 연꽃처럼,
무소의 뿔처럼 혼자서 가라

    큰 가슴을 가진 사자는 주위의 작은 소리에 놀라지 않는다. 사자나 호랑이는 혼자서 다닌다. 새가슴을 가진 것들은 떼 지어 다닌다.
    형체가 없이 자유롭게 살아가는 바람에게 그물은 아무런 소용이 없다. 연꽃은 진흙 웅덩이 속에서도 자신의 올곧은 모습을 제대로 드러낸다.
    내 젊은 시절 숫타니파타의 글귀에 매료되었고, 그 글을 통해 내 속이 한층 깊어지는 것 같았다. 아무렇게나 함부로 살아갈 수 없었다. 등 뒤에서 누군가 나를 지켜보고 있는 것 같았다. 집착이 없다면 그 어떤 것도 나를 건드리거나 괴롭힐 수 없다고 생각했다.

    베트남 출신의 틱낫한 스님은 달라이라마와 함께 생불로 꼽히는 지구촌의 영적 스승으로 이 스님의 취미는 상추 가꾸기이다.
    하루는 미국의 기자가 이 스님을 찾아왔다가 상추 가꾸는 모습을 보고 이렇게 말했다.
    "스님처럼 세계적으로 영향력을 가지신 분이 왜 상추 가꾸는 일을 하고 계십니까? 더 많은 사람을 위해 스님의 에너지를 상추가 아닌 강의나 집필에 쏟으시면 좋겠습니다."
    그러자 스님은 이렇게 답했다.
    "만약 내가 상추를 즐겁게 가꾸지 않았다면 나는 당신이 말하는 깨달음을 얻지 못했을 것입니다. 상추를 가꾸는 행복이 있기 때문에 나는 강의를 할 수 있고 책을 쓸 수 있습니다."

초심자의 행운

처음 도박을 해보다 실패한 사람은 거기서 이내 손을 떼고 하차한다. 그러나 그 도박에서 재미를 본 사람은 그것을 계속하는 경향이 있다. 그 행운아는 자신이 보통 이상의 능력과 행운을 갖고 있다고 확신하고 도박에 거는 판돈을 키운다.

1990년대 말경 초기 주식 투자에 성공을 거두었던 수많은 투자자들은 한껏 고무되어 자신들이 저축한 돈을 몽땅 인터넷 관련주식에 투자하며, 이런 시기에 돈을 벌지 못하면 바보라고 스스로 어리석은 판단까지 하게 된다. 하지만 투자자들이 크게 성공을 거둔 것은 그들의 주식투자 능력과는 아무런 상관이 없었다. 단지 시장이 상승세를 타던 시기였을 뿐 주식시세가 폭락하자 빚더미에 앉게 된다.

똑같은 현상이 2001~2007년 사이에 미국의 부동산 시장에서도 나타났다. 그 당시 의사, 변호사, 교사, 택시운전사까지도 주택에 도박을 걸기 위해 그리고 구입한 즉시 더 높은 가격으로 되팔기 위해 직업까지 포기했다. 그러나 많은 이들이 부동산 시장이 무너지자 폐허더미 위에 주저앉게 되었다.

이렇게 초심자의 행운은 치명적인 것이다.
그러므로 투자에 대한 지식과 정보를 습득하며 경험을 통해 논리적 방식으로 시험해 보고, 맞지 않는다는 판단이 서면 무장해제 하고 원래 내가 있던 위치로 되돌아가는 게 맞다.
초심자의 행운이 아니라 오랜 기간 남들보다 확실히 더 낫다는 것이 드러나면 적어도 당신은 재능이 있다고 가정해도 좋지만.

성경에 교만은 패망과 넘어짐의 앞잡이라는 말이 있다.
선줄로 생각하는 자는 넘어질까 조심하라고 한다.

사막을 건널 때

※

　스티브 도나휴의 '사막을 건너는 방법'에 오아시스를 만날 때마다 쉬어가라는 말이 나온다. 오아시스는 나그네에게 목마름과 배고픔을 해결해주는 쉼터이자 재충전의 장소이다.
　예상했던 목표가 이루질 때마다 잠시 멈춰 쉬어야 다음 오아시스를 만난다. 사막은 끝없이 계속되기 때문이다. 만일 모래에 갇히면 바람을 빼라고 한다. 사막에서 차가 모래에 빠지는 일은 흔한 일이다. 이때 바퀴의 바람을 빼지 않고는 나올 수 없는 것처럼 자신의 힘도 빼야 할 때가 있다. 예전에 효과가 있었던 방법이 더 이상 먹히지 않을 때 덜고, 줄이고, 비우면 수많은 즐거움이 기다린다.

　요즘 우리 사회는 멈추는 것을 불안해한다. 멈추었다가 영원히 달리지 못하는 건 아닌가, 남들보다 뒤처지는 건 아닌가 두려워한다.
　끊임없이 '이건 아닌데', '이렇게 살아도 되나' 회의에 회의를 거듭하는 것이 이 시대 우리들 삶의 모습이다. 이렇게 스스로 자신을 조절할 수 없는 삶이라면 자기 삶이라 할 수 없다. 하루도 아닌 매일을 이렇게 살아야 하니 어찌 만족한 삶이겠는가?

　중국의 유명한 격언에 '빙동삼척 비일일지(氷凍三尺 非一日知)'라는 말이 있다. 한 겨울 얼음 석 자는 하루 동안의 짧은 추위로 언 것이 아니다. 무슨 일이든지 그 결실을 얻기까지는 말 못할 고통과 시련이 따른다는 것이다.
　한겨울 한강이 꽁꽁 얼어붙은 풍경을 해마다 보면서도 난 이 생각을 놓치고 인생의 많은 시행착오를 감내해야 했다. 사랑도, 우정도, 사업도, 쉽게 얻어진 것은 쉽게 변하는 것이 세상 이치이거늘……

고 김수환 추기경의 말이다. 긴 장마에도 끝이 있듯 고생길에도 끝이 있다.
낙심하지 말라. 포기하지 않으면 거둘 때가 온다.

고양이 '밥'

몇 년 전에 일본 도쿄의 시부야에 가서 하치코 동상을 본적이 있었다. 매일같이 퇴근하는 주인을 맞으러 기차역으로 갔던 충직한 개 하치가 주인이 죽고 나서도 매일 주인을 만나러 기차역으로 향한 감동적인 이야기를 들었던 기억이 새롭다. 그런데 지금 영국에서는 사정이 좀 다르다. 유명한 고양이 '밥(Bob)' 때문이다.

제임스라는 청년은 10년 넘게 마약중독자로 방황하며 길거리 가수로 살았다. 그런데 2007년 어느 날 길에 버려져 있던 고양이 '밥' 이 그의 인생을 송두리째 바꿔버린다. 자기 한 몸조차 제대로 건사할 수 없었음에도 제임스는 무언가에 홀린 것처럼 '밥' 을 거두어 간호하게 되고, 곧 밥과 제임스는 떨어질 수 없는 사이가 되었다.

유명 관광지 코벤트 가든 앞에서 제임스의 기타와 노래에 맞춰 '밥' 이 재주를 피우는 공연은 많은 사람들의 인기를 끌었다.

제임스와 '밥' 의 우정에 감동한 출판사의 제안으로 '내 어깨 위 고양이 밥' 이란 책이 2012년에 출간, 금세 베스트셀러가 되었고 25개국에 판권이 팔렸다. '밥' 은 유명 토크쇼에 초대되어 영국에서 가장 유명한 고양이가 되었고, 그로부터 1년 후 다시 고양이 '밥' 과의 우정이 제임스의 삶에 어떠한 변화를 가져왔는지를 그린 책 '고양이 밥이 보는 세상' 이 출간된다. 제임스는 '밥' 과 함께 살아가며 우정, 신뢰, 충직함이 무엇인지를 배워가게 되었음을 고백한다. 처음 '밥' 을 구해준 것은 제임스였지만, 결국 제임스는 '밥' 으로부터 그의 지난 과거의 상처를 치유 받고 행복해지는 내용이다.

영국인들이 이렇게 '밥' 에 열광하는 이유는 무엇일까?
각종 첨단 기술에 의해 우리의 삶은 편해졌지만 사랑과 정에 목말라하는 현대 사회의 한 단면을 보여주고 있기 때문이다.

여수동좌(與誰同座)

✺

사람은 누구와 어울리느냐에 따라 운명이 달라진다.
'근묵자흑 근주자적(近墨者黑 近朱者赤)'이라는 말은 먹을 가까이 하면 검게 되고, 붉은 인주를 가까이하면 붉게 된다는 말이다.
향 싼 종이에서는 향내가 나고 똥 싼 종이에서는 똥내가 난다. 어떤 사람들과 가까이 하느냐에 따라 자신의 인품이 달라진다는 뜻을 담고 있다. 착한 사람과 사귀면 착해지고 악한 사람과 사귀면 악하게 되며, 좋은 습관을 가진 사람과 어울리면 좋은 습관을 갖게 되고 나쁜 습관을 가진 사람과 어울리면 나쁜 습관을 갖게 된다. 시쳇말로 하자면 노는 물이 좋아야 한다는 뜻이다.

밤을 지새우면서도 같이 있고 싶은 생각이 절로 나는 사람을 만나기가 그리 쉽지 않다. 나보다 나을 것 없고, 내게 본받을 만한 길 벗이 없거든 차라리 혼자 가는 것이 낫다. 누구와 함께 할 것인가는 어디서 살 것인가 보다 훨씬 중요하다. 우리의 삶에서 가장 중요한 것은 '어디서'의 문제가 아니라 '누구와'의 문제인 것이다. 함석헌 선생은 오산학교 이승훈을 만났고, 이승훈은 도산 안창호 선생과 함께 했다. 탁월한 성취를 이룬 사람, 커다란 역경을 이겨낸 사람들에게는 거의 예외 없이 누군가가 있었다.
당신은 누구와 함께 하려는가?
가급적 본받을 만한 사람을 찾아다니는 습관을 기르도록 하라.

인문학이란 그 골격이 문학 철학 역사를 포함한다.
황진이가 서화담을 만난 것이 문학이 되었고
퇴계와 기대승이 만난 후 주고 받은 편지가 철학이 되었고
이순신과 류성룡의 만남이 나라를 구한 역사가 되었다.
인문학이 사람다운 사람을 만든다.

당신이 소심하다면

※

　결과가 뜻대로 되지 않을까 두려워하는 순간 우리는 순간적으로 소심하게 된다. 반대로 결과가 항상 자신의 뜻대로 될 것이라고 확신하는 순간 우리는 모든 일에 대담해진다.
　결과가 뜻대로 되지 않을 때 소심한 사람은 그다지 큰 충격을 받지 않지만, 대담한 사람은 미래를 낙관적으로만 기대하기 때문에 심각한 타격을 받게 되는 것이다.

　미래란 항상 뜻대로 되지 않는 경우가 훨씬 많다. 미래란 나 자신과 타자가 씨줄과 날줄처럼 엮이면서 찾아오는 법이다. 아무리 스스로 미래의 모습을 합리적으로 예측할지라도 그 결과는 반대로 움직이거나 우리의 예측을 무력화시킬 때가 많다. 그래서 지나치게 대담한 사람에게는 소심함이 필요하고, 반대로 불필요하게 소심한 사람에게는 대담함이 필요한 법이다. 소심함과 대담함의 중도 혹은 중용이라 할까, 다만 균형 잡힌 시각이 요구되는 것이다.
　소심한 사람을 대담하게 만드는 하나의 행동강령을 추천해 보고 싶다. 바로 '아님 말고'다. 최선을 다하는 것으로 만족해라. 소심함을 극복하기 위해 이런 쿨한 자세를 반복적으로 연습한다면 얼마 지나지 않아 소심한 자신과는 다른 모습을 갖추게 될 것이다.

사람 앞에서 웃는다는 것은 바보처럼 보이는 위험을 무릅쓰는 것입니다.
다른 사람에게 다가가는 것은 그에게 속을 수 있는 위험을 무릅쓰는 것입니다.
사랑하는 것은 사랑을 보답 받지 못할 위험을 무릅쓰는 것입니다.
믿는다는 것은 실망할지도 모르는 위험을 무릅쓰는 것입니다.
노력하는 것은 실패할 지도 모르는 위험을 무릅쓰는 것입니다.
그러나 모험은 감행되어야 합니다. 아무 모험도 하지 않는 이들은
그 순간의 고통이나 슬픔을 피할 수 있을지는 모르나 배울 수 없고 느낄 수 없으며,
변화될 수 없고 성장할 수 없으며, 사랑할 수 없고 진정으로 살아갈 수 없습니다.
자유는 모험한 후에 얻는 것입니다. 모험하는 자만이 자유를 얻게 되는 것입니다.

실패를 굴복시킨 사람들

※

에이브러햄 링컨의 일생이야말로 실패와 패배의 연속이었다.
23세 때 주 의원 선거에서 패배했고,
29세 때 주 의회 대변인 출마에서 떨어졌다.
31세 때 정부통령 선거위원회에 출마해 패배했고,
34세 때 연방 하원의원에서 선거에 도전했지만 실패했다.
40세 때 연방 하원의원에서 재선을 노렸지만 실패했다.
45세 때 상원의원 선거에 도전했지만 실패했다.
47세 때 부통령 지명전에 나섰다가 패했고,
49세 때 상원 의원 선거에서 또 패배했다.
실패치고는 너무 심한 실패 아닌가 하지만 그는 결코 좌절하지 않았다. 오히려 한 걸음 한 걸음 더 앞으로 나아갔다.
그리고 마침내 1861년 미국의 16대 대통령이 되었다.
그는 전 세계 역사학자들이 평가한 자료에 근거해 미국 역대 대통령 평가에서 부동의 1위를 차지하는 인물이 되었다.

다산 정약용선생은 18년 동안 유배지인 전남 강진에서 귀양살이를 하고, 57세 되던 해에 고향으로 돌아올 수 있었다.
그는 유배지에서 자식과 형제들의 부음을 들어야했다.
참으로 불행하고 처절한 실패의 세월이었지만 그는 낙심하지 않았다. 유배생활을 하는 동안 '경세유표', '목민심서' 등 대작을 남겼고, 500여권의 책을 지어 실학의 대계를 세웠다.

절대 포기하지 않는 열정과 투지!
과거에 메이면 이미 수렁에 빠진 사람이 허우적대는 것과 같다.
과거로부터 자유롭지 않고서 어떻게 새로운 곳으로 나아갈 수 있으랴.

돌매화 나무

돌이나 바위틈에서 순백색의 꽃을 피우는 돌매화는 해발 1,700m 이상에서만 볼 수 있는 고산지대에 분포한 식물이다.

세상에서 가장 작은 나무인 돌매화는 모진 추위와 바람이 거센 곳에서 자라다 보니 생김새가 독특하며 다 자라도 2~3㎝ 밖에 되지 않아 나무라고 부르기에도 어색할 정도다.

또 가는 가지에 잎이 빽빽하게 달린데다 한군데 뭉쳐있어 서로가 서로에게 바람막이 역할을 해준다. 6~7월이 되면 흰색 꽃을 피워 멀리서 보면 마치 바위에 하얀 눈이 내린 것처럼 보인다.

꺾이지 않는 식물은 바람과 싸우지 않는다.
거친 바람이 불면 자세를 낮추고, 뿌리를 깊이 내릴 뿐이다.
오뚝이가 넘어져도 다시 일어날 수 있는 이유는 낮은 무게중심 때문, 비바람과 거센 파도를 헤쳐 원하는 곳으로 가려면 먼저 자세를 낮출 줄 알아야 한다.

팔, 다리 없이 태어난 닉 부이치치는 세 차례나 자살을 시도하기도 했지만, 모든 장애를 극복하고 온 세상 사람들에게 희망을 전하기 위해 바쁘게 살아가는 사람이다.

그는 "내가 갖지 못한 것보다 가진 것에 집중 하세요. 그리고 스스로 한계를 정하지 마세요. 팔 다리가 없는 나도 매일 새로운 일에 도전 합니다" 라고 말한다. 너무도 엄청난 역경을 극복해 낸 사람의 메시지여서 유독 큰 울림이 온다.

우리 모두도 살아가면서 크든 작든 여러가지 어려움을 겪는다. 그러나 광물 원석이 용광로에서 녹아내려 불순물이 걸러지듯 역경을 통해 삶의 고난을 이길 수 있는 것이다.

가지 않은 길

※

노란 숲 속에 두 갈래 길이 나있었습니다
나는 두 길을 다 갈 수 없음을 안타까워하며
한 사람의 여행자가 되어 오랫동안 서서
한 길이 굽어 꺾여 내려간 곳까지
바라다볼 수 있는 데까지 멀리 바라다 보았습니다
그러고는 다른 길을 선택했습니다
먼저 길과 똑같이 아름답고 아마 더 나은 듯도 했습니다
(중략)
아주 먼 훗날에 나는 어디선가
한숨을 쉬면서 이야기할지 모릅니다
숲 속 두 갈래 길이 있었다고
나는 사람들이 적게 간 길을 택했다고
그리고 나의 선택으로 인해 그 모든 것이 달라졌다고

    미국 국민들이 가장 사랑하는 로버트 프로스트의 시다.
    '가지 않은 길', 이 시를 읽을 때마다 두 갈래 길 중 내가 가지 않았던 길에 대한 짙은 그리움으로 가슴이 먹먹해진다.
    몸이 하나이기에 두 길을 갈 수 없는 인간의 실존적 운명 때문에 선택의 순간은 늘 떨리기 마련이다. 우리는 늘 가보지 않은 길을 그리워하고 후회하지만 막상 그 길을 갔을 때 또 다른 후회가 생길지도 모른다. 그 때 내가 다른 선택을 했더라면……

    바다를 항해하는 선박의 경우 한 지점에서 0.001도의 차이만 벌어져도 한 두 시간 지나면 한 배는 태평양에 다른 한 배는 대서양에 있을 수도 있다. 매우 불확실하고 복잡한 시장에서 성공하기 위해 지침이 될 만한 이정표를 참고하여 방향을 잡아가는 자세가 필요할 것이다. 시간보다 방향이 중요하다.

300년 부(富)의 비결

'권불십년 부불삼대(權不十年 富不三代)'.

권력은 십 년을 유지하기 힘들고, 부자는 삼대를 유지하기 힘들다는 말인데 경주 최부자는 300년의 부를 누렸다고 한다. 그 비결이 궁금하다.

첫째, 과거는 보되 진사 이상은 하지 말라. 권력이란 칼날 위에 서 있는 것과 같기 때문에 일정한 거리를 두었다고 한다.

둘째, 인간관계에 바탕을 둔 노사관계를 실천했다. 천대 받던 노비들도 가족처럼 돌보고 따듯하게 대했다.

셋째, 겸손했고 교만하지 않았다. 최씨 집안 며느리들은 결혼 후 3년은 무명옷만 입어야 했다. 대신 과객들을 후하게 대접함으로 좋은 정보를 얻을 수 있었고, 인심도 얻어 어려운 위기도 잘 극복해 낼 수 있었다.

넷째, 노블레스 오블리주를 실천했다. 1671년 나라에 큰 흉년이 들자 곳간을 과감히 열어 모든 굶는 이들에게 죽을 끓여 먹이도록 했고, 헐벗은 이에게는 옷을 지어 입히도록 했다. 집 앞마당에 큰 솥을 걸어놓고 굶주리는 사람들을 위해 연일 죽을 끓인 자리가 지금도 '활인'이란 이름으로 남아있다. 흉년에는 소작료를 대폭 탕감했으며 절대 땅을 늘리지도 않았다. 사방 100리에 굶어 죽는 사람이 없게 했으며 추수할 때 떨어진 곡식은 가난한 자의 몫이라고 남겨놓는 상생(相生)의 덕을 실천했다.

'항산 항심(恒產 恒心)'은 맹자의 말로 사람은 일정한 재산이 없으면
일정한 마음을 지키기 어렵다는 뜻이다. 일정한 재산이 없는 사람에게는 항상 가지고
있어야 할 마음의 안정을 누리기 어렵게 되어 방황, 부정, 탈선 등을 하게 된다.
그러므로 누구나 건전한 소득 수단을 갖게 하는 것이 중요하다.

낙법을 익혀라

※

프로바둑 기사들은 대국이 끝나면 다시 처음부터 바둑을 두는데 이를 복기라고 한다. 승패를 떠나 이 복기의 시간을 통해 무엇이 좋은 수였고 무엇이 나쁜 수였는지를 확인하는 것이다.

그러나 대부분의 아마추어 기사들은 복기를 하지 않는다. 이들은 단지 승패만을 따진다. 더 배우기 위해 바둑을 두는 게 아니라 이기기 위해서만 바둑을 두니 실력이 늘지 않는다.

아이들은 수없이 넘어지지만 다시 일어나 걷기를 시도하고 또 시도한다. 넘어지는 게 두렵다고 걷기를 포기하는 아이는 없다. 중요한 것은 넘어지지 않는 것이 아니라 넘어져도 다시 일어서는 것이고, 넘어짐으로써 어떻게 넘어지지 않을 수 있는지를 배우는 것이다.

인생에서 필연적으로 맞닥뜨릴 수밖에 없는 좌절과 실패 앞에서 충격을 최소화 하려면 낙법을 익혀야 한다. 실제 넘어진 곳에서 도망치지 말고 반복적으로 도전하는 경험이 있을 때만 안전하게 넘어지고 또 다시 일어나 앞으로 나아갈 수 있는 삶의 낙법을 익히게 되는 것이다.

인생의 진정한 성패는 올라갈 때가 아니라 힘든 상황에서 잘 내려가는 것에 의해 결정된다. 기업은 고객에게 내려가 보고, CEO는 직원들에게 내려가 보고, 대통령은 국민에게 내려가 봐야 생생한 바닥을 읽어낼 수 있다. 우리는 항상 올라가는 데만 익숙해있다. 그러나 삶이란 그렇게 만만치 않다. 다시 오르기 위해 높은 꿈을 잠시 접어두고 짐을 꾸려 내려와야 할 때가 있다.

유도를 처음 배우는 사람은 한동안 쓰러지는 낙법만 연습한다. 쓰러져도 다치지 않는 기술이 충분히 몸에 익혀졌을 때 공격훈련을 시작한다.

더 견디십시오

☀

    로마의 지배하에 있던 이스라엘에 신임 총독이 부임하는 축하행진 과정에서, 벤허의 여동생이 옥상에서 실수로 떨어뜨린 기왓장이 총독의 머리에 떨어지는 사건이 발생한다. 이를 유대인의 계획적인 소행으로 간주한 멧살라는 무고한 줄 알면서도 친구인 벤허의 가족들을 반역죄로 단죄한다. 그리고 모든 재산을 몰수한 다음 노예로 만든다.

    반역죄로 노예가 된 벤허는 함선에 끌려가 족쇄에 묶인 채 노를 저으며 채찍을 맞는 고통에 시달려야 했다. 말로는 표현할 수 없는 가혹한 세월이 흘러 5년 뒤 어느 날 벤허가 노를 젓고 있는 함대가 해적선의 습격을 받는다. 이 때 함대 사령관 아리우스 제독의 목숨을 구해줌으로써 벤허는 제독의 양자가 되고, 로마의 자유시민이 되면서 친구 멧살라에 대한 복수를 시작하게 된다.

    그리스의 수도 안티오니아에서 두 사람이 출전한 전차경주가 벌어진다. 경기장을 가득 메운 관중들의 환호소리가 우렁차고 요란했다.
    매우 거만한 로마인 멧살라가 끄는 전차와 그에 대항해 노예생활을 했던 벤허의 전차가 보인다. 경기가 시작되고, 질주하는 두 대의 전차가 스쳐 지나는 것을 관중들은 숨을 죽이며 지켜본다.
    과연 누가 이길까? 벤허의 팔에 강철 같은 근육이 불거지고, 멧살라가 끄는 전차는 코스 밖으로 튕겨나가 부서지고 만다.

    벤허의 강철 같은 팔은 언제 만들어졌는가? 그가 노예로 끌려가 채찍을 맞으며 노를 젓는 중에 만들어진 것이다.
    고난을 잘 견딤이 그를 강하게, 승리하게 만들었다.
    견뎌라. 조금만 더…… 거친 파도가 훌륭한 뱃사공을 만든다.

달라야 살아남는다

※

일요 산행을 같이 하는 한 친구가 아들이 선물한 20년산 와인을 가져와 고깃집에서 한 잔 하기로 했다. 당일 예약이 되지 않아 미리 예약까지 했다고 한다. 논현동에 있는 '투뿔등심'이라는 고깃집인데 A++ 소고기만 판매한다고 해서 투뿔이란 상호를 붙였다고 한다.

예약제로 운영되는 이 고깃집만의 비밀은 도대체 무엇일까?
유심히 보니 고기가 아닌 술에 있었다. 우리 일행도 술을 가지고 갔지만 다른 테이블에도 손님들이 가져온 술을 따고 있었다.
웬만한 단골손님이 아니고서야 음식점에 자기 술을 직접 가져온다는 게 어디 가능한 일인가.
고급 레스토랑이라면 와인 한 병에 최소한 몇 만원씩 받는데 여기서는 손님이 가져온 와인을 아무 비용 없이 자유롭게 마실 수 있는데다 고급 와인잔을 제공하고 친절한 서빙까지 따라붙는다.
생각지 못한 친절과 깔끔한 분위기에 취해 우리는 고기 주문을 마다 않고 정말 많이도 먹었다.

'투뿔등심'의 전략은 자기만의 차별화된 강점을 만들고 거기에 집중하는 것이다. 끝까지 살아남는 브랜드가 되고 싶다면 어떤 상황에서도 차별화된 자신만의 강점에 집중해야 한다. 남의 것을 똑같이 모방하거나 기존의 방식을 답습해서 성공을 이룬다는 것은 극히 드문 현상이다. 한 번쯤 다르게 생각하고, 한 번쯤 입장을 뒤집어봐라.

'가장 위대한 것은 나답게 되는 법을 아는 것이다.'
특별함은 멀리서 오는 것이 아니다. 그야말로 한 끗이다. 남과 조금 다른 한 끗, 그것이 다름을 만들고 사람들을 열광케 만든다. 부디 남들과 똑같아지려고 하지 마라. 평범해지려고 하지 마라. 자신의 부족한 점을 보강해서 평범해지는 것보다 자신의 특별한 점을 극대화시키는 것이 훨씬 빠르다.

인생에 공짜는 없다

나폴레옹이 했던 이야기다,
"지금 겪고 있는 불행은 언젠가 내가 잘못 보낸 시간의 결과다."
지금 내가 잘 보낸 시간은 긍정으로 돌아오고, 지금 잘못 보낸 시간은 부정으로 돌아온다는 걸 염두에 두고 하루하루를 살아야 한다. 그런데 하루하루 성실하게 살면서 한 가지 함정에 빠지지 말아야 할 것이 있다. 나는 성실하게 살고 있는데 아무도 나를 도와주지 않고, 기회도 나를 비켜간다고 생각하는 것이다.

논어에 '불환인지불기지 환기무능야(不患人之不己知 患箕無能也)'라는 말이 나온다. 남이 나를 알아주지 않는다고 걱정하지 말고, 내가 능력이 없음을 걱정하라는 뜻이다.

기회는 반드시 온다고 수많은 책 속에서 이야기 한다.
다만 잘 준비된 사람만이 기회를 잡을 수 있다.
기회는 준비가 덜 되어 놓쳤다. 나도 당신도.
그래서 인생에 공짜는 없다는 것이다.

주말에 강원도 화천 평화의 댐 근처 산행을 가는 길, 고개를 넘어 내려가는 도로에 '기본과 원칙을 지키면 당신은 안전 합니다. 속도 제한 30㎞ 이하로 운행하세요' 라고 세워진 표지판의 글을 보면서 또 깨달았다. 왜 기회를 놓쳤는지……

하나는 원조가 되어서 세상을 지배하고 자신의 운명을 스스로 창조해 가며 사는
사람이고, 또 다른 하나는 원조가 만들어 놓은 주변에서 코피 터지게 싸우는 사람들이다.
이런 것이 어디 맛집뿐인가?

절망하는 마이더스왕

✷

장씬저(張鑫森)는 2013년 주한 중국대사로 재임 중이었던 사람의 이름이다.

한 개의 나무는 나무 목(木), 두 개 쓰면 나무들이 모인 수풀 림(林), 세 개가 되면 삼림이라는 뜻의 수풀 삼(森)이 된다.

하지만 金을 포개 쓰는 한자를 사람의 이름에서 보는 것은 처음이다. 어느 나라 사람이든 금을 좋아하지만 중국 사람만큼 금을 귀히 여기고 탐하는 민족도 드물 것이다. 그래서 금을 피라미드처럼 세 개나 쌓아 올린 기쁠 흠(鑫)자를 만들어 냈다.

금이 세 개나 있으니 어찌 기쁘지 않으랴. 금이 많으니 어깨는 올라가고, 머리는 뒤로 젖혀지고, 배는 앞으로 나온다. 그러니 콧바람과 함께 나오는 소리는 흠, 흠, 흠, 그래서 기쁠 흠(鑫)이다.

귀한 것이면 무조건 '금' 자를 붙이기 좋아하는 인간의 습성 때문에 김치가 비싸지면 금치라고 하고, 품귀현상으로 부르는 것이 값이 되는 경우에는 금값이라고 한다.

사람들은 오로지 금(돈)에 집착한다.

그래서 주변의 소중한 것들을 보지 못하고 전부 잃어버린다.

누구나 다 알고 있는 저 마이더스왕의 이야기도 그렇지 않은가.

금을 너무 좋아한 나머지 신에게 자신이 손대는 모든 것을 금으로 만들어줄 것을 빌었던 마이더스 왕은 결국 자신의 소중한 딸마저도 금으로 만들고 만다. 차갑고 단단하게 굳어버린 딸 제오 앞에서 마이더스 왕은 절망하고 눈물을 흘린다.

수천 년 전부터 전해오는 마이더스의 신화를 들었으면서도 여전히 사랑스런 딸을 돌덩어리로 만들어버린 그 금을 얻기 위해 우린 밤낮을 가리지 않고 애를 쓴다. 오늘도 그 금을 쟁탈하기 위한 시장의 불은 밤에도 꺼지지 않고 있다.

처음부터 작게 시작해라

※

　노련한 고양이는 소리를 내지 않는다. 맹수는 배가 고플수록 더 조용해진다. 쉽게 떠들고 접근하는 사람은 실패하기 쉽다. 어렵게 신중하게 다가가는 사람은 뜻을 이룬다.
　위세와 위용을 뽐내면서 으르렁거리며 보란 듯이 뛰어가는 호랑이는 굶어 죽을 가능성이 높다. 성공한 호랑이는 고양이가 쥐를 잡기 위해 담벼락을 걷듯이 소리 없이 한 걸음 한 걸음 접근한다.
　기회를 노리는 생명체들은 더 조용해진다. 신중하게 다가간다.
　그리고 절호의 타이밍을 선택한다.

　쉽게 떠들고 접근하는 사람은 실패하기 쉽다.
　어렵게 신중하게 다가가는 사람은 뜻을 이룬다.
　우리는 항상 뭔가를 저질러놓고 후회한다. 이렇게 했으면 더 좋았을 걸, 섣불리 뛰어들지 말고 조금만 더 지켜볼 걸 하지만 이미 엎질러진 물이다. 후회는 지나간 것에 대한 탄식일 뿐이다.
　그러기에 기본기를 충실히 다진 후에 접근해야 한다.

　그릇을 만드는 일은 어렵고 힘들지만 그릇을 만들어 놓으면 쉽게 흩어져 버리는 물을 담을 수 있다.
　급하다고 바늘허리에 실을 매고 바느질 할 수는 없는 법이다.
　한방에 뭔가를 터뜨리고 싶은 마음이 굴뚝처럼 솟아오른다 하더라도 처음부터, 기본부터, 작게 시작하라.
　기다가, 걷다가, 달려라.

　로마의 정치 철학자 세네카는 말했다. 가난하다는 말은 너무 적게 가진 사람을 두고 하는 말이 아니라 너무 많은 것을 바라는 사람을 두고 하는 말이다.

가시 없는 장미 없다

✳

　대부분의 사람들은 자신의 행동에 대한 장기적 전망을 고려하지 않고 원하는 것을 얻기 위한 가장 빠르고 손쉬운 길을 찾으려고 한다. 보다 수월한 방법을 택하려는 사람들의 경향은 어떻게 보면 자연스러운 것이라 생각할 수 있다. 하지만 실제로 그것은 그들이 성인이 되어 맞게 되는 실패상황과 저조한 실적을 설명하는 근거가 되기도 한다.

　당신이 만일 균형 있는 체격을 갖고 싶다면 방법은 오직 한가지 밖에 없다. 매일 적어도 2시간 이상 운동을 해야 한다. 스트레칭과 근력운동 및 유산소 운동을 병행하고 상체 하체 운동을 모두 해야 한다. 매일 이를 닦고 샤워를 하는 것처럼 일생 동안 운동을 계속해야 하는 것이다.
　당신이 돈 버는 능력을 유지하고 그것을 더욱 개발하기 위해 정신적 측면에서 강해지고 싶다면 마찬가지로 정신운동을 해야 한다. 매일 책을 읽고 자신의 일과 관련된 것들을 연구하며, 당신이 일하는 분야가 변화해가는 상황에 주의를 기울여야 한다. 마음을 다져 매사를 편한 방법으로 대응하려는 유혹을 물리쳐야 한다.

　인간 내면의 가장 강력한 욕구는 되도록 대가를 치르지 않으려는 것이다. 뭔가를 쉽고 빠르게 얻을 수 있다는 환상 때문에 안타깝게도 수많은 사람들이 길을 잃는다. 더욱 안타까운 것은 빠르게 부자가 되고 원하는 것을 쉽게 얻을 수 있다고 생각하는 사람들은 그런 망상을 확산시킨 끝에 결국 자신은 물론 주변 사람들까지 무일푼의 상태로 만들어 버린다. 인간의 절제되지 않은 욕망은 결국 파멸을 부른다. '가시 없는 장미는 없다' 는 격언처럼 세상에서 큰 꿈을 실현시킨 사람들은 보통 이상의 고통을 통과한 사람들이다.

천 번을 찍어라

"사진을 찍으려면 천 번을 찍어라."

성철 스님이 어떤 잡지사 기자에게 한 말이다. 무슨 일을 하든 천 번을 할 정도로 열심히 하면 이루어진다는 말이다.

당시 성철 스님은 일반인이나 신도들이 부처님께 먼저 삼천 배를 드리고 오지 않으면 만나주지 않았다. 삼천 배를 하면서 먼저 부처님을 만나보고, 자기 자신을 만나라는 뜻이었다.

우리는 남을 들여다보는 일은 수없이 많이 하면서도 나 자신을 깊이 들여다보고 만나는 일에는 인색하다.

이제 비로소 나를 들여다본다. 들여다볼수록 고개를 들 수 없다.

스님은 자기를 바라보지 못하는 사람은 거울을 들여다보고 울면서 거울 속의 사람에게 웃지 않는다고 성내는 사람 같고, 몸을 구부리고 서서 그림자를 보고는 바로 서지 않는다고 욕하는 사람이라고 했다. 인생에서 가장 중요한 것은 지기 자신을 아는 일이다.

자기를 바라보지 않는 사람은 결국 자기를 속이게 된다.

타고난 재능도 중요하지만 노력이 필요하고, 한방보다는 꾸준함이 더 중요하다. 어떤 일을 한두 번 해봐서 안 된다고 포기하지 말아야 하며, 요령이 아닌 반복되는 습관을 통해 깨달음을 얻으려는 노력이 필요하다.

성경에 예수는 쟁기를 잡고 뒤를 돌아보는 자는 하늘나라에 합당치 않다고 말한다. 어떤 일을 하기로 결정해놓고 자꾸 뒤를 돌아보거나 후회하는 일이 없어야 한다는 뜻이다. 쟁기를 잡았으면 목숨을 걸라는 것이다.

일이 되고 안 되고는 능력이 모자라서가 아니라 집념이 모자라서이다.

큰 목표와 작은 실천

✷

테드 윌리엄스는 메이저리그 타율 4할 6리라는 전설적인 기록을 달성한 선수로 신의 경지라 불릴만한 기록의 비결을 이렇게 말한다.

"먼저 스트라이크 존을 77개의 셀로 나누는데 셀 하나에 야구공 한 개 정도의 크기로 나눕니다. 그 다음 77개의 셀 가운데 내가 가장 좋아하는 3개 반의 셀에 공이 들어올 때를 기다려 타격을 합니다."

당신에게도 선택의 공은 날아든다. 칠 것인가, 말 것인가.
이때 사람들을 다음 몇 가지 유형으로 나누어 본다.
첫째, 머뭇거리다 배팅 한 번 못하고 삼진 아웃을 당하는 경우다.
둘째, 아무 공에나 무턱대고 방망이를 휘두르다 헛스윙만 하고 물러나는 경우다.
셋째, 스트라이크 존에 들어오는 공을 치기는 하지만 결정타가 없기 때문에 안타를 만들어내지 못한다.
넷째, 77개의 스트라이크 셀 가운데 3개 반의 셀이 어디인지를 알고 힘껏 배팅해서 타율을 높이는 선수다.
우리에게도 최선의 셀과 최악의 셀이 분명 존재한다.
아무 공에나 정신없이 방망이를 휘두르는 일이 없어야겠다.

마크 웰만은 하반신이 마비된 암벽등산가이다.
63빌딩의 4배나 되는 험준하기로 소문난 미국 켈리포니아 소재 엘 캐피던 암벽을 등반했다. 섭씨 32도가 넘는 무더운 날씨에 친구가 걸어준 로프를 6,500번이나 잡아당겨 오른 끝에 마침내 성공했다.
그의 성공을 전 미국인은 환호하고 감동했다. 기자들이 그 비결을 묻자 그는 이렇게 말한다. "한 번에 15㎝씩만 오르면 됩니다."
목표는 크게 행동은 작게 하라. 큰 목표와 작은 실천, 그것은 동서고금을 막론하고 가장 최선의 전략이라 할 수 있다.

좋은 일만 생기세요

꽃

　가끔 후배들이 보내오는 메세지 중에 "좋은 일만 생기세요", "아프지 마세요"라는 인사말이 있다. 감사하면서도 씁쓸한 기분이 든다.
　어떻게 좋은 일만 생길 수 있고 어떻게 늙지 않을 수 있을까?
　그런 일은 없다.
　대부분의 사람들은 실패는 나와 먼 이야기이고, 불행은 절대 일어나지 않을 것이며, 내 뜻대로 일이 풀릴 거라는 전제 하에 삶을 살아간다. 그래서 실패하면 하늘이 무너진 듯 좌절한다.
　아쉽게도 인생은 내 뜻과 무관하게 실패와 마주치게 된다. 때문에 실패할 수도 있다는 기본조건을 놓고 살면 크게 흔들리지 않는다.

　지난 달 산꾼 친구들과 선운산 산행 중 들른 절에서 커다란 돌판에 새겨진 보석 같은 글귀를 발견했다. 제목이 '보왕삼매론'인 글의 첫 줄에 새겨진 '몸에 병이 없기를 바라지 마라'는 글귀가 마음을 사로잡아 사진으로 찍어와 옮긴다.

몸에 병이 없기를 바라지 마라
세상살이에 곤란함이 없기를 바라지 마라
수행하는데 마가 없기를 바라지 마라
일을 꾀하되 쉽게 되기를 바라지 마라
친구를 사귀되 내가 이롭기를 바라지 마라
이익을 분에 넘치게 바라지 마라
억울함을 당해서 밝히려고 하지 마라

　중국 명나라 때 묘협이라는 스님이 어려운 일을 당했을 때 어떻게 마음을 다스려야 할지에 대한 가르침을 쓴 글이라고 한다.
　모든 사건의 뇌관은 바깥이 아니라 바로 나 자신에게 있다.
　인생은 마음대로 만질 수 있는 게 아니다.

7

위로가 필요합니다

서산대사가 입적하기 직전 제자들에게 남긴 시가 있다.

생야일편부운기(生也一片浮雲起) 사야일편부운멸(死也一片浮雲滅)
부운자체본무실(浮雲自體本無實) 생사거래역여연(生死去來亦如然)

삶이란 한 조각 구름이 일어남이오
죽음이란 한 조각 구름이 없어짐이오
구름은 본시 실체가 없는 것
죽고 살고 오고 감이 모두 그와 같도다

이 세상 살아가면서 근심걱정 없는 사람, 출세하기 싫은 사람, 시기 질투하지 않는 사람, 흉허물 없는 사람 없다. 세상살이가 다 거기서 거기다. 그러니 가진 것 많다고 위세 떨지 말고, 건강하다고 자만할 것도 없고, 권력을 가졌다 해서 목에 힘줄 것도 없다.

세상에 영원히 변하지 않는 것은 없다. 이 세상은 우리가 잠시 다니러 온 것뿐, 있고 없고 편가를 일 아니고 잘나고 못나고 따질 것도 없으며 얼기설기 어울려 살아가야 한다.

서산대사는 다 구름 같고 바람 같다 하지 않는가?

만남도 이별도 기쁨도 슬픔도 다 한순간이다. 사랑이 아무리 깊어도 산들바람이고 외로움이 아무리 지독해도 눈보라일 뿐이다. 다 바람 같은 것, 버릴 것 있으면 버려야 하고 줄게 있으면 주어야 한다. 영원히 내 것이란 없기 때문이다.

삶을 내 것이라 하지 마라. 우린 잠시 머물다 가는 것 아닌가. 흐르는 세월 붙잡을 수 없다. 그저 부질없는 욕심일 뿐이다. 내 인생 네 인생 뭐 별 것 아니다. 바람처럼 구름처럼 흘러간다. 죽고, 살고, 오고, 가는 것이 구름과 같다.
　석가모니는 '색즉시공 공즉시색(色卽是空 空卽是色)'이라 했다. 색이란 모두 공에 불과하다는 뜻이다. 색이란 형태를 갖춘 물질로 그것은 늘 변하는 것이고 영원할 수 없기에 색은 공이라는 말이다.

　누구를 만나면서 살아도 인연이다. 또 그 인연은 한 번 밖에 오지 않는다. 그 인연을 소중히 여기지 못하면 내 곁에서 사라진다. 그 인연이 그리워지는 것이다. 살아가는데 덜 불안하고 팍팍하지 않고 평화로워지려면 서로 속이지 않고, 해를 끼치려고 하지 말고, 내 아픔과 기쁨을 자기 아픔과 기쁨처럼 생각해 주며, 앞뒤가 맞지 않는 말까지도 들어주는 소중한 사람이 되어야 한다. 그 인연은 내가 만들어가야 한다.

인생경영의 영원한 화두

공자는 일생을 돌아보며 인생을 몇 단계로 분류했다.
15세는 학문에 뜻을 두는 지학(志學)의 단계
30세는 자립하는 나이인 이립(而立)의 단계
40세는 세상의 유혹에 넘어가지 않는 불혹(不惑)의 단계
50세는 하늘의 뜻을 알게 되는 지천명(知天命)의 단계
60세는 누가 뭐라 해도 흥분, 분노하지 않는 이순(耳順)의 단계
70세는 마음에 따른 행동도 법도에 어긋나지 않는 종심(從心)의 단계

이 분류법이야말로 인생 경영지침의 영원한 화두다.
하지만 보통 사람이 다 저렇게 하긴 쉬운 일이 아니다.
오히려 열다섯에 놀기 좋아 학문에 뜻을 두기 어렵고,
사십에 가장 많이 흔들리며, 육칠십이 되면 고집만 세어지기 때문에 역설적으로 표현하지 않았을까.

70세까지 살기 힘들다는 '인생칠십고래희(人生七十古來稀)'도 이제 완전히 옛말이 되었다. 현재 한국인의 평균 기대수명은 83세로 OECD 평균을 넘어섰고, 100세 시대를 대비해야 한다고 한다.
당신의 능력과 의지가 뛰어나다면, 인생 3모작까지도 가능한 시대가 되었다. 50대까지 인생 1모작을 완료했다면 인생 2모작, 3모작을 계획해야 한다.

삶이 아름다운 것은 변화의 가능성이 있기 때문이다.
세기의 춤꾼인 이사도라 던컨이 춤이라는 새로운 세계에
몰두 할 수 있게 된 것은 아버지의 파산과 이혼 때문이었다고 한다.
이렇게 결핍은 부정적인 측면만 있는 것이 아니라 그로 인해
새로운 무엇인가를 대신 채울 수 있는 기회이고 축복인지 모른다.

탐욕에는 중용이 없는가

✦

　우리는 욕망을 부추기는 21세기를 살아가고 있다. 돈이 없으면 아무것도 할 수 없으니 어떻게 돈을 갈망하지 않을 수 있겠는가.
　돈만 있으면 여행도, 갖고 싶은 물건도, 사랑도, 행복도, 심지어는 애인마저도 쉽게 구할 수 있을 것만 같다. 돈으로 모든 것을 살 수 있게 되면서 동시에 탐욕은 인간의 욕망 중 가장 지고한 권좌에 오르게 되었다.
　그러다 보니 탐욕에는 중용이 있을 수가 없게 되었다. 탐욕의 상태는 목이 말라서 바닷물을 마신 상태에 비유할 수 있기 때문이다. 바닷물을 마시면 잠시 동안 갈증은 해소된다. 그렇지만 얼마 지나지 않아 과거보다 더 강한 갈증이 찾아오게 된다.
　불교에서는 '갈애(渴愛)'라는 말이 있다. 목이 마르는 애착이라는 뜻이다. 마실수록 마시게 되는 밑도 끝도 없이 치명적이고 중독적인 욕망이 바로 갈애이자 탐욕이다. 이제 충분히 돈을 벌었으니 지금부터는 사랑과 삶을 영위하자는 자제력이 탐욕 중에는 거의 불가능하다. 최저생계비는 정해질 수 있지만 최대생계비는 정할 수 없게 되었다. 끝이 없는 돈에 대한 탐욕! 끝내 그 무절제함으로 인해 탐욕은 우리의 삶을 파괴하고 말 것이다. 돈에 대한 갈망이 커질수록 인간과 인간이 만나는 직접적인 관계에서 멀어질 수밖에 없다.

　그렇다면 돈에 대한 탐욕에서 벗어나는 방법은 없단 말인가?
　언제 어디서든 선을 넘지 않고 스스로 멈출 수 있는 자신의 원칙을 예외 없이 반복적으로 지킴으로써 얻을 수 있다. 최적생계비를 계산하고 그것을 삶 속에서 관철하는 것이다.
　"됐어, 이 정도면 됐어." 탐욕의 갈망으로부터 자유로워지는 첫 걸음은 이렇게 내딛는 것이다. 탐욕에 대한 자제력이야말로 한 인간의 됨됨이를 드러내는 냉정한 바로미터다.

혼자 왔다가 혼자 가는 것

※

　동행 없이 홀로 산행을 하면 남의 보폭에 나를 맞출 필요가 없어 자유롭다. 혼자여서 자유로울 때가 있다. 홀로 기차를 기다리며 역전 뒷골목 재래시장의 순댓국집에서 순대를 안주 삼아 소주 한 병 얼큰하게 취했던 기억은 내가 평생 경험한 어떤 여행의 추억보다 멋진 것이었다.
　사람들이 가장 두려워하는 것은 홀로 있는 것이 아니라 외톨이로 여겨지는 것이다. 즉 무관심의 대상이 되는 것이다.
　인생이란 혼자 왔다 혼자 간다. 그 사실에 놀라거나 씁쓸해할 필요는 없다. 스스로 자신의 가장 좋은 벗이 되어 충만한 자유를 흠뻑 즐길 수 있다면 홀로 있을지언정 더 이상 외톨이가 아니다. 외로워서 그리운 게 아니라 그리워서 가만히 외로워져야 사랑이다. 마음의 허기를 채우기 위해 허겁지겁 사랑하기보다는 차라리 그리움의 공복을 즐기는 편이 낫다.

　현대인의 병은 외로움 때문이다. 외롭지 않으려고 발버둥질하다가 생긴다. 모두가 외로워서 쩔쩔매다 보니 기를 쓰고 허황된 일을 벌이고 있으며, 인생을 허둥대고 있다. 인간의 삶에 외로움은 숙명이다. 부리던 노예와 애견까지 무덤 속으로 끌고 들어가려 했던 제왕들의 거대한 무덤에는 기실 고독에 대한 공포만이 가득하다.
　홀연히 왔다 홀연히 떠나기를 두려워하지 말자. 외로워져야 자유로울 수 있기 때문이다. 삶이란 어차피 홀로 가는 외로운 길이다. 남들은 더불어 함께 가는 길이라고 말하지만 결국 삶은 혼자 왔다 혼자 가는 길이다. 그것을 외롭다 할 수 없다. 그것을 슬프다고 할 수 없다. 그것이 인생이니까.
　삶에서 최고의 매력은 끝까지 가는 것이다. 이기고 지는 것이 따로 없다. 끝까지 하면 모두 이긴다고 작가 정진홍은 말한다.

노년의 품격

※

나이를 더 먹을수록 업되어야 할 몇 가지가 노년의 품격을 높인다.

클린업(clean up)해야 한다. 나이 들면 특유의 노인 냄새가 나기 마련이다. 그러니 자주 목욕하고 화장품을 바르는 것은 물론이고 가능하면 향수를 뿌려 남 보기에 정갈한 모습을 잃지 않아야 한다.

드레스업(dress up)해야 한다. 생김새는 점점 초라해지는데 옷까지 남루하게 되면 그야말로 젊은이들에게 무시당하기 십상이다. 한국에서는 옷이 날개라고 옷차림으로 사람을 평가하려드니 더욱 옷을 잘 차려 입어야 한다. 새 옷이 아니라도 단정하고 깨끗하게 차려 입는 노력이 예의이다.

기브업(give up)해야 한다. 늙어갈수록 자기 고집을 꺾지 않고 기어이 이기려 한다. 어쩌다 한번 고집이 꺾이면 마치 세상을 다 잃은 듯 원통해 한다. 우아한 노년을 살려면 쓸데없는 것 다 버릴 줄 아는 지혜가 필요하다. 자녀와 함께 살면 더욱 그렇다. 조금만 여유가 있다면 지갑을 먼저 여는 슬기가 멋있어 보인다.

샷업(shut up)해야 한다. 나이 먹은 노년의 또 다른 특징은 말이 많다는 것이다. 이것저것 참견하지 않으면 직성이 풀리지 않는다. 더구나 자기의 말을 상대편이 귀 기울여주지 않으면 마치 자기 존재가 무시당한 것처럼 서운해 한다. 노년을 보다 즐겁게 보내려면 할 말을 줄이고 가능한 입을 다무는 것이 지혜다.

패션업(passion up)해야 한다. 입 닫고 살자 해서 열정마저 포기 한다면 너무 비참하다. 식어버린 화롯불도 재를 걷어내면 그 속에 불씨가 살아 있듯이 가슴속 뜨거웠던 그 젊은 날의 열정이 남아있어야 노년이 즐거울 것이다. 나이는 숫자에 불과하다. 몸이 늙었다고 생각까지 늙고 가슴속 열정마저 식을 수는 없다. 노년을 살아가는데 가장 중요한 것은 가슴에 열정을 담아두는 것이다.

신은 다 주는 법이 없다

※

고려 시대 문인 이인로의 '파한집'에 나오는 말이다
"뿔 달린 짐승은 윗니가 없다. 날개가 있으면 다리는 2개뿐이다.'
꽃이 좋으면 열매가 시원치 않다."

뿔 달린 황소나 염소는 윗니가 없다. 새 중에는 네 발 달린 것이 없다. 백수의 제왕 사자는 날개를 갖지 못했다. 꽃이 화려한 장미는 열매가 없다. 자연계에 완벽한 존재는 없다. 육지에서 가장 빠르다는 치타도 300m 이상을 질주할 수 없다. 만물의 영장인 우리는 새처럼 날지도, 개처럼 냄새를 잘 맡지도 못한다. 단지 도구를 쓸 줄 알기에 세상을 차지하고 그저 조상에게 물려받은 것들을 갖고 최선을 다할 뿐이다. 어떤 생물체도 모든 것을 갖추는 경우는 없다. 그런 점에서 자연은 공평하다고 할 수 있다.

옛말에 재주가 많으면 덕이 부족하고, 용모가 뛰어나면 명이 길지 못한다고 했다. '재승박덕 가인박명(才勝薄德 佳人薄命)' 이라.
결국 신은 모든 것을 다 주지 않는다.
자족하고 범사에 감사할 줄 아는 자에게 하늘의 축복이 있다. 신은 이미 내 소원을 들어주었고 그래서 우리는 여기 있지 않은가. 신의 가장 큰 기적은 우리를 이 세상에 보낸 것이다.

인간의 입장에서 보면 신은 결코 우리의 소원을 들어주지 않는 것처럼 보인다. 내게 없는 것, 내가 할 수 없는 것, 해서는 안 되는 것을 원하기 때문이다. 내게 있는 것을 소원하는 사람은 없다. 온전히 있는 그대로의 자기 자신을 받아들여야 자유로 가는 단초가 된다.
삶으로부터 자유, 깨달음으로부터 자유, 신으로부터 자유 말이다.
예수는 '범사에 감사하라'고 한다. 신이 모든 것을 준 것과 같다.

좁은 문으로 들어가라

※

　성경에 '좁은 문으로 들어가라. 멸망으로 인도하는 문은 크고 그 길이 넓어 들어가는 자가 많고, 생명으로 인도하는 문은 좁고 길이 협착하여 찾는 이가 적으니라' 는 말이 있다.
　예수는 좁은 문과 넓은 문에 대해 설명하면서 좁은 문으로 들어가라고 말한다. 좁고 불편하더라도 그리고 힘들고 괴롭더라도 생명으로 인도하는 문을 선택하라고 권유한다.
　그럼에도 많은 사람들이 넓은 문을 선택하는데 주저하지 않는다.
　그 문 안에 무엇이 있는지 진지한 고민과 생각 없이 그저 당장의 안락함만을 추구한다. 그리고 그 순간적인 평안함이 자기 자신을 위한 것이라고 생각한다. 모든 생각과 판단과 선택의 기준이 자기 자신을 위한 것이 되고, 자신이 편한 대로만 살려고 한다.

　예수는 40일 금식 후 사탄이 시험할 때에 돌을 떡으로 만들 수 있었다. 또 묶인 십자가에서 내려와 하나님의 아들임을 증명하라고 할 때도 그렇게 할 수 있었다. 하지만 예수는 하나님이 원하시는 좁은 문을 택했다. 그리고 부활했다. 좁은 문으로 간다는 것은 편한 방법을 놔두고 모든 일을 어렵게 하라는 것이 아니라 하나님이 원하시는 방법인지 아닌지를 분별하라는 것이다.
　사도 바울은 넓은 문으로 들어가는 이 세대를 본받을 것이 아니라 마음을 새롭게 하고 하나님께서 기뻐하시는 온전하신 뜻이 무엇인지 분별하라고 한다. 남들이 다 하는 것을 참아야 할 때도 있고, 오래 참고 인내해야 할 때도 있다. 그럼에도 불구하고 좁은 문으로 들어가야 하는 것은 그 문 너머에 생명이 있기 때문이다.
　좁은 문이라 할지라도 감사함으로 가는 사람에게는 예수가 동행한다. 신앙인이든 아니든 고통스럽고 힘든 길이 죽음의 길이 아닌 소망과 희망의 길임을 깨달아야 한다.

대추 한 알

저게 저절로 붉어질 리 없다
저 안에 태풍 몇 개
저 안에 천둥 몇 개
저 안에 벼락 몇 개
저 안에 번개 몇 개가 들어가서 붉게 익히는 것일 게다

저게 저 혼자서 둥글어질 리는 없다
저 안에 무서리 내리는 몇 밤
저 안에 땡볕 두어 달
저 안에 초승달 몇 달이 들어서서 둥글게 만드는 것일 게다

- 시인 장석주 -

　대추 한 알처럼 이 세상에 어떤 미물도 그저 그냥 만들어지는 법이 없다. 우리는 그것을 너무 잘 알면서도 무심코 넘어간다. 무릇 안다는 것으로 삶을 살아갈 수 있을 때 비로소 안다고 할 수 있는 것이다. 그러나 우리는 아는 것을 아는 것만으로 남겨둔 채 행동으로 옮기지 못하고 산다. 대추 한 알처럼 천둥과 번개를 인생의 동반자로 알고 그들과 함께 해야 한다.

　태어날 때부터 모든 것을 다 갖춘 완벽한 사람은 없다. 열심히 해도 해도 결실이 보이지 않는다면 '대추 한 알'을 음미해 보라. 눈물과 한숨으로 얼룩진 시간들이 대추를 붉은 색깔로 물들게 하고 윤기마저 흐르게 하며 향기까지 품어내니 결코 헛된 시간이 아닌 것이다.

성경을 통해 예수는 말한다. "주라. 그리하면 너희에게 줄 것이니, 곧 후히 되어 누르고 흔들어 넘치도록 너희에게 안겨 주리라."

인간만사 새옹지마

※

    일을 하다가 뜻대로 안된다고 너무 애를 태울 필요는 없다. 일이 꼬일수록 초연해야 한다. 나쁜 일이 변해 좋은 일이 되기도 하고, 좋은 일이 나쁜 일을 불러오기도 하는 것이 세상의 이치다.
    도저히 감당 못할 불운도 없고, 영원히 지속될 것 같은 행복도 거품처럼 사라질 수 있는 것이 삶이다.

    '새옹지마(塞翁之馬)'가 주는 교훈도 같은 맥락이다.
    옛날 중국 북쪽 변방의 요새에 한 노인이 살았다. 어느 날 노인이 기르고 있는 수말이 국경 너머 오랑캐 땅으로 달아나고 말았다.
    마을 사람들이 위로하고 동정하자 노인은 그것이 또 무슨 복이 될지 누가 알겠느냐며 조금도 낙심하지 않았다.
    몇 달 후 뜻밖에도 도망갔던 말이 오랑캐의 좋은 암말과 짝을 이뤄 돌아왔다. 마을 사람들이 이것을 축하했다. 그러나 노인은 또 무슨 화가 될지 모른다며 조금도 기뻐하지 않았다.
    집에 좋은 말이 생기자 전부터 말 타기를 좋아하던 노인의 아들이 말에서 떨어져 다리가 부러졌다. 마을 사람들이 아들이 절름발이가 된 것을 보고 위로했지만 노인은 여전히 태연한 표정이었다.
    그로부터 1년이 지난 후 오랑캐가 쳐들어 왔다. 장정들이 활을 들고 싸움터에 나가 모두 전사했는데 노인의 아들만은 절름발이여서 징집에서 면제되었고, 노인 부자는 모두 무사했다는 이야기다.

경상도 어느 시골 마을에 5남매를 기르던 중 남편을 잃은 과부가 홀아비와 눈이 맞아
사람들의 눈을 피해가며 좋아하게 되었다. 이것을 눈치 챈 5남매는 합심해서
어머니가 어두운 밤길에 개울을 건너면서 넘어질까 걱정되어 개울에 다리를 놓았다.
그리고 이걸 알아차린 어머니는 이후 건넛마을 홀아비 만나는 일을 단념하고
5남매의 훌륭한 어머니로 행복한 가정을 이끌어 갔다.

가슴이 설레는 삶

✷

몇 해 전 대학입시에 77세, 79세의 할머니가 도전해 화제를 모았다.
그 연세에 대학 공부를 하려는 이유가 무엇이냐고 묻는 기자의 질문에 이렇게 대답한다.
"더 나이 들어 시작하면 늦을 것 같아서요."

105세 노인이 TV에 출연하게 되었다.
출연료를 어디에 쓸 것이냐 묻는 진행자의 질문에 이렇게 대답한다.
"노후를 위해 모아 놔야지요."

지난해 73세 나이로 에베레스트를 등반한 일본여성 산악인 와타나베 다마에는 10년 전 에베레스트 최고령 등정기록을 세웠던 자신의 기록을 깼다.
이탈리아 등반가 리카르도 카신은 78세가 되던 해에 3308미터 고봉을 10시간 만에 올랐고, 98세까지도 험준한 산을 올랐다.
로엘 존슨은 73세에 세계 시니어 복싱대회 챔피언이 되었다. 뉴욕 마라톤에 참가해 세계 최고령으로 금메달을 딴 그는 백악관에 초대되어 레이건 대통령으로부터 파워 시니어, 영웅이란 말을 들었다.
올바른 생활습관으로 제2의 건강유전자를 만들고 가슴 설레는 삶을 살아간다면 우리에게도 이런 삶이 주어질 것이다.
르네상스 시대 거장 미켈란젤로는 89세까지 그림을 그렸고, 괴테는 80세에 절세 불후의 고전 '파우스트'를 탈고했다. 피카소는 92세까지 왕성한 창작활동을 했다. 에디슨은 92세에도 발명에 몰두했다.

가슴 뛰고 있는 한 늦은 나이란 없다.
법정 스님은 '두려워할 것은 늙음이나 죽음이 아니라 녹슨 삶이다'라고 했다.

삶의 마지막 후회

※

　천여 명 말기 암환자들의 죽음을 지켜본 호스피스 전문의 오츠 슈이치는 세상에는 수많은 인생이 있듯 그 인생만큼 수많은 후회가 있고 그들의 마지막 후회에는 공통분모가 있다고 하며, 그것으로 '죽을 때 후회하는 25가지' 라는 제목의 책을 출간했다.
　그 내용 중 누구나 공감할 만한 후회 몇 가지를 언급하자면 이렇다.

* 사랑하는 사람에게 고맙다는 말을 좀 더 많이 했더라면
* 진짜 하고 싶은 일을 했더라면
* 조금만 더 겸손했더라면
* 좀 더 친절을 베풀었더라면
* 죽도록 일만 하지 않았더라면
* 내가 살아온 증거를 남겨두었더라면
* 내 장례식을 생각했더라면

　누구에게나 후회는 있기 마련이다.
　소학에 이르기를 잘못을 저지르고도 후회할 줄 모르는 자는 하수요, 후회 하면서도 고칠 줄 모르는 자도 하수라고 했다.
　'~했었더라면' 하는 후회가 꿈을 덮기 시작하는 순간부터 늙기 시작한다. 그러니 늙고 싶지 않다면 새 꿈이 낡은 후회를 뒤덮게 해라.

지금 당신을 괴롭히는 시행착오의 고통이 결국 당신을 키워내는 밑거름이 된다.
옛말에 팔이 아홉 번 부러져야 비로소 명의가 될 수 있다고 하지 않던가. 강이 범람하여 홍수가 나지 않으면 대지는 황폐해진다. 기름지고 비옥한 땅이 되기 위해서는 홍수로 땅이 뒤집혀야 하는 것이다. 태풍이 바닷물을 엎어버리지 않으면 플랑크톤은 사라지고 물고기들의 먹이사슬은 끊어진다. 바다가 생명을 얻기 위해서는 태풍이 몰아쳐야 하는 것이다. 마찬가지로 인간이 인간다워지기 위해서는 수많은 시행착오를 견디어 내지 않으면 안 되는 것이다.

서울대 이상묵 교수

✶

　이상묵은 서울대 해양학과를 졸업하고, MIT에서 해양학 박사학위를 받았다. 그는 첨단 해양탐사선 수석 과학자로 한국 최고의 엘리트였으며 그에게 남은 것은 행복밖에 없는 것처럼 보였다.
　그런 그가 어느 날 갑자기 식물인간이 되어버렸다. 해양지질 조사 중 자신이 운전하던 밴이 뒤집히면서 사고가 났다. 한 순간에 척추장애로 전신마비가 되어 절망과 좌절 비운의 주인공이 되었다.

　그러나 지금 그에게서 어두운 표정이라고는 조금도 찾아볼 수 없다. 휠체어에 앉아 환하게 웃으면서 강의에 열중한다. 그는 할 수 없는 것에 매달리지 않고 할 수 있는 것이 무엇인지를 찾기 시작했다. 할 수 없다는 생각과 할 수 있다는 생각은 결과에서 엄청난 차이가 있을 것이라 생각했다
　그는 정상인의 40퍼센트 정도만 호흡한다. 혼자서는 기침도 가래도 뱉을 수 없다. 이러한 악조건 속에서도 pc를 다루고, 원고를 쓰고, 강의도 한다. 마우스를 입김으로 작동 빨면 왼쪽클릭, 불면 오른쪽 두 번 빨면 더블클릭, 자유자재로 pc를 사용한다.
　이교수는 자주 웃는다. 왜 웃느냐고 물으면 움직일 수 있는 근육이 얼굴 밖에 없어서라고 한다. 자신을 그나마 행복한 사람이라고 말한다. 태어나면서부터 장애인으로 살아야 하는 사람도 있는데 자신은 44년간이나 비장애인으로 살았다는 게 그 이유다. 그리고 죽을 수도 있었는데 다행히 살아났으니 남들과 다르게 사는 것이 그리 나쁘지 않다고 말한다. 이것이 바로 긍정의 힘이다. 휠체어에 묶여 있는 이상묵교수, 그는 시련과 위기를 극복한 진정한 승리자다.

　그는 우리에게 묻는다. 당신에게 부족한 것이 무엇입니까? 당신이 할 수 없는 것이 무엇입니까?

절제와 검소

절제(節制)는 인격을 만들고, 검소(儉素)는 부자를 만든다.

성경에 '욕심이 잉태한즉 죄를 낳고 죄가 자라서 사망을 낳는다'고 했다. 인격은 욕심의 종이 되면 낮아지고, 스스로 절제하는 데서 높아진다. 그 사람의 품격을 정하는 것이다. 그렇다고 우리 모두가 무소유라는 금욕주의자가 되라는 말은 아니다. 다만 생활에 있어서 자비롭고 합리적인 절제를 강조할 따름이다.

공동체의 일원인 만큼 공동체 전체의 생활수준을 고려하여 과도한 격차를 피하고 복리가 고르게 영위되도록 노력해야 한다. 생활의 가치는 필요불가결한 것을 기준으로 결정되어야 하며 허영이나 과욕을 부려 인격이나 품위를 손상시키지 말아야 한다. 절제 있는 생활과 검소한 태도를 배워 자신의 처지도 모르면서 호사방탕을 일삼는 얼빠진 삶을 경계할 일이다.

다산 정약용이 유배지 강진에서 아들에게 편지를 보낸다. 그 내용은 두 글자였다. 하나는 근(勤)으로 오늘 일을 내일로 미루지 말라는 부지런함을 강조한 말이고, 다른 하나는 검(儉)으로 입는 것 먹는 것을 탐하지 말라는 의미다. 조선 500년을 통틀어 으뜸가는 재상이라 일컬음을 받았던 황희 정승은 93세의 고령으로 죽을 때까지 오직 나랏일만을 위해 진력한 정치가였다. 그는 천성이 청렴결백하여 세 임금을 연이어 섬기며 영의정으로 30년을 살았지만 집에서는 조석 때마다 끼닛거리가 떨어지곤 했다. 한 번은 참의 벼슬에 있던 그의 맏아들이 돈을 모아 집을 크게 짓고 낙성식을 하는 날이었다. 황희 정승은 자리를 박차고 일어서며 크게 호통을 쳤다.

"선비가 청렴하여 비새는 집안에서 정사를 살펴도 나랏일이 잘 될지 의문인데 검소한 생활은커녕 거처를 이같이 호화롭게 하고는 뇌물을 주고받음이 성행치 않았다고 할 수 있겠느냐."

인생은 사바세계

※

　자기가 살아오면서 경험한 것을 보편적 가치로 여겨 이웃과 자식들에게 강요하는 꽉 막힌 사람을 우리는 속된 말로 꼰대라 부른다.
　우리의 욕구충동 중에는 상당히 많은 것이 왜곡되고 병들어 있다.
　정신분석학자 에릭 프롬은 "우리가 알고 있는 주관적 욕망들의 대다수가 객관적으로 유해하다"고 말한다. 그 결과 병이 생긴다는 것이다. 소화성 질병 같은 것은 가난이나 물질적인 것과 관계없이 우리가 잘 못 살아온 것에 대한 그 결과로 생긴 것이다.

　불교에서 말하는 열반이나 해탈은 자기 내부의 적을 깨부술 때 비로소 가능하다. 불교의 성자를 라한(羅漢)이라 부른다. 자기 안의 적을 정복한 사람이라는 뜻이다. 즉 적은 밖에 있는 것이 아니라 자기 안에 있다는 것이다.

　불교에서는 인생을 사바세계(娑婆世界)라 한다. '고통을 참고 견뎌야 할 세상'이라는 말로 세상에는 일어날 일만 일어난다는 것이고, 모든 재앙과 수많은 일들이 그렇게 되어있기 때문에 일어난다는 것이다. 이것이 있기 때문에 저것이 있고, 이것이 소멸하면 저것도 소멸한다는 연기성을 강조한다.

　'장자'에서도 똑같은 지혜를 얻을 수 있다. 어떤 사람이 강 하류에서 배를 묶고 있는데 위에서 배 하나가 갑자기 떠 내려와 자기 배를 들이받았다. 벌컥 화를 내며 일어섰는데 이런, 빈 배였다. 주인이 타고 있어야 멱살을 잡고 소리를 칠 텐데 주인이 없으니 화를 낼 수 없다. 이처럼 인간사 모든 일이 주인 없는 배가 풀려 내려와 그냥 내 배를 들이 받았다고 생각해야 한다는 것이다. 일어날 일만 일어난다는 지혜를 깨닫지 못하면 삶 자체가 고통일 뿐이다.

돈 돈 하지 마라

※

　세계 최고의 기업 애플의 신화를 창조한 스티브 잡스가 한 말이다
　"최고의 부자가 되어 무덤에 묻히는 것은 내겐 별로 중요하지 않습니다. 잠자리에 들기 전 오늘 내가 놀라운 일을 해냈다는 말을 할 수 있는 것, 내겐 그것이 중요합니다. 돈을 위해 일하지 마세요. 오늘 하루도 세상을 바꾸는 멋진 일을 했다고 자부할 수 있는 일을 하세요!"

　단순한 돈벌이로 오로지 돈을 위해 일한다는 것은 나를 성장하게 만들기보다는 나를 소모하는 행위와 같다.
　'천석꾼은 천 가지 걱정, 만석꾼은 만 가지 걱정'이란 옛 말이 있듯이 돈과 행복은 반드시 비례하지 않는다. 물질적 풍요가 행복의 조건은 될 수 있어도 행복의 기준은 되지 못한다.

　공자의 말이다.
　아는 것보다 좋아하는 것이 더 높은 단계이고, 좋아하는 것보다 즐거워하는 것이 더 높은 단계이다. 자신이 좋아하고 즐길 수 있는 일을 할 때 나만의 경쟁력을 키울 수 있고, 나만의 경쟁력을 완벽히 갖추었을 때 비로소 큰돈도 들어 올 수 있을 것이라고 한다.

　필리핀 여행을 갔을 때가 생각난다. 패키지 투어 중 폭포를 뗏목으로 오르는 프로그램이 있었는데 뗏목꾼들이 연신 우리 일행을 향해 한국말로 "힘들어 죽겠다, 배고파"를 연발한다.
　영화 '지옥의 묵시록'을 촬영했다는 원시의 비경을 보면서도 전혀 즐겁지 않았다. 절대로 팁을 많이 주지 말라는 가이드의 말이 생각나서 도대체 얼마를 팁으로 줘야 하나 마음이 시끄러웠기 때문이다. 과연 뗏목꾼들이 좋아서 즐거워서 하는 일이라면 이랬겠는가.

나무를 보지 말고 숲을 봐라

※

 주변의 작은 것들에 매몰되어 거대한 물결을 보지 못하는 것을 '시야협착증세'라 한다. 아침에 일어나서 잠자리에 들 때까지 한 가지 일에만 생각하는 것을 몰입의 한 형태로 볼 수 있지만, 부분이 아닌 전체로 시야를 넓히지 못하면 시장에서 도태될 수밖에 없다.
 한 때 철도업 종사자들이 가장 빠른 운송수단은 자신들뿐이라고 생각하고 오직 레일을 깔고 기차를 달리게 하는 일에만 몰두했다가 비행기라는 엄청나게 빠른 운송대체재가 나타나자 삽시간에 모든 고객을 빼앗기고 말았다.
 잠수함에서 보내는 잠수병은 잠망경으로 밖을 살피지 않으면, 적으로부터 공격을 받아 잠수함이 흔들리기 전까지는 무슨 일이 일어나고 있는지 알아차리지 못하고 혼자만의 세계에 갇혀 위기에 빠지게 된다.

 한꺼번에 여러 개의 공이 날아올 때는 하나씩 방어하기보다는 한걸음 뒤로 물러나 여러 개의 공들이 어디를 향하고 있는지를 살펴야 한다. 그러기 위해서는 고개를 쳐들고 밖을 살펴야 한다.
 요즘처럼 시시각각 변화하는 세상에서는 하나의 생각에 집중하더라도 자주 고개를 들어 전체 상황을 살필 줄 아는 여유와 안목이 필요하다. 시야가 좁아지면 잘못된 방향으로 가면서도 문제조차 파악하지 못하게 되는 것이다. 물론 나무도 보고 숲도 봐야 한다.

 그래서 성공한 많은 사람들이 넓은 안목을 키우기 위해서 추천하는 방법이 바로 '휴식'이다. 그래야 보는 눈이 새로워지고 상황파악이 확실해지는 법이다. 시장과 멀리 떠나있으라는 말이 아니다. 몇 분만이라도 책상에서 일어나 밖으로 나가 쉬어라. 나무에서 떨어져 숲을 봐야 어느 방향으로 어떻게 가야 할지가 보이는 법이다.

인생이란

공수래 공수거(空手來 空手去) 빈손으로 왔다가 빈손으로 가는 것
세상사 여부운(世上事 如浮雲) 세상의 모든 것은 뜬 구름 같더라
성고분 인산후(成古墳 人散後) 봉분을 만든 후 사람들은 제각기 흩어진다
산적적 월황혼(산적적 월황혼) 산속은 적막하고 달빛만 황혼이더라
- 중국의 시인 맹사성 -

세상에 영원히 가질 수 있는 것은 없는 법, 죽고 나면 후손들 시신을 묻은 뒤 모두 흩어지고 깊은 산 속에 쓸쓸히 누워있을 자신을 생각해보라는 시인의 가르침이다.

그래서 우리는 이런 죽음을 상상해 본다. 깊은 산 속 봉분 속에 갇혀 외롭지 않기 위해.
마지막 순간까지도 위엄을 잃지 않는 죽음. 사랑하는 사람의 따스한 시선 속에서 맞는 죽음. 남겨진 사람들에게 쓰라린 고통이 아닌 아름다운 추억을 선물하는 죽음.
정말이지 이런 아름다운 죽음의 축복은 아무에게나 주어지는 것이 아니다. 삶이 아름답지 않은 한 죽음이 아름다울 수 없기 때문이다.

인생이란 부침이 있게 마련이다. 달콤한 성공과 쓰라린 실패가 서로 교차하는 것이다. 인생살이의 오르막과 내리막은 어쩔 수 없다고 해도 그것을 받아들이는 태도만은 의연해야 한다. 남이 보는 시선은 변화하지만 옷 안에 있는 나는 변함이 없다고 생각하면 좋을 때 덜 교만해지고, 어려울 때 밑바닥까지는 가지 않게 된다.
좋을 때 주변을 챙기고 조금이라도 베푸는 사람은 어려울 때 도움을 받게 되어 있다. 옛말에 '적선지가필유경(積善之家必有慶)', 선한 일을 많이 한 집안에는 자신은 물론이고 후손들에게까지 복이 미친다고 했다.

집착을 버리면

※

　사람은 누구나 살아가면서 고통을 받는다.
　우선 태어나서 늙고 병들고 죽는 생로병사(生老病死)의 4가지 고통이 있다. 이와 더불어 사랑하는 사람과 함께 있지 못하는 애별리고(愛別離苦), 만나고 싶지 않는 미운 사람을 만나야 하는 원증회고(怨憎會苦), 너무나 갖고 싶지만 갖지 못하는 구부득고(求不得苦), 몸의 감각기관이 욕심을 부려 만들어내는 오온성고(五蘊盛苦)가 있다. 불가에서는 이 모두를 합쳐 8고라 한다.

　욕심이 고통을 낳고 악행을 불러온다.
　덧없는 인생에 욕심을 부리면 부릴수록 고통은 늘어만 간다. 재물은 이 세상을 살기 위한 수단에 불과하다. 많이 가졌다고 반드시 행복한 것도 아니고 없으면 불편하지만 꼭 불행한 것도 아니다.
　소유에만 집착하는 것은 마음을 괴롭히는 번뇌임에 틀림없다.
　세상의 이치는 비워야 채워지는 것인데, 계속 채우려고만 하면 답답해질 수밖에 없다. 욕심을 버리는 것은 그것에 담겨있는 번뇌를 버리는 것이다. 집착을 버리면 마음의 평정을 얻을 수 있다.

　마이크로 소프트의 창업자 빌게이츠는 말한다.
　"사회로부터 얻은 재산을 다시금 사회로 되돌려주어야 한다는 생각이 기부를 하는 이유입니다."

사랑을 하면 내가 완전히 사라진다. 나의 이기심이 사라진다.
사랑하면 나는 사라지고 상대가 좋아하는 모든 것에 몰입한다.
하루를 나로부터 시작하는 게 아니라 사랑하는 그 사람으로부터 시작한다.
사랑으로 수리되지 않는 건 아무것도 없다.

자수성가한 사람들

※

세계의 부자들 중에는 가난함 속에서 부자가 된 자수성가형이 많다. 2014년 현재 세계 200대 부자 가운데 자수성가한 인물이 139명으로 70%를 차지하고, 재산을 물려받은 상속자는 61명으로 30%에 불과하다. 그리고 세계 10대 부자 가운데 9명은 자수성가로 부자가 된 사람들이다.

1위인 빌게이츠는 748억 달러, 2위인 멕시코의 카를로스 슬림은 671억 달러, 3위는 스페인의 오르데카, 4위는 워렌 버핏이다.

삼성의 이건희는 108위, 현대자동차의 정몽구는 194위다. 이 두 사람은 창업주로부터 물려받은 상속형이지만, 선대인 이병철과 정주영은 아무것도 없는 밑바닥에서부터 삼성과 현대를 일으켜 세운 자수성가형이다.

갑부가 된 사람치고 극심한 빈곤상태에서 시작하지 않은 사람은 거의 없을 정도다. 금융투자의 고수 소로스, 디자인 업계의 거목 클라인, 석유화학제품의 왕국을 이룩한 새뮤얼 등 대부분의 사람들이 극도의 가난 속에서 성장했다. 고난과 결핍의 상황 속에서 자라는 것은 비록 그 자체로 힘겹지만, 이런 어려움을 이겨내고 나면 웬만한 시련과 절망이 닥쳐와도 능히 이겨낼 수 있으며 더욱 견고해지는 것이다.

부유함을 얻기 위해 반드시 가난하게 태어나야 한다는 말은 아니다. 가난을 경험하면서 얻은 부야말로 쉽게 무너지지 않는 법이다.

벼랑 끝에 아슬아슬하게 서 있는 사람만이 살아남기 위해 본능적으로 보다 비옥한 땅을 찾아 과감하게 도전하는 것이다. 기필코 살아남겠다는 불굴의 의지가 주위 상황을 더 객관적으로 관찰할 수 있는 여유를 갖게 해준다. 물려받은 재산이 없다고 한탄하지 마라.

멀리 가려면 함께 가라

※

　많은 사람들이 이미 경험한 선배들의 지혜를 본받으려 하지 않고 자기가 최고인 것처럼 착각하는 것은 매우 위험하다.
　먼저 경험한 선배들의 지혜를 본받아 같은 실패를 되풀이하지 말아야 한다. 선배들에게 더 배우자. 그들은 당신이 할 수 있는 모든 실수들을 이미 경험하고 극복해낸 사람들이다. 선배들이 겪은 시행착오를 또 다시 당신이 겪는 것은 어리석은 일이다.

　성공적인 사람들의 태도와 행동을 지속적으로 끈덕지게 벤치마킹해라. 당신보다 성공한 사람들을 관찰하고 분석해 보라. 당신도 그들처럼 성공할 수 있을 것이다.
　내가 이루고자 하는 목표를 이미 이루어낸 사람들의 장점을 배우고, 당신이 원하는 목표를 이미 성취한 사람을 찾아 그를 롤모델로 삼아라. 그리고 그가 가진 장점을 당신의 것으로 만들어라. 그 뒤를 따라가다 보면 어느 순간 당신도 그들 옆에 서 있게 될 것이다.
　그러므로 과거의 자신과는 이별해야 한다. 새 술은 새 부대에 담아야 하듯 기존의 나를 부수고난 후에야 변화된 새로운 자신을 발견할 수 있을 것이다.
　혼자서 목표를 이루기 위해 고군분투할 때보다 서로를 지지해주는 사람들과 함께 함으로서 더 큰 용기를 얻을 수 있을 것이다. 빨리 가려면 혼자 가지만, 멀리 가고 싶거든 혼자가 아니라 함께 가야 한다. 혼자서 서두르지 마라.

〈백두대간 높이〉
1. 지리산 1,916m　　2. 덕유산 1,614m　　3. 속리산 1,058m　　4. 황악산 1,111m
5. 소백산 1,439m　　6. 태백산 1,567m　　7. 두타산 1,353m　　8. 오대산 1,563m
9. 점봉산 1,424m　　10. 설악산 1,707m

삼성 이건희의 좌우명

※

이건희의 좌우명은 경청(傾聽)과 사필귀정(事必歸正)이다.
경청은 아버지 이병철이 직접 써서 내려준 유훈이기도 하다.
매사에 말을 아끼고 다른 사람의 의견을 많이 들을 것을 당부했다.
그 후부터 이건희는 남의 말을 끝까지 경청하기로 유명해졌다.
이어령 박사는 "그의 말 한마디가 나의 열 마디를 누른다"고 했다.
실제로 남의 말을 잘 듣는 경영자는 드물다. 앞장서야 하기 때문에 말을 많이 하는 경우가 많다. 그러나 이건희는 아버지의 가르침을 항상 상기하고 대부분 경청하는데 시간을 할애했다.

사필귀정이란 말 그대로 올바르지 못한 것이 처음에는 통하는 것 같지만 결국 오래가지 못하고, 마침내 올바른 것이 이긴다는 것이다. 즉 사필귀정은 좋은 일을 하면 반드시 복을 받고 나쁜 일을 하면 벌을 받는다는 올바른 법칙의 작용을 따르는 말로 그가 삼성인들에게 늘 강조한 말이기도 하다.
1993년 프랑크푸르트 회의에서 삼성의 신 경영을 선언하면서 이건희는 "부정은 암이고 회사는 반드시 망한다. 도덕성이 결여된 기업에서 좋은 물건이 나올 수 없고, 나와도 반갑지 않다"는 말을 했다. 그리고 아무리 수익성이 높은 사업이라도 손가락질당할 일은 하지 않았고 사회를 위해 좋은 일을 해야 한다는 경영방침을 세워 놓았다.
경청이 개인적 덕목을 쌓는 데 필요한 것이라면 사필귀정은 사회적 책임을 완수하는 데 필요한 실천적 지혜를 주는 말이라 할 수 있다.

2014년 5월 10일 자정쯤 이건희는 심근경색을 일으켜 심폐소생술과 심혈관을 넓혀주는 심장 스텐트 시술을 받은 직후 저체온 치료를 받았고 지금은 재활 치료 중이다.

가슴에 꿈도 많았지

※

경영의 신이라 불렸던 현대의 창업주 정주영 회장이 생전에 즐겨 불렀다는 대중가요 '보통인생'의 노랫말이다.

**세상에 올 때 내 마음대로 온 건 아니지만은
이 가슴엔 꿈도 많았지
내 손에 없는 내 것을 찾아
낮이나 밤이나 뒤볼 새 없이 나는 뛰었지
이제 와서 생각하니 꿈만 같은데
두 번 살 수 없는 인생 후회도 많아
스쳐간 세월 아쉬워한들 돌릴 수 없으니
남은 세월 잘 해봐야지
돌아본 인생 부끄러워도 지울 수 없으니
나머지 인생 잘해봐야지
나머지 인생 잘해봐야지**

올해가 정주영 회장이 태어난 지 100주년이 되는 해이다.

팔순을 맞으면서 정주영은 "120살까지 살면서 큰일을 할겁니다"라고 말했다. 부지런하기로 둘째가라면 서러운 그의 또 다른 말이 있다.

"나는 새벽 일찍 일어난다. 왜 일찍 일어나느냐 하면 그날 할 일이 즐거워서 기대와 흥분으로 마음이 설레기 때문이다."

아마도 남은 40년 동안 하고 싶은 일이 많았을 것이다.

하지만 그의 건강이 돌이킬 수 없을 만큼 악화되어 아산 중앙병원으로 옮겨졌고, 2001년 3월22일 향년 86세에 하늘나라로 떠났다.

청운동 집에 있던 그의 유품은 고작 낡은 구두와 구멍 난 면장갑, 오래된 금성 TV가 고작이었다. 그래서 인생은 '공수래공수거'라 하지 않는가.

버킷리스트

※

　많은 의학자와 인류학자들은 우리가 이제 원하건 원하지 않건 100세 시대를 살게 된다고 한다. 당신이 오십대라고 해도 허용된 삶의 반을 살았을 뿐이다. 앞으로 펼쳐질 50여 년을 더 건강하고 즐겁게 살아가는데 필요한 것은 성형수술이나 건강보조식품이 아니다.

　자기 내면의 목소리를 듣고 대화하며, 죽기 전에 해보고 싶은 일의 목록인 '버킷리스트'에 무엇을 적을지 생각해봐야 한다.
　내 인생의 주인공으로 내손으로 꾸미고 싶었던 젊은 시절의 꿈을 되찾기 위해 나서지 않으면 노후를 젊게 살아갈 수 없을 것이다.

　현대의학은 우리의 삶을 연장시키는 게 아니라 죽어가는 과정을 연장시킬 뿐이다. 하루가 멀다 않고 우후죽순처럼 생겨나는 노인 요양병원에 가보면 몸만 관 속에 들어가지 않았을 뿐, 예비시체로 누워있는 노인들이 너무 많다. 고령화 시대는 이미 도래 했는데 100세건 그 이상을 살건 오래만 살면 그게 복인가? 치매, 고혈압, 협심증, 당뇨 등 온갖 병에 시달려 매일 한 움큼의 알약을 집어삼키고 수시로 입·퇴원을 반복하며 휠체어나 병상침대에 누워 지내는 삶이 무슨 의미가 있는가?

　죽음은 언제든지 불현듯 찾아올 수 있다. 죽음이 삶 속에 숨어 있다 생각하고 살아가면 훨씬 덜 후회하며 살아갈 수 있지 않을까싶다. 죽음을 겸허하게 준비할 수 있는 용기야말로 삶을 멋지게 누릴 만큼이나 위대한 것이다. 삶을 삶의 시선으로만 보지 말고 죽음의 시선으로 바라보는 연습을 한다면 죽음이 아름다워지는 길을 분명 찾게 될 것이다. 죽음 자체가 두려운 게 아니라 좋은 모습으로 죽어야 하는데 그러지 못하면 어쩌나 걱정이 된다.

모든 사물은 끊임없이 변한다

※

　새로운 창조를 위해서도 기존의 방식만을 고집하지 말라. 세상은 끊임없이 빠른 속도로 변하고, 위기는 과거의 지식을 버리지 못하는 고집에서 출발한다.
　파이스톤 타이어는 튜브방식으로 성공했다. 그러나 프랑스의 미셸린 타이어가 튜브 없는 래디알 타이어를 만들자 금세 위기에 봉착한다. 사람들은 몇 번을 성공하게 되면 기존의 성공방식에 익숙해져 안주하게 된다. 그러다가 이외의 것에 일격을 당하고 무너진 경험이 허다할 것이다.

　꿀벌과 파리 중 어느 것이 변화에 대한 적응력이 강할까? 파리다.
　꿀벌은 조금만 공기가 나빠도 살지 못하는데, 파리는 극지방이건 고산 지대건 가리지 않고 적응하며 살아남는다.
　파리와 꿀벌을 어두운 병 속에 가둔다. 처음에는 입구를 막았다가 나중에 출구를 열어주고 반대편에서 빛을 줄 때, 파리는 2분쯤 헤매다 모두 탈출에 성공하는데 꿀벌은 끝내 탈출하지 못한다. 꿀벌은 밝은 곳이 입구라는 고정관념을 버리지 못했기 때문이다.

　노자는 '반자도지동(反者道之動)', 거꾸로 가는 것이야 말로 진정한 도의 운동성이라고 했다. 모든 사람이 옳다고 하는 길에는 반드시 함정이 있고, 안전하고 편하게 보이는 길이 사실은 가장 위험할 수 있다는 뜻이다. 그러므로 당신이 고수라면 다르게 생각할 수 있어야 한다.

내가 먼저 변해야 세상이 변한다. 자신이 먼저 변하려면 자신의 분노를
조절하는 능력을 가져라. 부모가 먼저 변하면 자식도 변한다.
운명이나 팔자를 개선하는 중요한 키워드는 습관의 고리를 끊는 것이다.

손가락이 왜 열 개인가

시인 함민복은 '성선설'이라는 시에서 이렇게 읊는다.

**손가락이 열 개인 것은
어머니 뱃속에서 몇 달 은혜 입나 기억하려는
태아의 노력 때문인지 모릅니다.**

너무 익숙해져서 깜빡 잊고 사는 것들이 있다.
우리 손가락이 열 개인 까닭도 문득 잊고 살아간다.
나는 이 시를 읽고 또 읽는다. 많은 여운이 남는다.
사물을 바라보는 시인의 마음이 고스란히 전해진다.
그리고 캄캄한 엄마의 뱃속에서 입었던 열 달의 망각될 수 없는 은혜에 대한 기억이 마침내 열 손가락이 되었을 것이라며, 그 손가락을 헤아리려 애쓰는 태아의 모습이 그려진다.

'백유지읍(白楡之泣)'이라는 말이 전해지고 있다.
백유가 잘못을 저질러 어머니가 종아리를 때렸는데 그가 울었다. 어머니가 연유를 물었다. "전날에 때릴 때는 울지 않더니 지금은 왜 우느냐?"
백유가 대답하기를 "전에는 아팠는데 지금은 아프지 않으니 어머님 기력이 쇠하였음을 슬퍼합니다."
백유는 또 다시 울음을 터뜨린다.

노년의 친구란 매우 합리적이고 논리적인 판단능력을 가진 친구가 아니라 서로를 이해하고 위로해 줄 수 있는 따뜻한 마음을 가진 친구다.

불안의 꽃 앙스트블뤼테

※

　스트라디바리우스 악기는 이탈리아 장인 안토니오 스트라디바리의 이름에서 시작되었다. 1737년 그가 사망하면서 그의 기술도 함께 사라졌지만 오늘날 그가 만든 악기의 가격은 수천만 달러를 호가하고 있다. 최근 소더비 경매에 나온 300년 전에 만들어진 '스트라디바리우스' 바이올린은 경매사상 최고가인 1589만 4,000달러, 우리 돈으로 175억 원에 낙찰되었다.

　세대를 뛰어넘는 악기로 평가받는 스트라디바리우스의 명품 비결은 그것을 만든 장인의 솜씨가 훌륭한데도 있지만 더욱 주목할 부분은 주자재인 재료 선택이 탁월했다는 점이다.
　이 명품 악기는 정체절명의 순간에서 기적같이 꽃을 피워내는 전나무를 재료로 만들어진다. 홍수가 나서 뿌리가 반쯤 드러난 전나무는 생명의 위태로움을 느끼게 되고, 그 순간 극한 불안 속에서 생명을 지켜내기 위해 저항의 꽃을 피운다.
　이처럼 죽음의 불안을 느낄 때 죽음에 맞서 꽃을 피워내는 것을 가리켜 '앙스트블뤼테'라고 한다. 불안이라는 뜻의 '앙스트' 와 개화라는 뜻의 '블뤼테' 가 합성된 단어 '앙스트블뤼테' 는 일명 불안의 꽃으로 불린다.

　열악한 환경 속에서 꽃을 피우지 못하고 죽은 나무도 있다. 그러나 이런 극한 고난과 정면 대결해온 힘으로 생명의 에너지를 뿜어냄으로써 꽃을 피우는 나무도 있다. 바로 '앙스트블뤼테' 의 꽃을 피우는 나무가 천하제일의 명기가 되는 것이다. 이 명품은 다른 악기와 차별되는 울림이 지니고 있다. 건조한 소리를 내는 보통 전나무로 만든 악기와 달리 울림이 깊은 소리를 만들어내기 때문에 천하 명품이 된다. 이 울림이 듣는 이들의 마음에 진한 감동을 주는 것이다.

할머니들의 얘기

✺

신경숙의 소설 '달에게 들려주고 싶은 이야기'의 끝부분에 이런 우스갯소리가 나온다.
어느 치과 대기실에서 할머니들이 나누는 얘기 소리가 들려왔다.

할머니1 : 야야! 근데 예수가 죽었다카네.
할머니2 : 와?
할머니1 : 못에 찔려 죽었다카네.
할머니3 : 내 그리 될 줄 알았고마. 머리를 그리 삼발하고, 허구헌날 맨발 벗고
  길거리를 그리 싸돌아 댕기싸니 못에 안 찔리고 배기겠나.
할머니4 : 근데 예수가 누구꼬?
할머니5 : 글쎄 모르긴 해도 우리 며늘애가 자꼬 아부지, 아부지 했쌌는 거
  보이 우리 사돈영감 아닌가 싶네.
할머니4 : 그라문 문상 갔다 왔나?
할머니5 : 문상가려고 나서는데, 다시 살아났다고카네.

치료받던 환자가 웃음을 참지 못하고 손으로 입을 막는 바람에 치료하던 의사의 기구가 땅에 떨어지고, 의사도 웃음 때문에 치료를 계속할 수 없었다고 한다.

아버지와 아들이 목욕탕에 갔다. 아버지는 뜨거운 물속에 들어오기 싫어하는 아들에게 말한다. "아이고 시원해. 너도 들어와라." 아버지에게 속은 아들은 냉큼 물속으로 뛰어들었다가 튀어나오면서 말한다. "우와. 세상에 믿을 X 하나 없구나."
그 빛깔이야 어떻든 거짓말은 분명히 나쁜 것이다.
그런데 우리 주변에 이런 거짓말이 너무 흔하다.

당황하지 말라

짐을 잔뜩 실은 대형트럭이 지하도로 진입하면서 짐이 천장에 닿아 끼이는 사고가 발생했다. 끼인 차를 빼내기 위해 여러 가지 궁리를 하고 있을 때 한 꼬마가 다가와 트럭 기사에게 귓속말을 했다. 기사는 타이어의 바람을 빼기 시작했고, 높이가 낮아져 공간이 생긴 트럭은 무사히 지하도를 빠져나갔다. 트럭기사도 꼬마가 생각한 방법을 알고 있었을 것이다. 하지만 갑작스런 사고에 교통까지 마비되면서 당황하게 되자 그만 아무 생각을 할 수 없게 되었다.

공자는 "멈출 줄 아는 자만이 안정을 찾을 수 있고 차분한 마음이 뒷받침 되어야 정확한 판단을 할 수 있다"고 말했다. 누구나 당황하거나 어려운 일에 부딪히면 마음이 복잡해지고 판단력이 흐려진다. 마음에 여유가 없으면 두뇌도 정상적으로 활동하지 못한다. 이런 때일수록 사건 현장에서 조금 떨어져 차분해질 필요가 있다.

바퀴에 꽉 찬 바람을 뺌으로써 지하도에 끼어있던 트럭이 빠져나올 수 있었듯이 우리의 머릿속에 꽉 차있는 바람을 조금만 빼면 어렵고 복잡한 일이 자신도 모르는 사이에 풀릴 것이다. 지금 있는 자리에서 잠시 벗어나 차분해져라. 어떻게 해야 할지를 알게 될 것이다.

만 11세에 프로에 입문한 이창호 9단은 한국바둑을 명실공히 세계 최강으로 이끈 기사다. 스승 조훈현 9단을 뛰어넘어 최연소 세계타이틀 획득의 신기록을 세우며 세계를 평정한 불멸의 승부사다. 그가 30년 외길 인생의 깨달음을 담은 자전 에세이를 펴냈는데 책 제목이 '이창호의 부득탐승(不得貪勝)'이다. 바둑을 둘 때 명심해야 할 10가지 계명 중 첫 번째인 부득탐승은 승리를 탐하면 아무것도 얻지 못한다는 뜻으로 욕심과 집착을 버리라는 말이다. 집착은 눈을 흐리게 하니 마음을 비워야 보인다는 것이다.

열려라 참깨

초등학교 시절 읽었던 '아라비안나이트'에 나오는 이야기이다.

페르시아 어느 도시에 형 카심과 아우 알리바바 형제가 살고 있었다. 형 카심은 욕심 많은 부자였고, 동생 알리바바는 착했지만 몹시 가난했다. 어느 날 동생 알리바바는 나무하러 산에 갔다가 놀라운 일을 겪는다.

40명이나 되는 도적들이 언덕의 큰 바위 앞에 몰려와 섰고, 두목이 큰 소리로 "열려라 참깨"를 외치자 큰 바위 문이 스르르 열리면서 동굴이 나타난다. 요즘 말로 하면 음성 인식 시스템 아이디와 패스워드로 바위 문이 열리고 닫히는 것이다. 그 도둑들이 메고 온 각종 보물들을 동굴 안으로 넣고 나서 "닫혀라 참깨" 외치니 문이 닫힌다. 도둑들이 사라지자 나무 위에 몸을 숨기고 있던 알리바바가 내려와 바위 앞에서 외쳐본다. "열려라 참깨" 문이 열리자 동굴 안은 각종 보물로 가득 차있다. 알리바바는 자기 힘으로 운반할 수 있는 만큼 보석을 싣고 나왔고, "닫혀라 참깨" 하니 문이 닫혔다.

얼마가 지난 후에 욕심 많고 시기와 질투가 많은 형 카심이 이 소식을 듣고 찾아와 자초지종을 묻고, 자기도 큰 바위 앞에서 소리치니 바위 문이 열린다. 동굴에 들어가 엄청난 보물을 보면서 좋아 죽을 지경이다. 덩실덩실 춤을 추며 이것 저것 끌어 담느라 정신이 없다. 그러다가 그만 동굴 문을 여닫는 암호를 잃어버린다.

"열려라 가지, 오이, 고추, 다래" 이것저것 다 불러 봐도 소용없다.

마음이 조급 해지고 당황하면 머리도 돌아가지 않는 법이다.

밖에서는 도적 떼들이 돌아와 있었다. 카심은 죽고 만다.

보물을 갖는 것이 목적이었다면 자신이 운반할 수 있는 만큼만 가지고 안전지대로 무사히 나와야 상황이 종료되는데 보물은커녕 목숨까지 잃었다.

홍콩의 성룡

✦

'생불대래 사불대거(生不帶來 死不帶去)' 라는 말이 있다.
태어날 때 아무것도 없었던 것처럼 죽을 때도 빈손이라는 말이다.
아시아 영화계의 거목 성룡, 그의 아버지는 너무 가난해 아들 성룡을 홍콩 경극학교 기숙사에 입소시킨 후 미국으로 떠난다.
성룡은 7살의 나이로 새벽부터 하루 종일 경극, 쿵푸 등을 배우며 고된 날들을 보낸다. 조금이라도 실수를 하거나 틀리는 날에는 가차 없이 매가 날아왔고, 혹독한 무술 수업으로 인해 온몸에 상처가 아물 날이 없었다.
그는 10년간의 훈련을 마치고 홍콩영화 사형도수, 취권 등 주연을 시작으로 영화의 고장 헐리우드에 진출하는 성공신화를 일궈낸다.
어린 시절 글을 배우지 못해 100편이 넘는 영화 대본을 모두 외워서 촬영해야 했지만 성룡은 늘 특유의 해맑은 웃음을 잃지 않았고 코믹, 액션 장르에서는 적수가 없다는 평가를 받았다.

전 세계에 웃음과 감동을 선사한 그의 미소 뒤에 감추어진 슬픈 과거에 사람들은 놀랐다. 2008년 그는 중국의 한 일간지와의 인터뷰 에서 태어날 때 아무것도 없었던 것처럼 죽을 때도 빈손으로 가겠다고 말하며 그 동안 자신이 모은 전재산 4000억을 사회에 환원 하겠다고 발표했을 때 또 한 번 놀라지 않을 수 없었다. 수단과 방법을 가리지 않고 돈을 모으려는 사람들이 넘쳐나는 요즘 세상에 성룡이 왜 월드 스타일 수밖에 없는가를 보여준 것이다.
만약 그가 극심한 가난을 원망하며 배우의 꿈을 포기했다면 세계적인 스타가 된 후에도 위험한 스턴트 연기를 대역 없이 해내고, 옆집 아저씨 같은 털털함과 겸손함을 잃지 않는 오늘날의 성룡을 우리는 만나지 못했을 것이다.

산을 오를 자격

✺

    산을 찾는 사람들이 부쩍 늘어나고 있다. 과밀한 도시의 틈바구니에서 혹은 고된 일터에서 닳고 지친 몸과 마음을 쉬기 위해서 산을 오르는 일은 매우 바람직하다 할 수 있다.
    이전에는 산을 사랑하고 좋아하는 조촐한 동호인들끼리 산을 올랐지만 요즘은 군살을 빼고 체력을 단련하기 위한 이른바 육체파들이 건강관리의 수단으로 기를 쓰고 산을 찾는 경우가 많아졌다.
    자연의 얼굴인 산은 그 은혜를 모르는 무례한 사람들에 의해 형편없이 더럽혀지고 있는 중이다. 산은 커다란 생명체요 시들지 않는 영원한 품속이다. 산에는 꽃이 피고 꽃이 지는 일만이 아니라 거기에 시가 있고, 사상이 있고, 노래가 있고, 사랑이 있고, 종교가 있다. 인류의 위대한 사상이나 종교가 때 묻지 않은 자연 속에서 움텄다는 사실을 상기해볼 필요가 있다.

    산에서 우리들은 깨달음을 얻고 삶의 의미를 배운다. 우리가 높은 산에 오르는 것은 자연과의 친화를 실현하는 것이다. 정상에 도달하는 것만이 등산의 전부는 아니다. 마치 군인들이 다른 군인들이 점령한 도시를 짓밟듯이 정상을 밟는 일은 없어야 한다. 등산의 기쁨은 내 발로 한 걸음 한 걸음 올라가는 일 못지않게 차분히 산을 바라보면서 산의 향기를 맡고 산의 맥박에 귀를 기울이는데 있다.

    산에 올라 "야호" 고함을 쳐대는 사람들은 아직 등산의 묘미를 모르는 풋내기다. 큰 스님 성철은 "산은 산이요 물은 물이다"라고 했다. 산이 물이 될 수 없고, 물이 산이 될 수 없다. 산과 물을 구분 못 할 사람 있겠는가? 다만 탐욕에 눈이 어두워 산을 물이라고 우기지 않는가? 이기적인 탐욕을 내려놓고 산을 바라볼 수 있을 때 산을 오르자!

이 세상 소풍 끝내시지

※

　완치가 불가능한 병마와 함께 긴 세월 피골이 상접한 내 누나 아픈 모습을 보며… 이제 그만 세상 소풍 끝내시지, 무슨 연민이 남았기에 저리도 힘겹게 견디는가.
　최상의 죽음은 예기치 않은 죽음, 별안간 맞는 죽음이라고들 한다.
　최악의 죽음은 오래 두고 두려워하며 버티는 죽음이다.
　그러나 고통 없이 한 순간에 죽기란 뜻대로 되는 일이 아니다.
　그렇다면 차선은 기다리고 예비하는 죽음이다.
　소인의 죽음은 사(死), 군자의 죽음은 종(終)이라고 했다.

　최근 미국에는 '슬로 메디신(slow medicine)'이 확산되고 있다.
　연명치료에 대한 집착을 버리고 품위 있는 죽음을 맞도록 돕자는 운동이다. 무의미한 치료는 고통스런 삶의 연장에 불과하며 존엄하게 죽을 권리를 막는다고 한다.
　이상적인 죽음은 편안한 마음으로 주변 정리를 끝내고 가족에게 짐을 지우지 않으면서 사랑하는 사람에 둘러싸여 가는 것이다.
　그런데 우리는 유달리 생에 대한 집착과 죽음에 대한 거부감이 강해 제대로 된 준비 없이 죽음을 맞는다.

　죽음은 악(惡)이나 벌(罰)이 아니라 오랜 여행의 끝 귀향이다.
　"죽음을 미워하고 싫어하는 것은 오랫동안 객지를 방랑하다 집으로 돌아가기를 잊어버리는 것과 같다. 죽음은 고향으로 돌아가는 것이다. 두려울 것도 싫어할 것도 없다."고 장자는 말한다.
　오늘이 내 인생에 마지막 날이라고 생각하며 여한 없이 살아야 한다.

꽃과 나비는 부모가 돌보지 않아도 저렇게 아름답게 자라거늘, 나는 어머니와 아버지의 자비를 듬뿍 적신 몸이니 꽃보다 나비보다 더 아름답게 살아야 할 터이다.

인생은 속도가 아니라 각도다

※

　오랫동안 살아남는 방법은 남들이 생각지 못한 각도를 갖는 것이다. 어릴 적 엄마는 하굣길에 엉뚱한 데로 빠지지 말고 곧장 집으로 오라고 했다. 나는 그랬다. 만화방에도 오락실에도 가지 않았다.
　하지만 열심히 오락실을 드나들던 친구는 게임 프로그램을 개발해 재벌이 되었고, 만화방에 살다시피 했던 친구는 유명한 화가가 되었다.

　인생은 선택의 연속이다.
　선택을 했다면 무섭게 집중해야 한다.
　남들보다 더 빨리 가느냐가 아니라 남이 생각지도 못한 새로운 각도를 만드는 게 중요하다.

　변하지 않으면 결국 변질되는 것이다. 경주마는 단순히 골인지점만 보고 달리지만 야생마는 가야 할 곳이 어딘지, 피할 곳이 어딘지 끊임없이 생각하고 때로는 천천히 달리기도 한다.
　하버드대 스티븐슨 교수는 말한다.
　"경주마는 달리기 위해 생각을 멈추고, 야생마는 생각하기 위해 달리기를 멈춘다."

지금의 성공을 계산하지 마라. 힘을 빼면 더 빨라지고 더 강해진다.
적당한 제품을 만들어서 적당히 팔려고 하지 마라.
적당한 제품은 시장에서 적당한 취급을 받기 마련이다.
세상 사람들에게 감동을 주는 제품을 만들고 싶다면 계산기부터 내려놓아야 한다.
얼마나 빨리 가는가 보다는 어느 방향으로 가고 있는지가 더 중요하기 때문이다.
인생은 속도가 아니라 각도다.

보이는 것이 전부는 아니다

※

공자와 그의 제자 안회와의 일화이다.
공자가 제나라로 가던 중에 식량이 떨어져 7일 동안이나 굶게 되었다. 공자가 한 마을에서 피곤함에 지쳐 깜박 잠이 들었는데 잠결에 어디선가 밥 냄새가 풍겨왔다. 나가보니 제자 안회가 밥을 짓고 있는데 밥솥에서 밥 한술을 떠먹는 것이 아닌가. 아무리 배가 고팠기로서니 어찌 스승보다 먼저 밥을 먹는단 말인가. 공자는 괘씸한 생각이 들었지만 전혀 내색하지 않고 안회를 불러 말했다.

"방금 내가 선잠에 꿈을 꾸었는데 돌아가신 아버님이 나타나셨다.
지금 네가 지은 밥으로 조상님께 먼저 제사를 드리고 싶구나."
그 말을 들은 안회는 정색을 하며 이렇게 대답했다.
"저 밥으로는 아니 됩니다. 스승님께 드리려고 쌀을 얻어다 밥을 지었는데 솥뚜껑을 여는 순간 천장에서 그을음이 떨어졌습니다. 스승님께 그냥 드릴 수도 없고 버리기도 아까워 제가 그 부분만 조금 떠먹었습니다. 저 밥은 스승님께서 그냥 드시고 제가 다시 쌀을 구해와 제사를 지내는 것이 좋겠습니다."
공자는 이 말을 듣고 자신의 경솔함을 부끄러워하며 탄식했다.
"예전에 나는 나의 눈을 믿었다. 그러나 나의 눈도 완전히 믿을 것이 못 되는구나. 예전에 나는 나의 머리를 믿었다. 그러나 나의 머리도 완전히 믿을 것이 못 되는구나. 한 사람을 이해 한다는 것은 진정 어려운 일이다."

정갈한 음식으로 차려야 하는 제사를 빗대어 안회를 뉘우치게 하려던 공자는 오히려 성급한 판단을 내린 자신을 되돌아보게 되었다.
성인군자로 칭송되는 공자도 이러한 판단 착오를 하는데 우리 같은 범인들이야 오죽하겠는가?

하늘은 착한 사람 편에 선다

✦

　살다 보면 때때로 좋은 일도 일어나고 나쁜 일도 일어나는 것이 인생이다. 행복과 불행은 그저 인간에게 반복적으로 일어나는 하나의 주기일 뿐이다.

　선하게 사는 사람이라면 누구에게나 좋은 일이 일어날 뿐 특별히 어떤 사람에게만 복을 주거나 좋은 일이 일어나게 하는 것은 아니라고 하여 천도무친 상여선인(天道無親 常與善人)을 주장한다.
　즉 하늘의 도는 특별히 친한 사람이 없고, 항상 착하게 사는 사람과 함께한다는 말이다.
　하늘은 스스로 돕는 자를 돕는다는 뜻이다.
　복을 빈다고 주는 것이 아니라 내가 어떻게 사느냐에 따라 좋은 일과 나쁜 일이 생긴다는 논리이다.

　우리는 인생의 여정에서 만나는 불행에 한숨을 쉬기도 하고, 행운과 복을 내려 달라며 신에게 매달리기도 한다.
　그러나 행복과 불행이란 그저 그 사람이 어떻게 살고 있느냐에 달려 있을 뿐이다. 하늘의 도는 편애함이 없나니 그저 착한 사람 편에 설 뿐이라는 말을 가슴 속 깊이 새기고 살아가야 할 것이다.

논어의 '조이불망 익불사숙(釣而不網 弋不射宿)'이란 낚시할 때
그물로 고기를 잡아서는 안 되고, 잠자고 있는 새를 쏘아서는 안 된다는 말이다.
도를 아는 낚시꾼은 작은 물고기까지 그물로 싹쓸이 해놓고 자랑하지 않고,
잠자는 새를 쏘아놓고 자랑하지 않는다.
원칙과 도를 저버리면서 얻어내는 재화는 오래가지 못한다.
작은 돈을 버는 사람은 '태도'가 다르지만 큰돈을 버는 사람은 '생각'이 다르다.

신발 정리만 잘해도

산사의 법당에 들어서면 신발 벗어놓는 댓돌 위에 '조고각하(照顧脚下)'라 쓰여 있다. 문지방을 들고 날 때 신발 하나 똑바로 정리하지 못한다면 몸가짐, 마음가짐이 흐트러져 있는 것과 같다.

이 말은 자칫하다가는 넘어질 수 있으니 자신을 잘 살펴 처신하라는 부처님의 말씀이다. 지금 내가 어떤 몸가짐과 마음가짐을 가지고 어떻게 살아가고 있는지 잘 살펴보라는 교훈이다.

1990년 1호 점을 연 이래 현재 400개가 넘는 매장을 운영하고 있는 미스터피자는 국내 점포 수 1위라는 성과에 만족하지 않고 중국, 미국, 베트남 등 해외 시장까지 진출하여 공격적인 성장을 거듭하고 있는데 이 회사의 성공비결이 '신발정리' 라면 믿을 수 있겠는가?

실제로 미스터피자의 사훈은 '신발을 정리하자' 이다. 그리고 정우현 회장은 이것이 피자시장에서 1등이 된 힘이라고 한다.

"피자 배달을 간 직원이 고객 집 현관의 신발을 정리해 주면 우리 직원도 변하고, 고객의 가정 분위기도 변하고, 우리 사회도 변하게 되는 거죠. 남이 안 볼 때 하는 게 진짜 서비스 정신이고 그게 우리 회사의 경쟁력입니다"라고 말한다.

'뭐 그런 것까지' 라고 생각되는 바로 그 시점이 창업의 첫 출발이 되어야 성공한다.

주인에게 사랑 받는 상품은 고객에게도 사랑받을 수밖에 없다.
상품은 주인의 마음을 담는다. 가게를 살리고 싶다면
일단 내가 가진 상품들을 목숨을 걸고 사랑하라.
그러면 고객들도 당신의 제품을 사랑해 줄 것이다.

화가 나십니까

※

　몽고의 전사 칭기즈칸은 사냥을 정말 좋아했는데 활과 화살 대신에 매를 데리고 다녔다. 매는 하늘 높이 날고 사람이 볼 수 없는 것까지도 본다. 그래서 화살보다 정확하고 빠르게 사냥감을 포획한다.
　몹시도 더운 여름날, 예상보다 깊숙한 숲으로 들어간 칭기즈칸은 몹시 목이 말랐고 태양의 열기에 마실만한 물을 다 마셔버려 난감했다. 그런데 바로 앞 바위 틈 사이로 물방울이 약하게 떨어지고 있는 것이다. 조심스럽게 떨어지고 있는 물을 은잔에 채워 입으로 가져가는데 높이 날던 매가 갑자기 은잔을 잡아채는 게 아닌가. 매도 목이 타나보다 하며 아끼는 매라서 용서하고 다시 물을 받는다. 이번에는 잔이 반쯤 채워지기도 전에 매가 공격을 해 은잔을 땅바닥에 팽개친다. 매의 도전에 머리끝까지 화가 오른 칭기즈칸은 한 손에는 칼을 뽑아 들고 다른 손으로는 물을 받았다. 이번에는 달려드는 매의 가슴을 칼로 찔러 버린다. 바위틈 사이의 물은 더 이상 흐르지 않았다. 힘들게 바위 위를 올라가보니 물이 고인 곳에 몽고에서 가장 독한 뱀이 죽어 있었다. 독물이 거기서 조금씩 흘러내리고 있었던 것이다. 조금 전에 그가 물을 마셨더라면 세계의 역사는 달라졌을 것이다. 칭기즈칸은 목마른 것도 잊고 멍하니 서있었다.

　"매가 내 생명을 구했구나! 그런데 나는 너에게 어떻게 보답하나?" 화나는 동안에는 절대 아무 일도 해서는 안 된다는 교훈을 배운다.
　칭기즈칸은 매의 금상을 만들도록 했다. 그리고 한 쪽 날개에는 '좋아하지 않는 짓을 하더라도 친구는 친구다', 다른 날개에는 '화가 났을 때 하는 행동은 필연적으로 실패하게 된다' 라고 새겼다.
　세상 살다 보면 솟구쳐 오르는 혈기를 다스리지 못해 일을 그르치고 인간관계가 깨져 버릴 때가 많다. '욱' 하고 치밀어 오르는 화는 일단 참아야 한다.

연꽃처럼 대나무처럼

✷

 연꽃은 진흙탕에서 나와 거기서 자라지만 진흙에 오염되지 않는다. 연꽃은 아침마다 꽃잎을 연다. 꽃잎을 옹송그려 모두고 긴 밤을 지낸 뒤 동녘에 해 떠오르면 제 몸을 연다. 그리고 저녁에 다시 추스를 힘이 없으면 미련 없이 연못 아래로 제 몸을 떨구고 만다. 환한 해를 기쁘게 맞이할 수 없을진데 추레한 몸으로 어이 맞으리.
 꽃은 안다. 언제가 제 몸을 떨구어야 할 때인지를.
 더 이상 새로움이 없고 습관적으로 일한다고 느낄 때가 그만두어야 할 때이다. 흐르는 물은 한 웅덩이가 충분히 채워지면 다음 웅덩이로 자연스럽게 넘어간다. 밀림의 사자도 이빨이 무뎌지면 젊은 사자에게 자리를 내놓는다. 무림의 고수도 칼을 꺾을 때가 있다.
 이것은 패배가 아니라 자연의 이치이고 흐름이다.

 담양 소쇄원의 대나무 숲에서 그 생태를 알아보았다. 대나무는 씨를 뿌리고 어린 죽순이 땅속을 뚫고 나오기까지 최소 5년의 시간이 걸린다. 어둠 속에서 사방으로 10리 넘게 뿌리를 내리는 5년의 시간이 끝나면 하루에 70~80cm씩 자라기 시작해 30m의 크기의 대나무가 된다. 삶이 힘들고 고단해도 대나무처럼 언젠가는 우뚝 설 날이 올 것이라고 청년들은 믿어야 한다.
 젊은이는 대나무처럼, 늙은이는 연꽃처럼!

 오랜 벗과 함께 우암 송시열과 송강 정철 등이 모여 정치, 학문, 사상을 논하던 곳 담양을 여행했다. 조선 최초의 민간이 만든 정원 소쇄원과 메타세콰이어길, 녹죽원을 천천히 걸었고 원조 떡갈비를 맛있게 먹었던 기억이 새롭다.

누군가의 좋지 않은 모습을 보면 반면교사(反面敎師)할 수 있어서 감사한 것.
좋은 것은 좋아서 감사하고, 나쁜 것은 거기서 배울 수 있어서 감사한 것.

세계 최고의 레스토랑 엘 불리

※

　세계 최대 레스토랑 50위 안에 든 식당은 파리가 9곳, 런던이 6곳, 뉴욕이 3곳 등이지만 정작 세계 최고 레스토랑의 영예는 스페인 북동부 해안가에 위치한 '엘 불리'라는 작은 레스토랑이 안았다.
　스페인 북부 산자락의 고즈넉한 지중해 연안 마을에 위치한 '엘 불리'는 전 세계 미식가들이 손꼽는 레스토랑으로 명성이 나있지만 정작 테이블은 10개, 하루에 50명 남짓한 손님만을 받는 작은 식당인데다가 영업도 4월에서 9월까지 6개월 동안만 한다.
　그래서 예약경쟁률이 자그마치 1000대1, 웬만한 미식가들도 몇 년씩 기다려야 한다. 실제로 예약 대기자만 20만 명을 넘어간 해도 있다고 한다. 뉴욕 타임지가 '엘 불리'를 대대적으로 소개해줄 터이니 자리를 1주일 내에 만들어 달라고 요청하자, 뉴욕 타임지이니 2년만 기다리게 해주겠다고 대답했다는 일화가 전해질만큼 '엘 불리'는 콧대 높은 레스토랑으로 유명하다.

　'엘 불리'가 미식가들의 전설이 된 이유는 순전히 주방장 아드리아의 가히 창조적이고 혁신적인 요리솜씨 때문이다. 그는 세계 곳곳을 여행하며 새로운 재료와 요리 아이디어를 찾아내고 50명의 요리사들과 함께 독특한 맛과 질감, 향, 모양을 새롭게 얻기 위한 실험을 5000번 이상 거친 후 새로운 메뉴판을 짠다. '엘 불리'의 식사는 평균 4시간 이상이 걸리는 맛의 향연 그 자체이며, 20~30개의 접시에 나오는 코스 메뉴는 마치 한편의 영화와도 같다고 한다.

　요리연구를 위해 6개월간 문을 닫고 5000번의 실험을 하는 요리사가 또 어디 있을까? 요리사 아드리아는 혁신하지 않고 자만해 버리면 거기가 무덤이 될 수밖에 없음을 알고 오늘도 스스로를 개발하는 놀라운 요리 혁명가이다.

자식을 바꾸어 가르쳤다

※

　맹자 '이루편'을 보면 옛날에는 '자식(아들)을 바꾸어 가르쳤다'고 한다. 군자라도 자식을 스스로 가르침에는 어려움이 있으므로 서로 바꾸어 가르쳤다.

　바르게 하라고 가르쳐도 통하지 않으면 성을 내고 노여움이 따른다. 그렇게 되면 도리어 부자 관계를 해친다. 그래서 애비가 자식을 가르치지 못한다.
　자식이 "아버지는 나를 가르침에 있어서 올바른 것을 가지고 한다지만 아버지가 성을 내는 것은 올바른 데서 나오는 것이 아니다"고 하게 되면 그것이 부자 관계를 해치게 되는데 우리 인생에서 이보다 더 슬픈 불상사는 없을 것이다.

　옛날에는 자식을 바꾸어 가르치며 부자간에도 잘되라고 책하지 않았다. 잘되라고 책하면 사이가 멀어진다.
　사이가 멀어지면 상서롭지 못하기가 그보다 더한 게 없다.

　추석 명절이라 가족 친지들이 모인다.
　행여 한 수 가르치려고 하지 마라.
　공연히 사이가 멀어지고 상서롭게 되지 않을까 염려스럽다.
　덕담도 듣기에 따라 오해로 비쳐질 수 있다.
　불가에서 중시하는 묵언(默言)이 상수다.
　욕심 부리지 않고 기다리는 부모가 자식을 변화시킨다.
　믿음으로 기다려 준다면, 항상 마음과 마음으로 대화한다면
　자식은 스스로 변화할 것이다.

사춘기 자식에게는 지켜봐주는 것이 사랑이고,
스무살이 넘으면 냉정하게 정을 끊어주는 게 사랑이다.
그러면 자식은 효자가 되고 부모는 행복해진다.

곡즉전(曲卽全)

※

　굽으면 온전해진다는 말이다.
　곡즉전(曲卽全)은 노자 22장에 나오는 구절로 너무 드러내지 말고 겸손하게 살 것을 가르치고 있다. 굽은 나무는 별로 쓸모가 없지만 그 때문에 벌채를 모면하여 오히려 나무로서의 생명을 다할 수가 있다. 하지만 곧고 잘 자란 나무는 베어질 확률이 높다.
　올가미에 걸린 멧돼지는 목에 걸린 줄을 벗어나려고 안간힘을 쓰면서 앞으로만 나아간다. 세 발짝만 뒤로 물러설 줄 안다면 올가미에서 풀려날 수 있는데 멧돼지는 앞으로만 가려다 죽는다. 너무 꼿꼿하게 자신을 내세우면 언젠가는 배척당할 수 있다. '모난 돌이 정 맞는다'는 속담이 있다. 강직한 것도 좋고, 두각을 나타내는 것도 좋지만 남에게 미움을 받거나 공박을 당할 가능성이 농후하다.

　굽혀서 살고, 둥글게 살면 온전하게 살 수가 있다. 남들 앞에서 자신을 너무 내세우지 않고 겸손하게 사는 것이 현명한 것이다. 스스로 그 밝음을 드러내지 않으니 온전하여지는 것이다. 적극적인 사람만이 살아남는 치열한 경쟁 시대에 일견 부합되지 않는다고 할 수도 있다. 하지만 인생을 길게 보면, 반짝 빛을 보다가 금세 사라지는 것보다 평범하지만 꾸준하게 오래 가는 것이 더 좋을 때가 많다.
　예전에는 '짧고 굵게 살자'는 말이 유행했었다. 요즘은 '가늘고 길게 살자'가 대세다. 인간관계도 비즈니스도 물러서고, 허리를 굽히고, 덜어내면 생각보다 쉽게 풀린다.

　하기야 한 번 사는 인생인데 '직(直)'하게 살면 어떻고, '곡(曲)'하게 살면 어떤가? 비범한 사람들은 '직(直)'하게 살 것이고. 우리 같은 범인들은 '곡(曲)'하게 사는 것이 편하다. 사랑하는 가족과 함께 오래오래 사는 것이 '곡(曲)'하게 사는 것이다.

유언이 무슨 의미가 있는가

⁂

어떻게 하면 '좋은 죽음'이 될까…… 잘 늙고 잘 죽는 것에 대한 생각이 많아졌다. 유언장도 작성해본다. 갑작스런 죽음을 맞을 수도 있다는 판단과 사후에도 내가 소유해 온 것들을 내가 원하는 대로 처분하고 싶다는 지극히 개인적인 욕심 때문일 것이다.

사실 '유언'이라면 죽음이 임박한 상황에서 남기는 말이겠지만 우리는 언제 어디서라도 죽을 수 있으므로 굳이 임종 직전이 아니더라도 남길 말을 미리 생각해 두는 게 나을 성 싶다. 실제로 죽음이 닥쳤을 때 아무 말도 남기지 못하고 급히 이 세상을 떠나갈 수도 있으니 말이다.

나는 내 주변에서 이런 경우를 수차례 봐왔다. 정작 말을 하고 싶은 때는 이미 무슨 말인지 알아들을 수 없게 되었다. 누군가에게 꼭 전하고 싶은 말이 있는 데도 남기지 못하고 죽는다면 얼마나 안타까울까? 비행기가 추락하기 직전, 배가 침몰하기 직전 사랑하는 사람에게 서둘러 메모를 남기는 사람들을 생각해 보라.

그런데 죽는 마당에 무슨 말을 그리 남기고 싶은 걸까.
우선, 남겨둔 사람들에게 감사하고 사과하고 사랑을 전하고 이별의 인사를 나누면서 삶을 마무리하고 싶어서일 거다. 이 마음은 충분히 공감하지만 평소에 감사하고 사과하고 사랑하며 지냈다면 설사 죽음 직전에 그런 이야기를 나누지 못한다 해도 크게 유감은 없을 듯한데 말이다.

또 죽은 다음 진행될 장례식과 남은 나의 육신, 즉 시신 처리가 신경 쓰여서 한 마디 남기고 싶을 수도 있다. 매장, 화장, 수목장, 해양장 가운데 무엇을 택할지도 세세하게 거론해서 사후에도 살아 있듯이 관여하고 싶을지도 모르겠다.

✵

　요즘은 자신의 죽음 이후에 벌어질 장례 행사도 생전에 미리 기획해두는 사람이 늘어나는 추세라고 한다. 자기만의 방식으로 장례식을 치르고, 내 육신이니 내가 원하는 대로 처리하고자 하는 것이다. 하지만 죽은 다음 내 육신이 어찌 된들 무슨 상관일까 싶다. 또 장례식은 죽은 사람보다는 남겨진 사람들을 위한 의식이라는 점을 놓치지 않는다면, 살아 있는 사람들이 원하는 대로 꾸미면 될 일 아닐까? 장례나 시신 처리와 관련해서 유언을 남기지 못하더라도 그리 안타깝지도 않을 것 같다.

　오늘날 많은 사람들이 병원 중환자실에서 죽음을 맞이하고 있고, 현대의술의 발달로 죽어가는 사람의 생명이 상당 기간 연장됨에 따라 삶의 질이 보장되지 않은 채 살아 있는 시체로 한동안 병원에서 억류되는 '죽음 유예 기간'이 생겨났다. 산 것도 죽은 것도 아닌, 죽지 못하고 삶에 붙들려 있는 상태가 우리에게 더는 낯설지 않다.

　따라서 죽은 후 내세를 보장받기 위해서나 죽은 후에도 현세에 영향력을 행사하기 위해서가 아니라 고통스럽고 불필요한, 원치 않는 생명연장의 희생양이 되기 않기 위해서 어떻게 죽어가고 싶은지를 분명하게 밝혀둘 필요가 있다. 최근에 내 친구 하나는 폐암 진단을 받은 후 병원치료를 거부하고 집에서 투병하다 세상을 떠났다
　다시 말해서 심폐소생술, 대장 부분절제술과 같은 대수술 후 인위적으로 숨을 쉬게 하는 기계호흡, 복부에 튜브를 꽂는 인공투석, 진통제 투여를 원하는지 원하지 않는지를 미리 밝혀두자는 것이다. 생명을 연장시키기 위한 연명치료로 모든 시도를 할 것인지, 아니면 완화 의료를 원하는지도 함께 명시해두는 것이 좋을 것이다.

내려올 산을 왜 올라요

※

"내려올 산을 왜 오릅니까?" 묻는 사람들이 있다.
거기 산이 있으니 간다는 산악인도 있고, 건강을 위해 오른다는 사람, 좋은 공기 마시러 간다는 사람도 있다.
산을 오르는 이유가 얼마나 많겠는가. 갖가지 이유들로 넘쳐난다.

또 어떤 사람은 말한다. "힘드니까 갑니다."
얼마나 아파야 더 아프지 않을까하는 말일 게다. 산을 오르다 보면 힘들다. 하지만 세상을 살아내기 위해서는 더 힘들어야 한다. 인간관계에서의 좌절과 배신 등등 괴롭히는 현실적 고통에 더 고통스런 산행을 택해 살아내야 하기 때문이다. 산은 올라갈 때와 내려갈 때가 다르다. 세상살이와 많이 닮았다.

나는 소가 논을 갈거나 달구지를 매달고 워낭 소리를 울리며 무겁게 걷는 모습을 보면서 어린 시절을 지냈다. 소가 힘든 일을 끝내고 먹는 여물은 얼마나 꿀맛이며 잠은 얼마나 꿀잠일까 생각했다.
척박한 땅에서 핀 꽃이 더 향기가 짙다고 한다.
산의 한 고개를 넘어선 사람에게 보이는 풍경이 있고,
높은 산의 정상에서만 볼 수 있는 세상이 있습니다.

강한 사람은 벌레를 밟아 죽이는 사람이 아니다.
저 초원에서 달려오는 사자와 맞짱 뜰 수 있는 사람인 것이다.
그런 심장을 필요로 해서 난 산을 오른다.
정상까지 두세 시간을 쉬지 않고 빠르게 올라간다.
말 그대로 죽어라 올라간다.
산을 오르다 삶이 끝날지라도.

당신은 이제 수월한 내리막입니다.

| 닫 는 글 |

배운 뒤에야 부족함을 알게 된다고 하니 "아는 만큼 보인다."는 말이 맞다.
우리는 알기위해서, 보이지 않는 것을 보기위해서 끊임없이 공부해야 하다.
논어 학이편에 '여조삭비(如鳥數飛)' 라는 말이 있다. 새가 하늘을 날기 위해서는 수없이 자주 날갯짓을 반복해야 하는 것처럼 배우기를 끊임없이 연습하고 익혀야 한다.

맹자는 아버지를 일찍 여의고 홀어머니 밑에서 가난하게 자랐다. 어머니의 교육열에 공자의 손자인 자사의 문하에 들어가 공부를 하게 된다. 그런데 공부를 시작한지 오래지 않아 어머니가 보고 싶어 집으로 돌아온다. 어떻게든 아들을 공부시켜 큰 사람을 만들고 싶었던 어머니의 꿈이 무너지는 순간이었다.

어머니가 묻는다.
"공부는 마쳤느냐?"
맹자가 대답한다.
"아닙니다. 어머니가 보고 싶어 왔습니다."
어머니는 즉시 칼을 들어 짜고 있던 베틀의 베의 날실을 자른다.
맹자가 놀라 묻는다.
"어머니 왜 그러십니까?"
어머니가 대답한다.
"네가 공부를 중단하는 것은 내가 오랫동안 고생하며 짜던 베를 자르는 것과 같은 것이다."
맹자는 그 길로 돌아가 학문에 전념하여 큰 학자가 되어 공자 다음으로 추앙받는 사람이 된다.
맹자는 항상 생존을 걱정해야 했던 시대를 살았지만 어떤 어려움에도 굴하지 않고 꺾이지 않았다

※

　　어려움이란 새로움의 시작일 뿐이다. 어려움을 이겨낸 자만이 새로운 단계 새로운 세상에 진입할 수 있기 때문이다.
　　세상은 하루가 다르게 변해가고 있다. 살아남기 위해서는 변화에 얼마나 능동적이냐, 소극적이냐의 문제다. '종의기원'을 쓴 찰스 다윈은 이렇게 말한다.
　　"살아남는 것은 가장 강한 종도, 가장 똑똑한 종도 아니고 변화에 가장 잘 적응하는 종이다"
　　빌 게이츠도 같은 말을 한다.
　　"나는 힘이 센 강자도 아니고, 두뇌가 뛰어난 천재도 아니다. 날마다 새롭게 변했을 뿐이다. 이것이 나의 비결이다" change(변화)의 g를 c로 바꾸면 chance(기회)가 되는 것처럼 '변화 속에 기회가 있다'는 것이다.

　　하루하루 변화에 대해 애써 눈을 감고 모르는 체 하는 사람과 순간순간 변화에 깨어 있으면서 당당히 맞서는 사람과의 차이는 각도계의 눈금처럼 시간이 지날수록 더 벌어질 수밖에 없다.
　　'살아온 날이 중요한가, 살아갈 날이 중요한가?'
　　변하려고 애쓰지 않으면 그저 머무르게 될 뿐이다. 〈버나드 쇼〉의 저 유명한 묘비명처럼 "우물쭈물하다가 내 이렇게 될 줄 알았지"

　　힘차게 흐르던 물이 구덩이를 만나면 멈추게 된다. 아무리 발버둥을 쳐봐야 소용이 없다. 상처만 남을 뿐이다. 물이 가득 채워져 넘쳐흐를 때까지 기다릴 수밖에 없다. 사람의 그릇은 이처럼 구덩이에 빠진 고난과 시련과 역경 속에서 분명하게 드러난다. 어떤 이는 구덩이에 갇혀있는 자신을 할퀴고 절망에 빠져 자포 자기하는데 어떤 이는 물이 구덩이를 채워 넘쳐흐를 때까지 마음을 다잡아 재기를 노려 오히려 구덩이에 빠지기 전보다 잘나가는 사람이 있다.

　　'세한도'를 그린 조선시대 붓글씨의 대가 추사 김정희를 봐라. 35세에 과거에 급제하여 병조참판까지 잘나가다 모함에 빠져 제주도로 귀양살이를 떠나게 된다.

그는 삶의 구덩이에 빠진 걸 한탄하지 않고 그가 거기서 할 수 있는 일을 찾게 된다. 그림을 그리고 붓글씨를 쓰는 일이었다. 먹을 가는 벼루만 해도 10개가 밑창이 나고 붓은 천 자루가 다라서 뭉개졌다.

조선 후기 실학의 대가 다산 정약용은 18년이라는 길고 긴 귀양살이를 전남 강진에서 보내게 된다. 깊은 구덩이에 빠진 역경과 시련과 절망과 분노와 좌절을 극복하면서 책을 쓰기 시작한다. 목민심서 경세유표등 대작과 수많은 저서를 남겨 후대에 삶의 지표를 남긴다. 그에게 구덩이는 구덩이가 아니었다.

이 책을 마무리하기 까지 물심양면으로 끝까지 도와준 막내 동생 성수, 책의 디자인과 편집 심지어 교정 수정까지를 도와준 딸과 사위, 그리고 직장후배동료인 김영진 선생의 도움으로 인쇄까지 마칠 수 있었다.

고마운 마음을 오래 간직할 것이다.